GENERAL THEORY OF
TOURISM PUBLIC SERVICE

通论 旅游公共服务

曾博伟 ◎ 著

中国旅游出版社

序言

　　所谓序言，应是放在正文前的开启之语。但不管自序抑或请人所做之序，大多是在书籍正文完成之后所写的。这样看来，序言虽然"言很顺"，却有点"名不正"，将之称作续言可能更准确一些。也许是怕续言容易被解读为"狗尾续貂"的"续"，因此改头换面，以通假之名，将"续"换作"序"，一下占据书籍开篇的要津，大有鱼跃龙门之意。序言虽属正文之后作，但对书籍而言，却类似屏风。屏风在中国传统建筑中，有分隔、美化、挡风、协调的作用。同样，序言也可给书籍带来美化与分隔之功效，因此序言字数虽然不多，但其重要性有时不亚于正文本身。现代社会，读书人时间紧张，能认真看完一篇序言，已属不易。所谓一叶知秋，看了序言就可以掌握书籍的大概内容，不必花费时间深入书籍内部。就算有不明真相的读者误入正文之中，目睹序言后正文的一片狼藉，但如果序言写得精到，也只相当于用买一本书的钱读了一篇精彩的文章，虽时间和金钱损失不小，好歹没有满盘皆输。据说，现在有学界名人因无暇顾及正文而专攻序言，以一篇篇华美序言的阿基米德支点撬动一本本潦草的书籍，大概正是知道序言乃粉饰书籍的独门秘方。

　　序言是写书的秘方，但如果不是组织所谓"团队"应景式胡乱拼凑，真的投入精力自己动手码字写书，却着实没有太好的秘方。劳心不敢说，劳力是必不可少的。在目前的高校，老老实实写书基本上属于"不识时务的反面教材"。据说，由于写书不必经过类似基金申报评定的筛选，或是经过期刊匿名评审的考验，其内容质量在同行评议时是受到很大质疑的。因此，在现行考核体系下，写书的绩效远不如一篇普通核心期刊，更不用说和各类国家基金以及SSCI等量齐观。故象牙塔中人也和世俗中人一样，用脚投票的时候果断地抛弃写书或潦草应付写书，也就是自然而然的事了。韩愈夫子有名言："师者，所以传道授业解惑也。"认真写一本书虽符合韩夫子的师道，但却与当下的"师者，所以基金核刊评奖也"之风背道而驰，成为反面典型就在所难免了。

　　在高校写书是"逆流"之举，耗费心力写晓畅明白的旅游之书更是如此。近年来，旅游业发展如火如荼，旅游研究也日渐成为"显学"而蓬勃发展。而地理学、经济学、管理学、人类学、心理学等学科理论应用到旅游领域，对深化旅游的认识起到了积极的作用，围绕不同的学科背景也形成了不同的学术共同体。值得注意的是，伴随旅游研究的日益精深，学界和业界对旅游研究认识的分歧也开始出现。旅游学界会认为业界缺少理论指引，走的是经验主义道路；旅游业界会认为学界的理论脱离实际，走的是教条主义道路。其实，对旅游这样一个很接地气的学科而言，其研究是走《笑傲江湖》中华山派"气宗"以气驭剑的路径，还是走一剑封喉"剑宗"的路径，并不能以成败论英雄。既不能用所谓模型、数据、术语去吓唬旅游行业的具体实践者，又不宜用"把论文写在祖国大地上"之类的话去打压不计名利、埋头认真做学问的旅游学者。在我看来，不管如何研究，好的研究都应该能给人以启发，总不能"以其昏昏，使人昭昭"。此外，旅游研究选择"气宗"还是"剑宗"的路径，还需因人因事而异，不能一以概之。具体到"旅游公共服务"这一现象而言，笔者认为，其现实应用分析的特征更明显，对实际工作指导的意义更重要，因此写《旅游公共服务通论》一书更应追求易懂，而不宜追求深刻。加之因笔者本身思想的肤浅，就坡下驴写一本让旅游业者看得懂、旅游学者愿意翻的书也就顺理成章。

《旅游公共服务通论》一书，首先试图让愿意知其所以然的读者明白旅游公共服务对旅游业发展的必要性。担心被作者"忽悠"而时间较少的读者可以直接跳过开篇，进入本书的旅游公共服务的基本理论和中国旅游公共服务发展历程部分，花个把小时就可以大体把握旅游公共服务的概貌。时间较为宽裕且对旅游公共服务内容感兴趣的读者，可继续挺进到本书较为冗长的"内容篇"，了解旅游公共交通服务、旅游公共信息服务、旅游安全保障服务、旅游惠民服务、旅游权益服务、文化旅游公共服务融合六大方面，这部分理论虽然比较欠缺，但案例颇为丰富，虽然达不到像读《故事会》《知音》一样的快感，但应该不至于因"烧脑"而致人"脑残"。最后的"保障篇"主要是给机关事业单位旅游公共服务的具体操作者准备的，包括政策标准、机制完善、绩效评估三章，当然如果对政府旅游公共服务工作有"偷窥"心态的读者也大可一读。

一方写书、八方支援。序言的最后，照例更是必须感谢一下为本书写作提供帮助的师长和朋友。一是要感谢我的硕士生导师——云南大学工商与旅游管理学院教授吕宛青女士和我的博士生导师——原国家旅游局政法司、管理司、规划财务司司长，中央民族大学经济学院客座教授魏小安先生，是他们把我领进旅游研究的大门。二是要感谢文化和旅游部的刘劲柳女士、龙晓华先生、孙家宝先生、曹军先生、武婧女士等的大力帮助，为我在书籍的写作素材上提供了诸多支持。三是要感谢北京联合大学旅游学院的同事刘铮女士、廖斌先生，在参与我主持的文化和旅游部旅游公共服务惠民课题研究时给予的支持，让课题研究的部分成果得以在书中呈现。四是要感谢许多早期在旅游公共服务研究领域做出贡献但未曾谋面的作者——李爽、邹再进、罗光华等，本书在写作过程中合法而"有私"地参考了其不少观点和内容。五是要感谢北京联合大学旅游学院旅游管理国家级一流本科专业建设资金的资助，使本书得以顺利出版。六是要特别感谢英年早逝的北京联合大学旅游学院教授徐菊凤女士，她虽受抑郁症困扰但仍旧充满热情地开展旅游研究，其著作《旅游公共服务：理论与实践》中的不少内容被本书所引用。电影《寻梦环游记》中有句经典的台词："死亡不是生命的终点，忘记才是。"希望面带微笑、简单纯真的徐菊凤教授过去的研究会因本书而让更多人记住！

曾博伟

2021 年 9 月

前言

旅游公共服务是理解旅游业的关键"钥匙"

1978 年改革开放以来，中国旅游业实现了持续快速增长。旅游外汇收入从 1978 年的 2.63 亿美元，增长至 2019 年的 1313 亿美元，年均增长 16.0%；国内旅游收入从 1993 年的 1864 亿元，增长到 2019 年的 5.73 万亿元，年均增长 15.5%。据国家统计局测算，2019 年中国旅游及相关产业增加值为 44989 亿元，占国内生产总值（GDP）的比重为 4.56%，比上年提高 0.05 个百分点。作为一种经济产业，旅游业在吸引大量市场主体投身旅游业的同时，也引起了各级党委政府的高度重视。旅游经济学和旅游产业理论也因此成为旅游领域的"显学"而成为各方关注的焦点。

从理论经济视角看，经济学的前提是"经济人"假设，但经济学并非是仅仅关注"如何挣钱"和"增加经济利益"的学科，其研究的重心在于一定制度条件下稀缺资源的合理配置以及有效利用。这意味着，虽然市场对经济学异常重要，但是经济分析并不排斥政府的影响。而政府的作用除了直接对市场进行宏观调控以外，同样也包含大量的公共服务内容。作为经济学学科体系的一个分支学科，旅游经济学研究的对象主要是由旅游者的空间移动而引起的旅游客源地、旅游目的地和旅游联结体三者运动表现出的经济现象、经济关系以及经济规律。[①] 从这个意义上讲，旅游公共服务作为旅游空间移动中涉及旅游客源地（旅游信息传播的对象）、旅游目的地（旅游公共设施供给的主体）和旅游联结体（与旅游交通相关服务的载体等）的重要组成部分，其在很大程度上已经"嵌入"到旅游经济之中。可以说，如果不考虑旅游公共服务这一要素，旅游经济的分析也很难得出正确的结论。更进一步讲，包含大量旅游公共服务要素的资源合理配置和有效利用正是旅游经济现象与其他领域经济现象的重要区别，这也有望成为旅游经济研

---

① 厉新建，张辉. 旅游经济学原理［M］.3 版. 北京：旅游教育出版社，2016.

究创新和突破的一个方向。

从行业研究视角看，旅游业的"业"本身就包含"产业"和"事业"的内容。2013年出台的《旅游法》第三条开宗明义提出"国家发展旅游事业，完善旅游公共服务，依法保护旅游者在旅游活动中的权利"。尽管旅游事业包含保障公民旅游权利等方面的内容，但发展旅游事业更多的工作还是集中在市场经济背景下无法完全依赖市场提供但又事关多数人利益的旅游公共服务上。因此，研究旅游行业不可避免会涉及旅游公共服务的"事业"内容。我们在研究第一产业的农业时，尽管会有如何保护和支持农业的政策研究，但较少涉及公共服务的内容；而研究第二产业的工业制造业时，也基本没有工业公共服务的概念。旅游业一般被视作服务业，研究者在对其进行研究时，一般将其列入第三产业的范畴。但多数的第三产业研究要么不涉及公共服务的内容，要么公共服务和产业发展是截然分开的。比如，商业、金融业等基本是纯经济产业方式的研究；而与旅游业较为接近的体育和文化，其公共服务和产业发展很大程度上是完全分开的。旅游业包含经济属性的产业和包含公共服务的事业是紧密交织在一起的。这就意味着，只有研究清楚旅游公共服务问题，才能全面、准确地把握旅游业发展的规律。考量旅游业研究的现实，旅游经济影响、旅游开发规划、旅游市场营销、旅游企业经营等偏经济的问题是近年来的旅游研究热点，同时也不乏旅游社会学、旅游人类学方面的非经济研究，但总体来看，针对旅游公共服务的研究相对薄弱。从这个意义上讲，完善旅游公共服务研究也是丰富旅游研究体系的重要内容。

从旅游学视角看，对旅游活动的定义很多。其中比较权威的是20世纪70年代旅游科学专家国际联合会（AISET）提出的"艾斯特"定义。这一定义由瑞士学者汉泽克尔和克拉普夫（Hunziker and Krapf）于1942年提出，即"旅游是非定居者的旅行和逗留而引起的现象和关系的总和，这些人不会导致长期定居，并且不牵涉任何赚钱的活动"。1991年6月，世界旅游组织（VNWTO）在加拿大渥太华召开了一次关于旅游统计的国际会议，从统计的视角提出了旅游活动的定义，即"旅游活动是人们出于休闲、商务以及其他目的，短期（历时不超过一年）离开自己的惯常环境，前往他乡的旅行活动以及在该地的停留访问活动"。[①] 大体而言，旅游是一种不以获取报酬为目的，在非惯常环境进行的体验活动。从这个意义上讲，游客在非惯常环境的旅游活动，既会接受主要由企业提供的餐饮、住宿、景区参观、购物、娱乐等纯商业化服务，同时也会接受主要由政府提供的旅游咨询、旅游公共交通、旅游安全保障等旅游公共服务。无论是商业化旅游服务，还是旅游公共服务，这些服务都成为游客体验的有机组成部分。

从旅游实践视角看，改革开放以来，中国旅游公共服务大体上经历了一个从无到有的过程。与文化、体育等以公共服务为主先发展事业、后发展产业不同，旅游业大体上

---

① 李天元.旅游学概论［M］.6版.天津：南开大学出版社，2009.

走了一条先发展产业、后发展公共服务事业的道路。在改革开放之初，中国发展旅游业的主要目的是创汇，因此建设旅游饭店、发展国际旅行社等成为旅游产业发展的重点；由于发展资源不足，政府很难有足够的力量在旅游公共服务方面进行大的投入。与此同时，在整个社会公共服务设施和服务水平全面落后的情况下，旅游公共服务业很难被纳入优先发展的领域。在中国旅游供给全面短缺的情况下，尽管旅游公共服务非常滞后，游客抱怨很多，旅游业依然获得了较快的发展。随着中国旅游业规模迅速扩大，旅游总体供不应求的时代一去不复返；再加之各方面对旅游公共服务重视程度的提高，旅游公共服务开始进入快速发展的阶段。2009年12月，在国务院出台的《关于加快发展旅游业的意见》中，明确提出"把旅游业培育成国民经济的战略性支柱产业和人民群众更加满意的现代服务业"的战略目标。这意味着，各级政府发展旅游业不再仅仅关注其经济目标，同时也希望通过完善旅游公共服务等方式，来提高人民群众对旅游的满意度。可以预见，与多数发达国家的旅游业发展历程类似，随着经济社会发达程度的提高以及旅游业发展进入更加成熟的阶段，公共服务将愈发成为旅游业发展关注的重点。

可以说，旅游公共服务是理解旅游业的"钥匙"，也只有真正懂得旅游公共服务，才能更好地理解旅游业。为更好剖析旅游公共服务系统，本书主要围绕旅游公共服务为什么、是什么、怎么做进行写作，以期全面地展示旅游公共服务的发展理由、发展现状以及发展趋势。对旅游行业的政府公务员而言，本书有助于其了解旅游公共服务的边界和内容，以便其根据自身职能主动开展和协调推动相关工作；对旅游行业研究者而言，本书有助于其把握旅游业发展的特点，为地方提高旅游目的地竞争力出谋划策；对旅游企事业单位的从业者而言，本书有助于其理解政府实施旅游公共服务工作的逻辑，从而将自身的发展和政府的举措有效结合起来；对旅游消费者而言，本书有助于其了解政府开展旅游公共服务的大体情况，同时也可以帮助其了解在旅游过程中可以享有的权利。对学习旅游专业的学生而言，本书有助于其掌握旅游公共服务相关知识，全面掌握旅游业发展的理论，发现更多旅游自身发展中的特殊规律。

曾博伟

2021年9月

目 录

第一篇 基础篇

第一章

旅游公共服务背景和意义

【主要内容】

了解为什么社会离不开政府提供的公共服务，进而理解在新时期发展旅游业为什么离不开旅游公共服务。

【引导案例】

习近平总书记关于厕所革命的两次批示

旅游厕所问题从表面看是旅游发展中的一个小环节，但实际却是旅游公共服务的一个大问题，更是一个关系游客满意度的重要民生问题。这个旅游公共服务中貌似很小的问题却引发了国家最高领导的高度关注。2015年4月，中共中央总书记、国家主席、中央军委主席习近平在国家旅游局上报的"厕所革命"报告上做出重要指示，强调"抓'厕所革命'是提升旅游业品质的务实之举。冰冻三尺，非一日之寒。要像反对'四风'一样，下决心整治旅游不文明的各种顽疾陋习。要发扬钉钉子精神，采取有针对性的举措，一件接着一件抓，抓一件成一件，积小胜为大胜，推动我国旅游业发展迈上新台阶"。2017年11月，习近平总书记再次就旅游系统推进"厕所革命"工作取得的成效做出重要指示，强调"两年多来，旅游系统坚持不懈推进'厕所革命'，体现了真抓实干、努力解决实际问题的工作态度和作风。旅游业是新兴产业，方兴未艾，要像抓'厕所革命'一样，不断加强各类软硬件建设，推动旅游业大发展"。

国家最高领导对同样的旅游问题大段批示两次，这也是中国旅游业发展历史上前所未有的事情。可见国家领导对旅游公共服务的重视程度。按照习近平总书记的指示要求，自2015年起，国家旅游局在全国范围内启动三年旅游厕所建设和管理行动。该行动启动以来，全国旅游系统将"厕所革命"作为基础工程、文明工程、民生工程来抓，精心部署、强力推进，"厕所革命"取得明显成效。截至2017年10月，全国共新改建旅游厕所6.8万座，超过目标任务的19.3%。"厕所革命"逐步从景区扩展到全域、从城市扩展到农村、从数量增加到质量提升，受到广大群众和游客的普遍欢迎。

通过国家领导对"厕所革命"的重视，可以看出旅游公共服务在旅游业发展和经济社会发展中的分量。本章将从公共服务的理论和认知、完善旅游公共服务的重要意义两部分对此问题做全面分析。

第一节　公共服务的理论和认知

旅游公共服务是在旅游领域发生的公共服务，是公共服务的一个"子集"。认识旅游公共服务首先需要对公共服务的一般理论有初步的了解。

一、社会为什么需要公共服务

只要存在社会组织，就会有超越个人事务的公共事务。如果每一个体只承担个人事务，而不承担公共事务，这个社会就必然会瓦解。从这个意义上讲，公共服务贯穿人类社会的始终。尽管公共服务的理论和研究是在近代才开始的，但是与公共服务有关的实践却是古已有之。比如，公元前214年，为防匈奴南进，秦始皇遣大将蒙恬，征发军队、民夫、战俘、有罪官员等200万人，修筑长城万余里，可以说万里长城的修筑是秦朝国防建设的必要部分，而国防建设从广义的角度看，就是公共服务（公共产品）的一种。再比如，公元前216年，秦始皇历时两年半，修筑的从咸阳（起点为现咸阳淳化县）到九原郡（现包头附近）的736公里秦直道，作为秦朝的军事交通工程，同样也是大规模公共服务的一种体现。在古代，由于公共收支的制度还不完善，其大型公共服务工程的建设往往对个体带有一定的强制性，这样的项目在解决社会公共问题的同时，也可能会给下层民众带来极大的灾难，严重的甚至会引发社会动荡乃至改朝换代。秦朝孟姜女哭长城的传说、陈胜吴广起义在很大程度上即由此而来。

现代社会的公共服务与税收制度的不断完善和法治政府的产生密切相关。一方面，由于社会联系更加密切，现代社会需要解决的超越个体的公共问题也在不断增加。另一方面，税收制度的完善，使得政府也能够不断积累财力去实施各种公共服务项目。本·富兰克林说："在这个世界上，除了死亡和税收以外，没有什么事情是确定无疑的。"对公民而言，依法纳税是其应尽的义务。而公民上缴的税收，也构成政府公共支出的主要来源。正因为公共支出来自公民个体、公民经营的企业直接或间接缴纳的税收，所以在法治国家，公民既有权对政府财政支出进行监督，也有权对政府的征税权力进行制衡。1688年，英国资产阶级和新贵族发动的"光荣革命"，其核心诉求就在于限制国王的权力，即不经议会同意，国王不能收税（"无代表，不纳税"）。伴随市场经济体系的不断完善，市场在资源配置中的决定性作用进一步凸显，建设服务型政府也越发成为各国发展的共识；与此同时，政府的职责越来越集中到公共服务（公共产品）的提供上。

可以预见的是，未来公共服务不仅不会消亡，而且还会进一步强化。从各国的情况看，旨在提升个人自由及废除政府当局与所有的政府管理机构的无政府主义（Anarchism，又译作安那其主义）作为一种社会思潮和政治主张，经由巴枯宁、克鲁泡特金等的倡导，在知识阶层中产生了广泛的影响，但是无政府主义作为一种政治实践，在历史上并没有取得过真正的成功。此外，无论个人自由到什么程度，公共事务都不可或缺。按照马克思的设想，到了共产主义社会，阶级和国家将会消失，这就意味着传统意义上的政府也将不复存在，取而代之的是自由人的联合体。尽管政府是现代社会公共服务的实施主体，但未来就算政府消失了，公共服务也不会消失。自由人的联合体将取代政府，成为统筹协调社会资源完成公共服务的组织。这也表明，公共服务将和人类社会共存，其演变的只是实施的方式和实施的主体。

二、公共服务和公共产品的区别与联系

从现有的研究看，公共服务主要是从政治学、公共管理学、公共政策学等领域提出来的，主要关注的是政府如何履职的问题。根据李军鹏的研究，最早的"公共服务"概念，是由法国公法学派代表莱昂·狄骥于 1912 年提出来的。狄骥认为，现代公法制度背后所隐含的原则，可以归结为一个命题，即那些事实上掌握着权力的人，具有使用手中的权力来组织公共服务，并保障和支配公共服务进行的义务。因此狄骥将公共服务定义为，"任何因其与社会团结的实现与促进不可分割而必须由政府来加以规范和控制的活动，就是一项公共服务，只要它具有除非通过政府干预，否则便不能得到保障的特征"。[①] 狄骥对公共服务的定义强调政府是传统公共服务提供的唯一合法主体，并强调公共服务与政府的规范和控制密切相关。狄骥的观点开启了人们对公共服务研究的关注，但其对公共服务的定义并不完全适应现代社会发展的需要。在中国，对公共服务研究较有代表性的定义有唐铁军、李军鹏（2005）提出的"公共服务是政府满足社会公共需要，提供公共产品和服务的总称"，马庆钰（2005）提出的"公共服务是由公法授予的政府和非政府公共组织以及有关工商企业在纯粹公共物品、混合性公共服务以及特殊私人物品的生产和供给中所承担的职责"，夏光育（2009）提出的"公共服务是政府利用各种权力或公共资源，为民众的直接需求提供服务，为民众的基本需求提供保障，促进社会基本消费均等化的一系列公共行为"。大体而言，这些对公共服务的界定强调了公平性、公益性，而"公平"之类的问题恰好也是政治哲学关注的重点。

对公共产品（public goods，部分翻译又称公共物品）研究的发轫来自经济学领域，后又延展到财政学领域。19 世纪末 20 世纪初，瑞典经济学家威克塞尔·林达尔率先提

---

① 李军鹏.公关服务学［M］.北京：国家行政学院出版社，2007：33.

出了公共产品的概念，并从经济学的视角进行了开创性的研究。在公共产品领域最具影响力的两位经济学家是美国的保罗·萨缪尔森和布坎南。1954年，萨缪尔森在《公共支出的纯理论》中提出，公共产品是每个人消费这种产品不会导致别人对该产品消费的减少的产品，它具有消费的非排他性与非竞争性特征。1965年布坎南对萨缪尔森的定义又做了补充，认为公共产品是任何由集体和社会团体决定，为了任何原因，通过集体组织提供的产品或服务。在布坎南的定义中，公共产品是可以通过市场来提供的，即公共产品具有一定程度私人产品属性。相较于公共服务从政治学和政府角度关注公平问题，公共产品在内涵上强调其消费特征与效果的观察，也就是效率问题（夏光育，2010；杜万松，2011）。

公共服务和公共产品是相关学术研究中经常使用的名词，但二者之间是否一致，却存在不同的认识分歧。按照陈振明等（2011）的观点：既然"公共服务"和"公共产品"是从不同的研究视角提出的，就肯定存在语义表述或内涵的区别；但由于二者观察现象存在较大程度的重叠，因此它们应当是既有区别又相互联系的两个概念。公共服务和公共产品的区别主要有：一是实施主体的合法性确认方面，公共服务与公共产品存在不一致。即一个地方政府可能是某项公共服务供给的法定责任人，但公共产品的直接生产主体可能是其他公共部门或私人。二是在具体方式上，二者也可能存在某些差异。公共服务是一种抽象而笼统的政府活动的集合体，而公共产品更多意义上表现为一种有形或无形的准物质性产出。三是公共服务更倾向于价值层次的考虑，而公共产品一般是依据效率特征进行分类的。

三、广义的公共服务和狭义的公共服务

除了公共服务和公共产品的差别之外，在讨论公共服务问题的时候，隐藏在这一名词后面的外延其实是有广义和狭义之别的。句华（2006）认为，广义的公共服务与公共产品相同，既包括保障市场经济正常运行的法律制度等，也包括为纠正市场失灵和功能缺欠所制定的宏观政策、微观体制等抽象的公共产品，还包括政府所提供的具体的公共服务项目；而狭义的公共服务仅指那些由政府负责安排的具体的公共服务项目。

根据徐菊凤的梳理研究[①]，广义的公共服务包含政府的所有公共事务，包括主权事务和人权事务（柏良泽，2008），或者分为维护性公共服务、经济性公共服务、社会性公共服务（唐铁汉、李军鹏，2005）。狭义的公共服务只是政府四大职能（经济调节、市场监管、社会管理和公共服务）中的一种，是满足民众直接需求的部分，而执法、监督、税收、登记注册以及处罚等政府行为，都不是公共服务（夏光育，2010；赵黎青，2005）。徐菊凤还发现：从诸多研究文献看，在理论和宏观层面进行公共服务和公共产

---

① 徐菊凤，等.旅游公共服务：理论与实践［M］.北京：中国旅游出版社，2013：13.

品问题阐述时，人们一般使用广义概念，包含国防、道路、灯塔等各种各类公共服务与产品；但在阐述现实公共服务问题时，人们多使用狭义而具体的公共服务（公共产品）概念，主要指教育、医疗、环境、劳动保障等公共服务问题。

笔者认为，在社会科学领域，理论的作用主要是深化对现实实践的理解，从这个意义上讲，采用广义的公共服务定义还是狭义的公共服务定义要根据现实研究的需要确定，并无一定之规。尽管旅游公共服务更符合狭义公共服务的定义，但值得注意的是，在政府确定的经济调节、市场监管、社会管理和公共服务四大职能中，"公共服务"包括的内容主要是着力促进教育、卫生、文化等社会事业健康发展，建立公平公正、惠及全民、水平适度、可持续发展的公共服务体系，推进基本公共服务均等化。在这里，公共服务的内容主要是从现有机构设置的职能出发考虑的，并不一定符合现实研究的需要，特别是不符合旅游公共服务研究的需要。在此，笔者同意徐菊凤将政府职能确定的"公共服务"作为技术性定义的看法，即"如果以技术性界定作为'公共服务'在理论上的应有之义，有'倒果为因'的反逻辑嫌疑"。在下面的章节中，笔者将从现实需求出发，对旅游公共服务做出合理的界定。

四、公共服务涉及的相关理论

从理论研究的视角看，针对公共服务的研究实际是综合利用多学科理论对公共服务这一交叉领域进行的理论探索。与公共服务相关的理论很多，但需要确定一个主要的学科理论进行分析。笔者对此认可陈振明等对公共服务研究视角的判读，即"公共服务及其提供机制与方式研究应该以公共管理与公共政策（公共行政学）为主要的学科视角，辅以经济学、政治学、社会学、管理学和法学的跨学科研究，借助国外已有的学术思想及新的理论成就（如公共选择理论、公共物品理论、新公共服务理论、治理理论、制度分析和博弈论等），根据公共服务需求和供给的总体假设——政府应采取动态的公共服务提供机制和方式，以满足社会多样化的需求偏好，来研究转型期我国现实的多种约束条件下（如地理位置差异、资源禀赋、经济发展水平、社会阶层、技术变迁、制度选择和需求偏好等），如何建构公共服务的基本理论框架以及合理选择和创新公共服务的提供机制和方式，以提高政府回应公共需求的能力，促进服务型政府与社会主义和谐社会的建设"。[①] 具体而言，以下这些理论和思想值得关注。

（一）公共选择理论

公共选择理论产生于 20 世纪 40 年代末，并于五六十年代形成了公共选择理论的基本原理和理论框架，60 年代末以来，其学术影响迅速扩大。其代表人物是美国经济学

---

① 陈振明，等.公共服务导论［M］.北京：北京大学出版社，2011：5.

家詹姆斯·布坎南。公共选择理论作为政治的经济理论是就其分析的方法而言的，它把经济学中的经济人（理性人）假设移植到政治领域，把经济学的研究对象拓展到以往被经济学家视为外部因素而由政治学研究的传统领域；把人类的经济行为和政治行为作为统一的研究对象，从实证分析的角度出发，以经济人假设为基本假定和前提，运用微观经济学的成本—效益分析方法，解释个人偏好与政府公共选择的关系，研究作为投票者的消费者如何对公共物品或服务的决定表达意愿。经济人假设是公共选择理论和传统的政治理论根本区别之所在。公共选择理论对公共服务分析的价值在于：其将经济学的思维纳入公共服务研究，对公共服务的制度性安排有不少启示。

（二）新公共管理理论

新公共管理理论是在 20 世纪 80 年代西方一些国家政府管理出现危机，传统科层体制的公共行政不能适应迅速变化的信息社会发展，无法解决政府面临的公共管理挑战的背景下诞生的。其代表人物有英国著名行政学者克里斯托夫·胡德。新公共管理理论主张在政府公共部门采用私营部门成功的管理方法和竞争机制，重视公共服务效率，强调在解决公共问题、满足公共需求方面增强有效性和回应力，强调自上而下的自治性权力交互，强调政府与公民社会的协商与合作，强调政府低成本运作，强调公共服务的质量和最终结果，强调引进企业管理的若干机制和方法来改革政府，强调顾客第一和消费者主权，强调政府职能简化、组织结构"去科层化"、作业流程电子化。新公共管理理论，是传统公共管理理论的与时俱进，从行政管理的角度，对政府如何提高公共服务效率有不少启示。

（三）新公共服务理论

在西方学术界，美国学者登哈特夫妇在 2000 年提出了"新公共服务"范式。登哈特服务以民主公民权、公民社会、组织人本主义与新公共行政以及后现代公共行政为理论基础，以"服务而不是掌舵"、公务员的工作价值在于"提供公民民主而非顾客服务"为中心议题，阐释了"新公共服务"的相关思想。"新公共服务"是关于政府如何服务于公民需要和社会发展的一种新理念。其描述的是全球性社团革命浪潮和后现代话语理论背景下，政府如何做出反应的策略构想，具有很强的人本主义特征。登哈特夫妇的理论提出后，恰逢 2004 年中国政府提出的"服务型政府"改革路线，因此引发国内诸多学者的研究讨论，并从"放权""服务为本""参与协作"和"行政化塑造"等角度阐释了"新公共服务理论"对中国政府改革的意义。相较西方发达国家，中国的公共服务实践和理论相对滞后，尽管新公共服务理论可能对当下中国的公共服务指导作用不大，但对未来公共服务政策的制定和实施有较强的启发价值。

第二节　完善旅游公共服务的重要意义

完善旅游公共服务既是政府职能优化、旅游产业发展的客观要求，也是政府为提高旅游业竞争力、促进旅游业转型升级的主观选择。要认识到完善旅游公共服务的重要意义，推动新时期旅游业的高质量发展。

一、背景：政府职能转变

尽管旅游公共服务在改革开放之初旅游业的发展中就有所体现，但是旅游公共服务真正引起旅游全行业特别是旅游行政部门的高度关注的重要背景是国家层面将建设服务型政府逐步作为政府职能转变的主要目标。

1992年10月12日，中国共产党召开第十四次全国代表大会，会议提出确定中国经济体制改革的目标是建立社会主义市场经济体制，提出要"使市场在社会主义国家宏观调控下对资源配置起基础性作用"，同时明确提出加快政府职能的转变，并提出了政府的主要职能，即"统筹规划，掌握政策，信息引导，组织协调，提供服务和检查监督"。建立社会主义市场经济体制目标的提出，必然要求政府机构设置和职能的调整。在这一背景下，1998年，国家和地方开展了一次大的机构改革。一些传统的计划经济特征明显的纯经济部门被撤销，诸如煤炭工业部、冶金工业部、机械工业部、化学工业部等。国家旅游局在这次机构改革中明确要求，"不再保留对旅游外汇、旅游计划、旅游价格的管理职能"，同时在全国范围内的政企分开中，中国国际旅行社等旅游企业正式从机关被分离出去。这一次的改革，在削减旅游行政部门在资源配置方面的职能的同时，也进一步强化了其在旅游公共服务方面的行政职能。2006年，中国共产党十六届六中全会做出《关于构建社会主义和谐社会若干重大问题的决定》，明确提出"建设服务型政府，强化社会管理和公共服务职能"。

建设服务型政府不仅要服务当地居民，同时还应该服务好外地游客，这样的服务型政府才是合格的政府。在经济社会发展早期，人员流动数量少、频率低，对政府而言，其主要职责就是为当地居民的生产和生活服务。但是在人员移动高频化的大众旅游时代，如果政府的服务对象还仅仅局限在居民身上，就还很难应对形势发展的要求。以中国首都、世界旅游城市北京为例，2019年，其常住人口为2154.2万，当年接待的境内外游客数量达到了3.22亿人次，常住人口与游客数量之比约为1∶15。更为突出的例子是知名旅游城市张家界，2019年，其常住人口为154.9万，但当年接待的入境游客达到137万人次，几乎与其常住人口数量相当；接待的国内游客达到7912.3万人次，约是其常住人口数量的51倍。因此，对北京和张家界的政府而言，如果仅仅关注常住居民的公共服务，不能为广大游客提供有效的公共服务，就很难说尽到了职责。

二、导向：行业目标拓展

作为第二次世界大战之后迅速兴起的行业，旅游业经济、政治、文化、社会等方面的属性是固有的。但对中国旅游业而言，在改革开放的40多年中，由于国家在不同发展时期给予其不同的定位，使得旅游业在各个历史阶段表现出不同的发展导向。行业目标的拓展大体经历了三个阶段。

第一个阶段可以称为起始阶段，即从政治导向转向经济导向是旅游业改革开放的重要起点。在改革开放之前，旅游的政治导向被放到了重要位置，改革开放之后，经济导向得到极大的关注。邓小平同志1978年10月至1979年7月关于发展旅游业的五次重要谈话，通篇体现的都是旅游业的经济导向。比如小平同志讲："旅游事业大有文章可做，要突出地搞，加快地搞。旅游赚钱多，来得快，没有还不起外债的问题，为什么不能大搞呢？"简直就是旅游业经济导向的直白宣言。

第二个阶段可以称为发展阶段，即经济导向的不断强化和深化成为促进旅游业快速发展的重要源泉。1981年，《国务院关于加强旅游工作的决定》提出"旅游事业是一项综合性的经济事业，是国民经济的一个重要组成部分，是关系到国计民生的一项不可缺少的事业"。1985年12月，国务院常务会议决定把旅游事业发展规划列入国家"七五"计划，旅游业的经济导向已经成为旅游业发展的基本定位。可以说，改革开放40多年中国旅游业的发展史，就是一幅旅游经济不断发展壮大的生动画卷。

第三个阶段可以称为面向未来的阶段，即旅游业的综合导向将成为下一阶段引领旅游业发展的重要指引。在改革开放40多年中，经济功能是旅游业发展的主要导向；而伴随旅游经济规模的扩大，旅游业在政治建设、社会建设、文化建设、生态建设等方面的复合功能也得到不同程度的体现。旅游业是综合性产业，从促进发展的角度看，这意味着需要通过整合各方面资源，增强合力以实现旅游业发展。从功能属性看，又意味着未来旅游业的作用将不仅仅局限于早期的政治功能或者经济功能，而将成为带动国家和地方全面发展的重要领域。对中国这样的大国以及全国多数地区来说，旅游业在国民经济中所占的比重总是有限的，但是旅游业的综合带动作用却是无限的。这就需要逐步转变唯旅游经济导向和过分追求旅游业在经济中占比的思维，将发展的目光投到满足人民美好生活福祉等更加广阔的领域。可以预见，未来旅游业的综合导向将成为主流，旅游业也将更加深入地参与到国家和地方发展的各个领域。

从旅游业发展的历史看，其导向目标转变的历程，同时也是政府对旅游公共服务认识和推动的过程。在以政治导向为主的时期，由于游客数量极少，且以入境游客为主，加之这些入境游客基本都不是在中国国内自主旅游，而是被"安排"参观的，因此旅游公共服务的"短板"并没有充分暴露。而在经济导向为主的时期，尽管旅游公共服务是旅游事业的重要组成部分，但与此同时，旅游公共服务也是整个旅游业系统的有机组成部分，其完善和优化也有利于给旅游产业带来更大吸引力，进而增加区域的旅游收入，因此旅游公共服务很大程度上因其带来的间接和潜在经济价值而受到重视。未来随着旅游业综合导向的不断强化，旅游公共服务将更多作为政府发展旅游业的一种义务和自觉，成为政府职能优化的内在要求。

三、要求：游客权利需要

1933 年国际现代派建筑师组织通过了对现代城市规划影响巨大的《雅典宪章》，提出城市应主要满足居住、游憩、工作和交通四大功能。1980 年世界旅游组织大会通过的《马尼拉宣言》中明确提出，旅游活动是现代人类社会的基本需要之一，旅游与工作权一样，休闲特别是旅游度假也是现代社会中人人享有的权利。可以说，旅游正在成为公民的基本权利，这就意味着为旅游者提供相应的公共服务也是政府应该履行的职责。

与此同时，游客对旅游服务满意与否，是衡量旅游业发展质量的关键标准。而影响游客满意度的服务，除了商业企业提供的市场化服务，还有政府作为主体提供的旅游公共服务。商业化的旅游服务水平高低，和其价格有密切的关系，因此大体可以通过市场化的手段去解决。旅游公共服务并不涉及价格，但又是游客体验的有机组成部分，因此更容易成为游客反映突出的问题。比如，许多热点旅游区的停车场、厕所等旅游公共服务配套设施都是影响游客满意度的普遍问题。

经过中国旅游业多年的发展，旅游已经从少数人的个别行为走进千家万户，成为广大城乡居民的"刚需"，正如 2016 年李克强总理在政府工作报告中所说，"要迎接正在兴起的大众旅游时代"。大众旅游时代的到来，首先意味着旅游规模的扩大和旅游频次的提高，2019 年中国国内旅游人数达到 60 亿人次，这意味着每个中国城乡居民每年平均出游次数达到 4.3 次。伴随旅游业的不断发展，中国城乡居民的出游率还会逐年上升，因此与旅游公共服务相关的需求也会变得更加迫切。此外，在大众旅游时代，伴随旅游经历的丰富，国人对旅游服务的要求也会逐渐提高，这就要求旅游公共服务的质量应随之提高。

另外值得关注的是，经过多年的发展，旅游市场结构出现了新的变化，那就是相较团队旅游，散客旅游成为旅游市场的主体。2019 年全国旅行社入境旅游外联 1227.29 万人次，这相当于当年入境旅游人数的 8.5%；2019 年全国旅行社国内旅游组织 17666.29 万人次，这仅相当于全年国内旅游人数的 3%。在过去团队旅游主导的时代，虽然旅游公共服务水平不高，但在旅行社领队、导游对相关公共服务资源的统筹整合下，矛盾并不突出。但是在散客旅游时代，由于游客活动半径的扩大、体验内容的增加、服务要求的提高，旅游公共服务不足的问题因此变得更为突出。因此可以说，散客旅游的普遍化既对旅游公共服务提出了新的挑战，又为优化旅游公共服务发展指出了新的方向。

四、动力：旅游竞争升级

近年来，各级政府对旅游业的重视程度不断增加，这也直接导致了旅游目的地竞争的升级。对一般商品和服务而言，各类企业是主要的市场竞争主体。如汽车制造业，其竞争主体主要是不同品牌的汽车生产厂商；再如软件服务业，消费者关注的是某一公司生产的软件，而不会在意这家公司所在的区域。但对旅游业而言，"旅游资源的垄断性特征是目的地竞争力差异的主要原因"。这就意味着，旅游业发展是与一个地区差异化的特定资源紧密联系的，具有不同地域化特征的旅游目的地也因此成为向游客提供不同旅游体验的主要载体。正因为如此，尽管不同的旅游企业之间也存在市场竞争，但从游客的需求看，旅游目的地之间的竞争却居于主导地位，旅游企业之间的竞争在多数情况下是依附于旅游目的地这个第一竞争主体的。旅游目的地并非抽象的存在，在多数情况下，旅游目的地与行政区划的范围基本一致，这也为各级地方政府提高旅游业整体竞争力提供了激励条件。

与企业竞争类似，在现实发展中，政府竞争也是普遍存在的。正如艾伯特·布列塔（Albert Breton）在《竞争性政府：一个关于政治和公共财政的经济理论》中提出："政府本质上是具有竞争性的，彼此围绕着资源和控制权的分配、公共产品和服务的竞争不仅有助于政治体制的均衡，而且也将促进公众对这些产品需求偏好的表露，能够实现公共产品的数量和质量与税收价格的有机结合。"相对于一些成熟经济体，中国市场和政府的边界并不清晰，政府的职能有很大的弹性空间，特别是在调动各种发展资源上依然保持有强大的力量，加之由"官本位"带来的晋升动力，使得具有地方法团主义特征的区域竞争一直存在。正如中国香港经济学家张五常提出的观点：中国各级政府通过"铁腕降低交易费用"的方式促进了地方经济的发展，具有独立经济权力的县与县之间的竞争成为实现"中国经济奇迹"的重要原因。同样，在旅游业发展领域，政府的竞争也无所不在，政府有能力也有动力，通过动员各种力量在竞争中胜出，进而实现旅游目的地的跨越式发展。当然，常规的区域竞争是以争夺生产资源为主要出发点，而旅游目的地的区域竞争的首要目标是争夺消费市场资源。而旅游目的地政府要通过竞争吸引更多的游客消费，除了通过市场化手段激励企业提供丰富的旅游产品之外，还需要通过调动行政资源，提供更为高效便捷的旅游公共服务。

旅游目的地竞争力的体现，既涉及旅游目的地的旅游企业竞争力，同样也与旅游目的地的旅游公共服务能力紧密相关。在国家层面，世界经济论坛（WEF）以全球140个国家和地区为对象，每两年发布一次全球旅游业竞争力报告，其评价的因素包括旅游环境（商业环境、安全程度、健康等），旅游政策和条件（旅游业优先级、国际化程度、价格竞争力、环境可持续性等），基础设施（航空基础设施、地面和港口交通、旅游服务设施等）。这些评价因素中，不少都与旅游公共服务有关。根据世界经济论坛的评价结果，2019 年中国在全球旅游业竞争力榜单中排名第 13 位，比 2017 年提高了两个位次，总体上呈现逐步提高的态势。可以说，中国旅游业竞争力的提高与旅游公共服务的改善有很大的关系。在地方层面，可以发现绝大多数深受游客喜爱的旅游热点地区，也是旅游公共服务体系较完善、旅游公共服务质量较高的地区。比如，成都、杭州和大连之所以 2006 年被国家旅游局和联合国世界旅游组织联合认定为中国最佳旅游城市，除了有丰富的旅游资源和旅游产品之外，很大程度是由于其在旅游公共服务方面做出了突出业绩。可以预见，随着旅游业的深化发展，提升旅游公共服务将在各级政府提高其旅游竞争力的战略中扮演更加重要的角色。

第 二 章

旅游公共服务的基本理论

【主要内容】

了解旅游公共服务内涵和外延上存在的主要认识差别，理解旅游公共服务的基本概念，掌握旅游公共服务涉及的主要内容，能结合实践理解旅游公共服务的主要特征。

【引导案例】

"十二五"和"十三五"旅游公共服务规划

2011年12月和2017年3月，国家旅游局根据旅游行业发展和工作职能的需要，分别下发了《中国旅游公共服务"十二五"专项规划》和《"十三五"全国旅游公共服务规划》。尽管在2011年12月正式发布的《中国旅游公共服务"十二五"专项规划》中，并没有对旅游公共服务的概念做出明确的界定，但是在2010年12月国家旅游局向社会发布的《中国旅游公共服务"十二五"专项规划（征求意见稿）》中，就规划的范围和重点进行说明时提出，"本规划所称的旅游公共服务是指政府和其他社会组织、经济组织为满足海内外旅游者的公共需求，而提供的基础性、公益性的旅游公共产品与服务"。这一定义也被众多研究者所采纳。此外，在规划的发展总体目标中，提出了"基本完善旅游信息咨询服务体系、旅游安全保障服务体系、旅游交通便捷服务体系、旅游便民惠民服务体系、旅游行政服务体系五大体系"，同时也提出"实施旅游咨询中心示范工程、旅游气象服务示范工程、旅游保险示范工程、旅游集散中心示范工程、旅游观光巴士示范工程、旅游休闲设施与服务示范工程、旅游行业'刷卡无障碍'示范工程和旅游标准化示范工程八大工程"。这基本确定了旅游公共服务的主要内容和工作重点。

在2017年的《"十三五"全国旅游公共服务规划》中，尽管仍然没有对旅游公共服务的概念做出明确的界定，但是其对旅游公共服务的任务内容和重点工程则比"十二五"时期有了新的拓展。其确定的主要任务包括9个领域：完善旅游基础设施、优化旅游交通便捷服务体系、提升旅游公共信息服务、大力推进厕所革命、构建国民旅游休闲网络、加强旅游惠民便民服务、构筑旅游安全保障网、优化旅游公共行政服务、推动旅游公共服务走出去。其确定的重点工程则有 16 项，即"12301"国家智慧旅游公共服务平台提升工程、旅游服务中心建设工程、厕所革命推进工程、旅游"最后一公里"优化工程、国家旅游风景道公共服务示范工程、旅游观光巴士示范工程、旅游休闲绿道示范工程、自驾车旅居车营地公共服务示范工程、旅游区（点）道路交通标识体系优化工程、旅游安全与应急救援示范工程、A 级旅游景区视频监控工程、乡村旅游公共服务工程、红色旅游公共服务工程、旅游志愿者服务管理工程、旅游公共服务标准化工程、旅游公共服务质量评价工程。

从"十二五"和"十三五"旅游公共服务规划可以看出，旅游公共服务有相对稳定的内涵和外延，但是旅游公共服务并非一成不变，随着旅游业发展形势和游客对旅游公共服务需求的变化，其内容和重点也会随之演变。这就要求在推动旅游公共服务上既要把握基本的要点，也要与时俱进。

对旅游公共服务理论的认识是一个伴随实践不断深化的过程，本章主要从旅游公共服务基础理论现状、旅游公共服务的内涵等方面进行详细论述。

第一节　旅游公共服务基础理论现状

这节内容主要对旅游公共服务的基础理论研究进行梳理和评价，为后续内容的展开做铺垫。

一、旅游公共服务研究的缘起及概述

旅游信息服务、旅游安全保障等方面的实践很早就有，与之相关的研究也有零星的开展。根据常文娟、熊元斌的研究[1]，旅游公共服务的研究起点源自"政府在旅游业发展中的作用"的研究。从 20 世纪 90 年代起，一部分学者关注旅游业发展过程中政府职能问题，其中就涉及对政府提供公共服务的类别、提供方式及旅游公共服务的性质等问题的讨论。但起初"旅游公共服务"一词在学术刊物中出现时，往往与"设施"两字连用，以"旅游公共服务设施"一词常见于旅游竞争力、都市旅游发展、可持续发展及区域旅游合作等问题的研究文献中，并且在早期出现时，常常与"旅游基础设施""旅游资源保护""旅游公共服务设施"等概念混合使用。早期这些研究以传统的行政理论为基础，对政府在旅游业发展中的职能进行讨论，间或可以看到一些学者提及公共产品、公共管理及公共服务等概念，但是，他们对公共物品和公共服务的研究，局限于探讨在

---

① 常文娟，熊元斌. 旅游公共服务国内研究综述［J］. 特区经济，2016.

旅游行政体制内部实现公共事务管理的方法。这与在公共管理及公共服务视角下，对旅游业发展中政府角色定位以及政府与市场、社会的关系等方面的研究完全不同。由于国家层面大体是在 2007 年较明确地出现旅游公共服务的提法的，因此从研究层面看，旅游公共服务大体也是自 2007 年开始受到关注的，较成体系和学理化的研究则始于 2008 年之后。

通过中国知网，以"旅游公共服务"作为关键词进行搜索，截至 2021 年 6 月，共有报纸文章、期刊论文、硕士博士论文 609 篇。其中，代表性的期刊论文（按被引量排序）有：李爽、黄福才、李建中的"旅游公共服务：内涵、特征与分类框架"（《旅游学刊》2010 年第 4 期）；李爽、黄福才、钱丽芸的"旅游公共服务多元化供给：政府职能定位与模式选择研究"（《旅游学刊》2012 年第 2 期）；黄燕玲、罗盛锋、丁培毅的"供需感知视角下的旅游公共服务发展研究——以桂林国家旅游综合改革试验区为例"（《旅游学刊》2010 年第 7 期）；乔海燕的"关于构建旅游公共信息服务系统的思考——基于智慧旅游视角"[《中南林业科技大学学报（社会科学版）》2012 年第 4 期]；徐菊凤、潘悦然的"旅游公共服务的理论认知与实践判断——兼与李爽商榷"（《旅游学刊》2014 年第 1 期）；叶全良、荣浩的"基于层次分析法的旅游公共服务评价研究"（《中南财经政法大学学报》2011 年第 5 期）；张泰城、王伟年的"旅游公共服务建设中地方政府行为分析"（《中州学刊》2009 年第 7 期）；张萌、张宁、朱秀秀、陈蔚的"旅游公共服务：国际经验与启示"（《商业研究》2010 年第 3 期）；董培海、李伟的"关于旅游公共服务体系的解读——兼评我国旅游公共服务体系建设"（《旅游研究》2010 年第 12 期）；李萌的"基于智慧旅游的旅游公共服务机制创新"（《中国行政管理》2014 年第 6 期）。其中，有代表性的博士论文有 3 篇：李爽的"旅游公共服务供给机制研究"（2008）、何池康的"旅游公共服务体系建设研究"（2011）、王佳欣的"基于多中心视角的旅游公共服务供给机制研究"（2012）。

2020 年，徐福英、刘涛[①] 对 2019 年 9 月 27 日前中国知网旅游公共服务文献检索分析后，提出旅游公共服务研究的主要内容涉及旅游公共服务体系构建、旅游公共服务发展对策、旅游公共服务质量评价及满意度、旅游公共服务具体要素建设、旅游公共服务供给、旅游公共服务运行机制及旅游公共服务的基本概念与内涵七大方面，其以旅游公共服务体系建设研究居多，占总量的近 1/4，而关于旅游公共服务供给、运行机制及基本概念与内涵方面的研究相对较少。

二、旅游公共服务基础理论研究梳理

关于旅游公共服务基础理论的研究主要集中在概念、内容等方面，从概念和内容出

---

① 徐福英，刘涛. 国内旅游服务研究回顾与展望［J］. 山东工商学院学报，2020.

发，也涉及旅游公共服务特征的探讨。对此问题，徐菊凤做了较详细的梳理①。笔者在其前期研究的基础上，做了进一步的丰富和优化（见表2-1）。

表2-1 有关文献对"旅游公共服务"基础理论的观点

来源	概念	内容	特征
杨大明，2006	政府旅游管理部门向社会提供的、不以营利为目的的旅游类服务		非营利性
刘小军，2007		三大类：基础性旅游公共服务，市场性旅游公共服务，管理性旅游公共服务	
郭胜，2008	为满足游客的需求，由政府或者其他社会组织为游客提供的直接和间接具有外部效果、非排他性服务的总称	包括若干子系统：旅游城市服务系统，旅游信息服务系统，旅游救助服务系统，消费者权益保护系统，突发事件应急系统，旅游志愿者服务系统等	非排他性、外部性
《北京市旅游公共服务体系研究》课题组，2008	由政府提供或主导提供的，现实或潜在旅游者与旅游业经营者、从业人员不论其国别、消费水平和地位、旅游形式如何都可以普遍享有的、市场或单个企业无力或不愿提供的服务和公共产品	两部分内容：社会性公共服务提供的一部分旅游公共服务功能；为旅游需求专门提供的旅游公共服务	共享的、市场失灵的
张广瑞，2008	无定义，但指出提供服务的责任方是政府，受益者狭义为旅游者，广义含当地居民	城市公共旅游交通服务设施、公共旅游信息服务设施、旅游金融服务设施以及旅游安全保障设施等	
张泰成、王伟年，2009	政府机构向社会提供的、不以营利为目的的各类服务	三大类：基础性旅游公共服务，市场性旅游公共服务，管理性旅游公共服务	非营利性
张萌、张宇，2010	广义：由政府提供或主导提供的，现实或潜在旅游者与旅游业经营者、从业人员不论其国别、消费水平和地位、旅游形式如何都可以普遍享有的、市场或单个企业无力或不愿提供的服务和公共产品。狭义：指上述范畴中仅针对旅游者而设计与提供的旅游公共服务	主要包括：旅游交通服务，旅游信息服务，旅游安全保障	市场失灵的、共享的
李爽，2010	由政府或其他社会组织提供的，以满足旅游者共同需求为核心，不以营利为目的，具有明显公共性的产品和服务的总称。根据受益对象有广义、狭义之分	旅游基础设施类服务，旅游公共信息类服务，旅游行业指导类服务，旅游安全监测类服务	非排他性和非竞争性；兼有生产性和消费性、公益性和盈利性；服务具有多样性、层次性和区域性

① 徐菊凤.旅游公共服务：理论与实践［M］.北京：中国旅游出版社，2013.

续表

来源	概念	内容	特征
董培海、李伟，2010	为促进区域旅游业的发展而由公共部门、社会组织等多个主体针对旅游者的特定需求所提供的，同时能为非旅游者所共享的各种设施和服务		共享性、非营利性（社会效益居首）
《中国旅游公共服务"十二五"专项规划（征求意见稿》，2010	政府和其他社会组织、经济组织为满足海内外游客的公共需求，而提供的基础性、公益性的旅游产品与服务	包括旅游公共信息服务、旅游安全保障服务、旅游交通便捷服务、旅游惠民便民服务、旅游行政服务等	基础性、公益性
谷艳艳，2011	为满足旅游者旅游活动的需要，主要由政府在旅游目的地范围提供的具有公益性、服务性特点的公益项目和配套设施等物质结构的总称	主要内容包括设施与服务两种类型：旅游信息服务，旅游交通服务，旅游安全服务，旅游管理服务，旅游环境服务	非营利性、非排他性、公共性
何池康，2011	在一定的时期内，由一定区域内的政府或其他社会组织提供的，以旅游者为服务对象的，具有明显公共性的一系列产品和服务的总称，既包括纯公共性质的产品和服务，也包括准公共性质的产品和服务	三大类：政府提供的公共管理服务体系、服务型体系、咨询性体系。在具体实施时，又存在基础性、支撑性、保障性三大体系	兼具生产性和消费性、营利性和公益性、区域性、特殊性、多样性
刘德谦，2012	将旅游公共服务作为普适性公共服务的一部分和现代旅游服务的有机组成环节	八个分支体系：旅游公共信息服务体系、旅游安全保障体系、旅游公共交通服务体系、旅游公益服务体系、旅游志愿者服务体系、旅游科普体系、旅游责任教育与辅导体系、旅游公共服务推动与监管体系	
李军鹏，2012	以旅游管理部门为主的相关公共部门为满足旅游公共需求，向国内外旅游者提供的基础性、公益性的公共产品与服务	包括旅游公共信息服务、旅游安全保障服务、旅游交通便捷服务、旅游惠民便民服务、旅游行政服务等	基础性、公益性
王信章，2012		包括旅游公共信息服务、旅游公共安全服务、旅游公共交通服务、旅游公共环境服务、旅游公共救助服务	公益性、共享性
王京传、李天元，2012	从服务接触的视角，提出旅游公共服务是基于顾客与服务人员、设施设备、服务环境及其他顾客等所有可感知服务要素的接触	三个部分：基于服务接触点、基于服务接触链协同、基于服务接触情境优化的旅游公共服务体系	
王佳欣，2012	政府和其他社会组织、经济组织为满足旅游者的公共需求而提供的基础性、公益性的旅游产品与服务	旅游交通便捷服务、旅游公共信息服务、旅游安全保障、旅游惠民便民服务、旅游行政服务	基础性、公共性

续表

来源	概念	内容	特征
熊元斌、常文娟，2013	由政府供给或由政府做出供给制度安排的，以满足公众旅游消费需求为核心的，具有公共性特征的服务的总称；是公共服务与旅游特性的具体结合，是公共服务在旅游中的实践		公平与效率的兼顾、市场化
徐菊凤，2013	为满足旅游者的普遍需要而由旅游等相关公共部门主导提供的具有公益性、共享性特点的产品和服务的总称	广义上包含了游客需要的各类公共服务，以及旅游行政管理部门涉及的所有职能；狭义上只包含旅游者在旅游活动中直接需要的几大子系统，即旅游公共信息、旅游便捷交通、旅游惠民措施、旅游安全保障等	公益性、共享性
魏小安，2014	公共服务在旅游领域的体现或实现，或者说，通过政府或者其他组织提供的，不以营利为目的，具有明显公共性的，以满足旅游者共同需要的公共产品和公共服务的综合	一个基础（假日制度）、两个重点（法规和标准）、六个抓手（公共旅游产品、旅游信息系统、旅游咨询中心、投诉中心、急救中心和公益性服务）	公共性、非营利性
常文娟、熊元斌、付莹，2015	从普适性的角度审视旅游公共服务系统	硬件系统（公共景观及休闲绿地服务、旅游交通服务、目的地旅游公共设施服务）、软件系统（旅游公共信息服务、旅游教育及培训服务、旅游科普服务、旅游公共安全保障服务、旅游公益服务）、监管系统（旅游行业监管服务、旅游消费者权益保护）	普遍性、确定性、开放性

第二节　旅游公共服务的内涵

把握旅游公共服务的内涵，关键是要解决旅游公共服务由谁供给、为谁服务以及服务什么的问题，这实际上涉及旅游公共服务的主体、客体、内容和特征。本节将结合公共服务的一般界定和旅游自身的特征重点分析相关内容，在详细分析相关内容的基础上，提出旅游公共服务的基本概念。

一、旅游公共服务的主体

旅游公共服务主体关注的是旅游公共服务应该由谁提供的问题。根据徐菊凤的研究①，关于旅游公共服务的提供者，存在三种观点，一种是认为旅游公共服务应该完全由政府提供；另一种是认为旅游公共服务应该由政府、企业和社会组织共同提供；还有一种是认为应该以旅游管理部门和其他政府部门为主提供。徐菊凤同时认为，从各国实践来看，政府或政府部门都是公共服务的主要（导）提供者。理论上看，"公共服务"的理论源头，也在于强调政府对公共事务的主要职责，而其他社会机构乃至企业对公共服务的提供，大多是委托式、合作式、补充式的。因此，从严谨角度而言，应该明确提出旅游公共服务的主要提供者是"旅游管理部门为主的相关公共部门"。同样，《中国旅游公共服务"十二五"专项规划（征求意见稿）》在对旅游公共服务定义时，实际上也是将"政府和其他社会组织、经济组织"确定为旅游公共服务的主体。

这二者较准确地描述了旅游公共服务的主体，但是由于没真正区分旅游公共服务提供方和生产方，在一定程度上造成了认识的混乱。常文娟等学者指出，美国学者奥斯特罗姆夫妇于20世纪60年代提出公共服务供给与生产是可以分离的，公共服务的供给指通过集体机制对是否生产某种公共服务、如何供给、何时供给以及供给的质量与数量等问题做出决策。而公共服务的生产是指将各种有形（包括资金、设备等）和无形（包括制度、政策等）的资源转化为服务的技术过程。②与此同时常文娟等还对旅游公共服务的安排者（相当于下文的提供者）和生产者进行了考察。

分析旅游公共服务的主体不能泛泛而谈，而应该对旅游公共服务的提供者和生产者分别研究。需要强调的是，在主体之中，更具决定意义的是提供者，生产者只是作为提供者的附属得以存在的。这就意味着判断一种行为是否属于旅游公共服务时，主要是考察其提供者而不是生产者。

（一）旅游公共服务的提供者

按照公共服务的性质，公共服务的提供者只能是以政府为主体的非商业组织。同样，在旅游公共服务领域，提供者主要是旅游及相关行政部门，其职能主要是对旅游公共服务的生产进行决策、投入和管理。此外，也有一些非商业的社会公益组织提供旅游公共服务。比如2015年7月18日，深圳成立的全国首个"旅游志愿者服务总队"就属于这一类型。此外，从长远来看，伴随时代进步，"小政府、大社会"发展格局的不断形成，社会组织将在旅游公共服务提供中扮演更加重要的角色。

政府提供旅游公共服务没有太多争议，存在争议的是旅游景区等企事业单位提供旅游信息服务、旅游厕所服务、旅游安全保障等非营利性服务时，能否被视作旅游公共服务的提供者。笔者认为，这些非营利性服务只是旅游企事业单位提高市场竞争力和盈利能力的必要措施；此外，这类服务是企事业单位针对到企事业单位内部游览的游客提供

① 徐菊凤.旅游公共服务：理论与实践［M］.北京：中国旅游出版社，2013.
② 常文娟，熊元斌，付莹.论普适性旅游公共服务体系的构建［J］.生态经济，2015（1）.

的特定服务，并不具有"公共性"，因此并不能成为旅游公共服务的提供者。比如，湖南莽山五指峰景区投入大量人力和物力，建设成为中国首屈一指的全程无障碍山岳型景区。这一举措为老年人、残疾人等弱势群体出游提供了极大的便利，但归根结底企业是营利机构，这一举措更大程度应该视作企业差异化发展、树立品牌形象、提高竞争力的市场化行为。尽管湖南莽山的这一做法是值得行政部门在全国推广的"善举"，但是却不宜将之作为旅游公共服务。而像针对旅游者的旅游保险这类在一般认识中被视作旅游安全的组成部分，如果只是保险公司的纯商业行为，也不宜认为是旅游公共服务；但对旅游保险进行财政补贴以及推动完善旅游保险体系，可以视作政府在履行旅游安全保障方面的职能。同样，旅游及相关行政部门通过奖励、补贴等方式引导和激励旅游相关企事业单位完善这类非营利性服务的行为，从严格意义上讲，属于旅游及相关行政部门促进旅游全行业服务质量提高的行政行为，并非旅游公共服务的职能范畴。

（二）旅游公共服务的生产者

以政府为主体的非商业组织是旅游公共服务的提供者，但是政府、企业和社会组织都可以作为旅游公共服务的生产者。

政府作为旅游公共服务生产者，其主要方式有两种：一种是直接利用其掌握公共资源生产相关旅游公共服务产品，如政府发布旅游气象信息、旅游安全预警信息等；另一种是直接投入资金，建造一些旅游公共服务基础设施，如修建旅游集散中心、旅游厕所等。

企业作为旅游公共服务生产者，参与旅游公共服务建设，是公共服务理论和实践发展的必然结果和普遍的趋势。特别是在具有准公共物品属性的旅游公共服务生产中，企业的作用越发突出。企业生产旅游公共服务较典型的有两种类型。一种是政府为提高运营效率，专门设立或者委托企业对旅游公共服务设施进行特许运营。例如，2003 年杭州市委、市政府为方便中外游客出游，设立了散客自助旅游集散地，与此同时，杭州专门成立了杭州旅游集散中心有限公司，对集散中心进行运营；再如，政府为实现旅游厕所的可持续运营，采取的"以商养厕"的模式，也是这种类型。另一种是 PPP 项目的方式。PPP 是 Public-Private Partnership 的缩写，指在公共服务领域，政府采取竞争性方式选择具有投资、运营管理能力的社会资本，双方按照平等协商原则订立合同，由社会资本提供公共服务，政府依据公共服务绩效评价结果向社会资本支付对价。PPP 是以市场竞争的方式提供服务，主要集中在纯公共领域、准公共领域。PPP 不仅是一种融资手段，还是一次体制机制变革，涉及行政体制改革、财政体制改革、投融资体制改革。比如，云南省委托腾讯集团、云南省投资控股集团、云南省交通投资建设集团三方共同承担的"一部手机游云南"项目，就具有旅游公共服务 PPP 项目的特征。再如，政府以生产者补贴方式，引导参与旅游交通建设和运营的企业向特定的旅游公共服务对象提供服务也属于这种类型。

社会组织也可以作为旅游公共服务的生产者。按照中国民政部的定义，社会组织主要包括以下三类：一是社会团体，指"由中国公民自愿组成，为实现会员共同意愿，按照其章程开展活动的非营利性社会组织"，主要有学术性团体、行业性团体、专业性团体、联合性团体。二是民办非企业单位（社会服务机构），即"企业事业单位、社会团体和其他社会力量以及公民个人利用非国有资产举办的，从事非营利性社会服务活动的社会组织"，如各种民办学校、医院、剧团、养老院、研究所、图书馆、美术馆、宗教组织、其他社会服务和福利机构。三是基金会，即"利用自然人、法人或者其他组织捐赠的财产，以从事公益事业为目的，按照相应规定成立的'非营利性法人'"。就中国旅游公共服务的生产者而言，主要集中在民办非企业单位（社会服务机构），如成立于2009 年的宁波国际旅游交流中心是宁波市旅游行政部门直属单位，也是 5A 级社会组织，其设置的目的就是借助宁波南塘老街区位优势，打造"宁波城市旅游之窗"品牌。其功能定位是"四中心、一平台"，四个中心是指宁波旅游形象展示中心、宁波旅游信息发布交流中心、宁波旅游公共服务中心、宁波一日游集散中心，一个平台是一年一度的宁波国际旅游展。这其中的旅游信息发布交流中心和旅游公共服务中心就属于宁波市旅游行政部门委托其承担的旅游公共服务生产职能。再如，直属杭州市旅游行政部门的杭州市文化旅游发展中心（杭州市旅游经济实验室）同样担负了杭州市文化旅游信息发布及公益性文化旅游咨询服务工作的职能。从中国各地的实践看，以这种事业单位性质的社会服务机构承担旅游公共服务的实际运营是比较普遍的方式。值得注意的是，在中国，行业协会等社会团体较少介入旅游公共服务的生产，这在未来是一个可以拓展的领域。

（三）旅游公共服务提供和生产模式

在现实当中，旅游公共服务的提供和生产既可以单独进行，也可以与旅游商业服务结合在一起。需要强调的是，旅游公共服务与旅游商业服务并不是彼此排斥和相互对立的，为充分利用存量资源和提高运行效率，旅游公共服务的旅游商业服务的生产经常放到一起。

比如，北京旅游咨询服务中心在承担问询功能（为旅游者免费提供北京主要旅游资源、景区、旅游产品、交通线路信息、旅馆及餐饮场所的介绍，旅游行业政策法规查询等）、展示功能（设有展示架、电子触摸屏、电视录像等展示设备，为旅游者免费提供北京各驰名的文化古迹和风景名胜介绍，北京新推出的旅游新产品、新线路、新景区介绍材料，餐饮娱乐设施的介绍，旅游纪念品展示等）、投诉接待功能（接待旅游者对本市各类旅游及相关机构或事件的投诉）等旅游公共服务职能之外，同样也有代理服务的商业服务功能（代理酒店、旅馆、旅行社部分相关业务，代理飞机、火车、旅游专线车票务，代售景区门票、旅游纪念品代销等）。其商业服务功能的实施，可以为旅游咨询服务中心带来一定的收入，从而降低财政在旅游公共服务方面投入的成本。

二、旅游公共服务的客体

旅游公共服务客体关注的是旅游公共服务的对象，更为重要的是，这也是界定旅游公共服务范围和内容的重要依据。李爽认为，旅游公共服务具有特定的服务对象（受益者），且根据受益程度有广义和狭义之分。广义的服务对象不仅包括最终受益者（即潜在的和现实的旅游者），还包括中间受益者（即旅游公共服务的主体，如政府、旅游企业、社会非营利性组织等）。因为各主体不仅在旅游公共服务中提供各自的服务内容，而且也在不断地获得或共享服务。这里潜在和现实的旅游者不仅包括外地游客的旅游需求，也兼顾了本地居民出行的需要。这一点正体现了旅游公共服务的公共性所在，而本书对服务对象的界定以狭义的旅游公共服务的服务对象，即旅游者的需求为主，兼顾当地居民出行需要。[①] 徐菊凤对旅游公共服务的对象进行梳理后提出了三类对象：第一类认为服务对象是全社会；第二类认为服务对象狭义上为旅游者，广义上包括企业和本地居民；第三类认为服务对象只是外来旅游者。同时，徐菊凤认为，旅游公共服务的对象在总体上是面向所有国民的。因此，完全可以放心地提出旅游公共服务的对象是"旅游者"。[②] 从上述分析可以看出，旅游公共服务必须为旅游者服务已经是共识，需要进一步研究的是旅游公共服务的客体是否应该包括旅游企业以及居民等对象。

（一）旅游公共服务客体是否包括旅游企业和从业人员

笔者认为，如果按照广义的理解，认为政府本身就是公共服务的产物，政府的各种行为都是公共服务的话，旅游公共服务的对象自然包括旅游企业和从业人员。但如果按照这种逻辑，旅游行政管理和旅游公共服务就基本完全重叠了，这实际上也不利于准确理解旅游公共服务。因此，笔者认为，旅游公共服务的客体不应该包括旅游企业和从业人员。这就意味着，旅游行政部门的三项重要职能都应排除在旅游公共服务之外。其一是旅游市场监管。旅游市场监管的对象主要是旅游企业及其从业人员，其维护旅游市场秩序的行为尽管有利于促进旅游业的健康发展，但是也不宜简单归入旅游公共服务的范畴。其二是旅游市场营销。尽管李爽等研究者将旅游目的地宣传与促销、各种旅游节庆活动、旅游展销会等大型旅游公益活动作为旅游行业指导类的旅游公共服务，但是笔者认为，旅游市场营销服务和受益的主要对象是旅游目的地的旅游企业和旅游从业人员，因此也不应该作为旅游公共服务。其三是旅游教育培训。目前旅游行政管理部门开展的旅游教育培训主要面向旅游行政管理干部、旅游企业经营管理人才、旅游服务人员等，

---

① 李爽.旅游公共服务体系建构［M］.北京：经济管理出版社，2013.
② 徐菊凤.旅游公共服务：理论与实践［M］.北京：中国旅游出版社，2013.

这些都属于旅游从业人员的范畴，同样不宜纳入旅游公共服务。

（二）旅游公共服务客体是否包括居民

从使用的角度看，旅游公共服务设施面向所有的国民，但是这并不意味着旅游公共服务的客体就等同于所有国民。判断旅游公共服务的客体应该考量旅游公共设施建造和服务的主要目的是什么，而不仅仅看其实际服务了谁。因此，旅游公共服务客体是否应该包括居民就是一个必须回答的问题。严格意义上讲，居民和旅游者是国民在不同状态下的不同"身份"标识。面向居民的公共服务和面向旅游者的公共服务是有一定区别的。旅游公共服务之所以有不同于一般的公共服务特殊属性，其核心就在于"旅游"二字，这意味着其服务的主要对象是旅游者而不是居民。如果不把二者做相应的区别，旅游公共服务也就没有存在的必要。

旅游公共服务尽管主要服务的对象是旅游者，但并不会在使用中明确排除居民。因而界定某一项公共服务是否属于旅游公共服务主要看其设立的目的是为了谁、服务的主要对象是谁。这里存在两种情况：一种主要是为了旅游者形成的公共服务，如设置在主要交通节点的旅游咨询中心，虽然偶尔会有当地居民前往咨询，但是其依然应该作为旅游公共服务的内容。另一种是主要为了居民形成的公共服务，虽然也可能会有旅游者去使用，但却不应该视作旅游公共服务。例如，城市公交设施、休闲绿道设施、城市公共厕所等，其主要是为居民服务的，尽管旅游者也会使用，但依然不应该被视作旅游公共服务的内容。比如，过去许多学者在研究旅游公共服务时，习惯将杭州等城市的公共自行车租赁服务纳入旅游公共服务的范畴。笔者认为，杭州市政府的这一举措，主要是为了解决杭州市民的出游行为，虽然其将服务范围延伸到了旅游者，但也不宜被视作旅游公共服务。这里需要特别提及的是，随着全域旅游方式的兴起，越来越多的旅游者开始使用过去大量面向居民的公共服务，在一定程度上造成了居民公共服务和旅游公共服务界限的模糊化，这在一些旅游热点区域变得更加明显。如何根据旅游者的增加而增加相应的公共服务设施，同时尽可能盘活存量的公共服务资源有效服务旅游者，也成为许多旅游目的地面对的共同问题。但应该说明的是，虽然旅游公共服务的范围有所扩张，但这并不影响旅游公共服务的客体应该是旅游者的判断。

（三）旅游公共服务是否包括为旅游者提供的全部服务

旅游行政及相关部门在促进旅游业发展中承担的一项重要职能就是要不断提高旅游者对旅游的满意度。从这个意义上讲，政府的很多公共行为是在为旅游者服务，旅游者也是政府公共行为的受益者。笔者认为，判断一种行为是否属于旅游公共服务行为，其主要的标准应该看是否直接服务于旅游者，而不是间接服务于旅游者。比如，一些学者认为政府对旅游发展进行规划、出台有利于旅游业发展的政策和法规、打击旅游市场的违法违规行为都有利于提高旅游者的体验度和满意感，因此可以被视作旅游公共服务，但笔者认为这样的观点过分泛化了旅游公共服务，模糊了旅游公共服务的真正特征，使得旅游公共服务的研究难以聚焦。

在现实研究确定旅游公共服务内容时，对旅游投诉是否属于旅游公共服务存在一定的分歧。一种看法是旅游投诉是查处旅游企业和旅游从业人员违法违规行为的重要线索，应该被视作旅游市场监管工作的一部分，因此不应该算作旅游公共服务。笔者认为，尽管旅游投诉处理的对象主要是旅游企业和旅游从业人员，但是其直接服务的对象却是旅游者，因此纳入旅游公共服务的范畴更为合适。

三、旅游公共服务的内容

旅游公共服务虽然名义上叫"服务"，但根据普遍的共识，其既包括"硬件"的服务设施，也包括"软件"的服务内容。准确划分旅游公共服务的内容，既是认识旅游公共服务的理论需要，也是有效推进旅游公共服务工作的实践需要。

（一）旅游公共服务内容的不同观点

在学界，针对旅游公共服务的内容存在着不同的看法，一方面是对哪些内容应该纳入旅游公共服务范畴存在分歧；另一方面则是对不同的旅游公共服务的归类存在争议。刘小军（2007）将旅游公共服务分为基础性旅游公共服务（政府公共部门生产的、提供全体社会成员平等消费和享有的无差别公共服务，主要包括旅游基础设施建设、旅游公共信息服务、旅游生态建设与保护、旅游公益事业），市场性旅游公共服务（既能满足公共需要，又能满足企业和个人需要，可以吸收企业、非政府组织共同参与，通过市场竞争方式进行生产的公共服务，主要包括旅游公共资源开发与管理、旅游公共安全保障、旅游交流合作宣传、旅游消费促进与福利），管理性旅游公共服务（政府为了维护旅游经营公平，建立有序的旅游市场秩序，对旅游经营单位所生产的管制性公共服务，主要包括市场准入审批、行业标准制定、行政执法、协调非政府组织合作）。刘小军确定的旅游公共服务内容存在的主要问题有：一是没有遵循分类标准的同一性。二是具体内容的划分依据存在偏差，如旅游基础设施建设，也不一定就是政府部门直接生产的；旅游公共安全保障，虽然有市场性参与的内容，但更应该纳入基础性旅游公共服务的范畴。三是存在旅游公共服务泛化的问题，如旅游生态建设与保护不属于旅游公共服务范畴是业界的普遍共识。此外，市场准入审批、行政执法、非政府组织合作等内容，多数学者也不认为是旅游公共服务。

李爽（2010）提出的旅游公共服务供给内容体系包括四个方面：一是旅游基础设施类服务（包括旅游交通服务设施、旅游游憩服务设施）；二是旅游公共信息类服务（包括旅游网络信息服务、旅游信息咨询服务、旅游解说系统服务）；三是旅游行业指导类服务（包括旅游公益福利服务、旅游政策与法规、旅游规划开发与管理）；四是旅游安全监测类服务（包括旅游公共安全服务、旅游监测保障服务）。李爽的划分基本上囊括了旅游公共服务各个方面的内容，但是也存在不少的问题。比如，其将景区游憩设施、目的地的游乐设施等没有公共属性的设施作为旅游公共服务纳入旅游基础设施类服务，就与旅游公共服务的界定明显不符。此外，其将旅游政策、旅游法规、旅游规划开发与管理等都纳入旅游公共服务的范畴，也明显扩大了旅游公共服务的范围，有违事实与逻辑。

徐菊凤（2013）将旅游公共服务划为三类：第一类是旅游基础设施（包括交通、邮电、水电、治安、医疗等一般基础设施，自然与文化景观、博物馆、公园、特色街区、特色餐饮与商业场所等公共旅游吸引物，旅游公共交通）；第二类是旅游市场推广（包括面向行业的旅游市场推广与培育，面向公众的目的地形象营销，面向访客的目的地信息服务）；第三类是旅游权益保障（包括旅游秩序监管与保障，游客权益保护，旅游者素质培养，旅游消费环境）。徐菊凤对旅游公共服务内容划分存在的问题主要有：一是其将邮电、治安、医疗、公园大量社会化的公共服务都纳入旅游公共服务内容，大大扩展了旅游公共服务的边界，使旅游公共服务的特征不再明确。二是特色街区、特色餐饮与商业场所等明显属于市场化服务的内容作为旅游公共服务也明显不妥。三是其将目的地信息服务以外的旅游市场推广以及旅游秩序监管等内容纳入旅游公共服务范畴，笔者也不认可。

旅游公共服务与实践紧密相关，并非单纯的理论问题。除了学者的研究，作为旅游公共服务供给主体的政府部门对旅游公共服务内容的界定更有参考价值。国家旅游局在《中国旅游公共服务"十二五"专项规划》（2011）、《关于进一步做好旅游公共服务工作的意见》（2012）、《"十三五"全国旅游公共服务规划》（2017）等相关规划与政策文件中，实际上也提出了对旅游公共服务内容的看法。其中有代表性的是2012年国家旅游局发布的《关于进一步做好旅游公共服务工作的意见》中提出了旅游公共服务的五个方面的主要任务：一是加快旅游公共信息服务体系建设；二是加快旅游安全保障体系建设；三是加快旅游交通便捷服务体系建设；四是加快旅游惠民便民服务体系建设；五是加快旅游行政服务体系建设。这一基于主要任务进行的分类的主要优点有：第一，没有将旅游市场推广、旅游规划与开发、旅游市场秩序等内容纳入其中，最大限度地避免了旅游公共服务内容的泛化，特别是将绝大多数主要服务居民的内容甄别出去，这也反映了旅游行政部门务实的态度。第二，基本围绕旅游及相关行政部门的工作职责和旅游者在实际旅游过程中关注的重点和热点来确定旅游公共服务内容，这也有利于在实践中有效执行与推动。尽管如此，笔者也认为这一内容的划分存在一些不足，主要有：第一，将旅游行政服务作为一项旅游公共服务的子项并不妥当，因为旅游公共信息提供、旅游安全保障、旅游惠民便民服务等内容本身也是政府部门行政服务的一部分，这在一定程度上混淆了分类的标准。第二，旅行社责任保险统保、自驾车营地和汽车旅馆建设等更多是市场的行为，不宜划入旅游公共服务范畴。第三，存在将部门职责与服务内容混淆的问题，如推进区域间和境内外协作，完善旅游服务质量引导、监管、评价和改善机制，推动《国民旅游休闲纲要（2013—2020年）》的制定和实施，推动落实带薪休假制度，积极引导休闲度假发展等内容虽然是国家旅游局综合司（主管旅游公共服务的司室）的工作职责，但是却不宜作为旅游公共服务的内容。

（二）旅游公共服务的内容

在以旅游行政部门提出的旅游公共服务内容基础上，结合相关理论研究和具体实践，笔者认为旅游公共服务内容是旅游者可以直接接触和感受到的服务内容，其体系主要包括旅游交通服务、旅游信息服务、旅游安全服务、旅游惠民服务、游客权益服务五类，具体见表2-2。

表2-2　旅游公共服务内容体系

类别	具体内容
旅游交通服务	旅游航空支线、旅游公路（旅游风景道）、旅游服务区（驿站）、旅游引导标识、旅游集散中心、旅游停车场、旅游公交专线、观光巴士等
旅游信息服务	旅游咨询服务中心、旅游咨询点、旅游公共资讯网站、智慧旅游服务等
旅游安全服务	旅游安全预警、旅游安全教育、旅游安全监管、旅游安全救援、旅游保险推动、旅游事故赔偿等
旅游惠民服务	旅游厕所、旅游吸引物门票减免、旅游消费券发放、旅游通信保障、旅游志愿服务等
旅游权益服务	旅游投诉处理、旅游纠纷解决、特殊群体旅游权益保障等

需要说明的是，其一，旅游公共服务的内容尽管名称不同，但是也会有一定程度的交叉。比如，按照广义的理解，几乎所有的旅游公共服务都可以理解为旅游惠民便民服务，但是此处按照惯例，只是将一部分内容纳入惠民便民服务的范畴。其二，不同的旅游公共服务虽然被划分为不同的类别，在实际运行中也存在不少的融合，如尽管旅游集散中心被视作旅游交通服务，但是在旅游集散中心往往也会有涉及信息服务的旅游咨询点。

（三）旅游公共服务的保障

旅游公共服务的内容是直接面向旅游者的，但是旅游公共服务要顺利、高效地实施和完成，离不开相应的保障体系。比如，没有财政经费支撑，大多数旅游公共服务就会因为缺少投入而无法开展；没有相应体制机制的创新，许多旅游公共服务建设就会缺少内生的动力。因此，为更好地认识旅游公共服务内容和展开本书后面章节，这里对与旅游公共服务内容紧密相关的保障体系做相应的阐述。笔者认为，旅游公共服务的保障体系主要包括政策支持、标准引导、机制构建、绩效评估四个方面，具体见表2-3。

表2-3　旅游公共服务保障体系

类别	具体内容
政策支持服务	对旅游公共服务进行财政资金、土地政策、人员安排等方面的支持
标准引导服务	旅游公共服务方面的标准制定、实施与示范
机制构建服务	政府层面不同层级提供旅游公共服务的分工，区域间旅游公共服务的协作，政府、企业、社会组织在旅游公共服务生产方面的协作
绩效评估服务	对旅游公共服务执行情况的评估

需要说明的是，尽管旅游公共服务的保障体系对旅游公共服务内容实现非常重要，但是从概念来讲，旅游公共服务保障并不属于旅游公共服务内容的范畴，因此，一定不能将旅游公共服务的保障等同于旅游公共服务本身。

四、旅游公共服务的概念与特征

（一）旅游公共服务的概念

对旅游公共服务的主体、客体以及内容有了基本的认识，就可以确定旅游公共服务的概念。关于旅游公共服务概念的研究，较有代表性的有五个：

由政府或其他社会组织提供的，以满足旅游者共同需求为核心，不以营利为目的，具有明显公共性的产品和服务的总称（李爽，2010）。

为促进区域旅游业的发展而由公共部门、社会组织等多个主体针对旅游者的特定需求所提供的，同时能为非旅游者所共享的各种设施和服务（董培海、李海，2010）。

政府和其他社会组织、经济组织为满足海内外游客的公共需求，而提供的基础性、公益性的旅游产品与服务［《中国旅游公共服务"十二五"专项规划（征求意见稿）》，2010］。

旅游公共服务是基于顾客与服务人员、设施设备、服务环境及其他顾客等所有可感知服务要素的接触（王京传、李天元，2012）。

为满足旅游者的普遍需要而由旅游等相关公共部门主导提供的具有公益性、共享性特点的产品和服务的总称（徐菊凤，2013）。

应该说，以上定义都对旅游公共服务的主体和客体进行了规定，同时涉及旅游公共服务的一些主要特征，但是其具体的定义各有优劣。确定一种行为是否旅游公共服务，需要同时考虑主体、客体、内容以及特征。结合上述定义，笔者认为，旅游公共服务是以满足旅游者直接、非商业共同需要为主要目的，由政府为主体的非营利组织提供，由政府、企业、社会组织共同生产，具有公共性、公益性的旅游设施和服务的总称。

（二）旅游公共服务的特征

综合分析，旅游公共服务主要有六大特征，其中公共性、公益性是所有公共服务固有的本质特征；复合性、差异性是公共服务在旅游领域具体实施时体现出来的非本质特征；全程性、法定性可以理解为当下和未来旅游公共服务发展的要求。

一是公共性。顾名思义，公共性应该是公共服务的第一属性。对旅游公共服务而言，其公共性具体体现在其使用过程中的非排他性和非特定性上。非排他性，指的是旅游公共服务一方面可以为旅游者平等地共享；另一方面，旅游公共服务尽管主要是为发展旅游业而提供的，但是其在使用的时候并不排斥其他居民。非特定性强调的是，提供的旅游公共服务是无差别地面向全体旅游者的，而不是仅仅面向在特定区域参观、体验的旅游者，这就意味着某个旅游景区、旅游饭店内部的厕所、引导标识等不符合"公共性"的要求，因此不能界定为旅游公共服务。

二是公益性。强调的是公共服务的非营利性。以营利为动机吸引企业参与生产是市场机制的核心要义。公共服务存在的原因正是有不少有利于社会的服务缺少经济利益，企业不愿提供，因此需要政府来提供。旅游公共服务的公益性同样如此。但值得注意的是，就公共产品的属性而言，并非所有的旅游公共服务均具有纯粹的公共产品性质。大多数旅游公共服务属于公共产品和私人产品之间的具有收费性质的准公共产品。一般情况下，对于具有纯粹公共产品性质的旅游公共服务，由于无法制定价格也不可能收费，因此，考虑到公共利益和社会效果，只能由政府免费提供。而凡是不属于纯粹的公共产品性质的旅游公共服务，政府可以通过较低价格或市场来提供。该领域的旅游公共服务可以向具体的服务对象收取一定的费用，或者按照商业化进行经营，但商业化经营最终不会也不该抛弃公益性质。商业化收费，应遵循不以营利为目的的原则，全部收入用于弥补服务成本和公共利益服务机构的自我发展。[①]正是因为旅游公共服务的公益性使得大多数旅游公共服务是免费或者低价的，这也有利于降低旅游者使用的门槛。

三是复合性。旅游公共服务的各个部分尽管相对独立，但是基于旅游者的复合需要以及提高服务效率的要求，在现实中各类旅游公共服务经常相互融合、相互交叉。比如，在旅游交通服务中，往往会涉及旅游信息服务；与此同时，主要作为交通设施配套的旅游集散中心绝大多数配置了旅游信息咨询的功能。在旅游信息服务中，其提供的气象服务，不仅是旅游者出行的参考，同时也可以理解成为旅游安全预警的一部分。在旅游安全服务中，发生事故以后的赔偿问题如果得不到妥善处理，就会与旅游权益服务中

---

① 李爽.旅游公共服务体系建构［M］.北京：经济管理出版社，2013.

的旅游纠纷解决发生关联。在旅游权益服务中，特殊群体旅游权益的保障经常会与惠民便民服务中的旅游吸引物门票减免联系在一起。在旅游惠民便民服务中的志愿者服务，其服务的主要内容就是旅游交通的引导、旅游信息的提供以及旅游安全的救援等方面。除此之外，旅游公共服务的复合性还表现在：与文化公共服务相对独立存在不同，旅游公共服务经常会同商业化的旅游产品共同存在，共同构成旅游目的地的旅游供给。

四是差异性。尽管旅游公共服务总体上是一种常态化服务，但是其在时间和空间上也存在非均衡的差异性。旅游公共服务时间上的差异性主要表现为：旅游公共服务的强度会随旅游季节性的变化而发生变化。比如，旅游旺季比旅游淡季在旅游公共服务方面的内容和力度上都会有所不同。此外，一个地区举办旅游业相关的重大活动时，也会大量增加弹性的旅游公共服务，如某个城市举办大型旅游节庆时，会大幅增加旅游志愿者的数量，或者配备更多可移动的旅游厕所。旅游公共服务在空间上的差异性主要表现为：旅游公共服务的服务力量与旅游者活动的聚集程度和社会公共服务保障的情况紧密相关。这意味着旅游公共服务的分配并不是均质的，旅游者活动越频繁，对旅游公共服务的要求越高，如旅游资讯中心大多设置在城市游客较多的区域；与此同时，由于社会公共服务可以分担一部分旅游者的公共服务需求，因此社会公共服务保障越薄弱的旅游区域，越需要加强旅游公共服务，如在旅游快速发展的乡村地区，旅游厕所建设就更为迫切，远离城区的户外体育旅游活动对旅游安全保障的要求也更高。

五是全程性。旅游活动的半径很大、链条很长，这就意味着理想的旅游公共服务应该实现旅游者活动的全覆盖，即在旅游者需要公共服务的地方都能最大限度地提供相应的服务。旅游者在出游前需要旅游公共信息服务，在出游中需要旅游交通服务、旅游安全服务，在出游结束后可能需要旅游权益服务，这些都应该成为旅游公共服务重视的内容。

六是法定性。旅游公共服务并非一开始就有，其发展一方面是旅游产业发展自身的需要，另一方面也是伴随对旅游公共服务认识的提高逐步法定化的过程。早期对旅游公共服务的要求体现在政府出台的政策文件中。比如，2007年国家旅游局先后出台了《关于进一步促进旅游业发展的意见》和《关于贯彻落实党的十七大精神的意见》，分别提出了"加强旅游公共服务体系建设"和"要进一步强化旅游公共服务"。再如，国务院2009年《关于加快发展旅游业的意见》、2013年国务院办公厅《国民旅游休闲纲要（2013—2020年）》、国务院2014年《关于促进旅游业改革发展的若干意见》都对旅游公共服务相关的任务进行了部署。除了相关政策文件，对我国旅游公共服务法定化具有决定性影响的是2013年《旅游法》的颁布。《旅游法》开宗明义，在总则的第三条明确提出"国家发展旅游事业，完善旅游公共服务，依法保护旅游者在旅游活动中的权利"。而在《旅游法》的具体条目中也有对旅游公共服务相关内容的明确要求。在第三章"旅游规划和促进"的第二十六条中提到了旅游咨询服务方面的内容，在第六章"旅游安全"中也就旅游安全保障进行了详细的规定。可以说，《旅游法》为各级政府加强旅游公共服务建设提供了坚实的法律依据。

第 三 章

中国旅游公共服务发展历程

【主要内容】

理解中国旅游公共服务发展的历史沿革，了解不同阶段旅游公共服务建设中的重要事件和主要特征。

【引导案例】

旅游公共服务建设的跨越

自 2002 年党的十六大以来，经济调节、市场监管、社会管理和公共服务逐步成为转型期政府的主要职能。2004 年 11 月发布的《国务院工作规则》中明确提出，"国务院及各部门要加快政府职能转变，全面履行经济调节、市场监管、社会管理和公共服务职能"；同时要求"强化公共服务职能，完善公共政策，健全公共服务体系，努力提供公共产品和服务，推进部分公共产品和服务的市场化进程，建立健全公共产品和服务的监管和绩效评估制度，简化程序，降低成本，讲求质量，提高效益"。2006 年 10 月党中央又把"建设服务型政府，强化社会管理和公共服务职能"写进十六届六中全会文件《关于构建社会主义和谐社会若干重大问题的决定》，并将"基本公共服务体系更加完善，政府管理和服务水平有较大提高"作为构建和谐社会的目标和主要任务。2008 年 2 月，胡锦涛在中国中央政治局"建设服务型政府"集体学习会上强调，"要在经济发展的基础上，不断扩大公共服务，逐步形成惠及全面、公平公正、水平适度、可持续发展的公共服务体系，切实提高为经济社会发展服务、为人民服务的能力和水平，更好地推动科学发展，促进社会和谐，更好地实现发展为了人民，发展依靠人民，发展成果由人民共享"。

在党中央国务院大力推进公共服务建设的背景下，旅游行政管理部门也明显加快了旅游公共服务建设的步伐。在 2008 年全国旅游工作会议上，国家旅游局拟定了 2008 年工作要点，在"完善旅游公共服务，推进服务型机关建设"这一工作要点中提出，"要完善旅游公共信息服务，尤其是要加快'12301'全国旅游服务热线平台建设；要加强旅游安全管理，积极推进旅游保险体系建设，建立并完善旅游安全保障体系；要推进服务型机关建设，把机关工作重点逐步转向制定政策法规和标准，改善旅游业发展环境，更多地提供公共服务，更多地制定服务于企业和惠及旅游者、便利旅游者的政策措施上来"。在2009年全国旅游工作会议上，国家旅游局所拟定的当年工作要点中依然包括"加强信息和保障服务建设，提升旅游公共服务水平"的内容并提出要求，"要统筹规划和引导旅游公共服务体系建设，要加快'12301'旅游公共信息平台和旅游咨询网建设，推进旅游道路标识体系和旅游咨询服务体系建设，加强旅游救援、旅游保险、旅游投诉处理、旅游应急能力等方面的建设，提高旅游消费的安全性、便利性"。而在2008年国家旅游局的机构改革中，国家旅游局在综合协调司下面专设了公务服务处，并赋予其协调旅游公共服务体系建设、拟定旅游安全政策和标准并监督实施、指导旅游救援和应急管理、指导旅游保险等公共服务职责。旅游公共服务机构的成立，为政府层面推动旅游公共服务工作提供了组织和人员保障。实现了中国旅游公共服务建设新的跨越。

中国旅游公共服务发展历史是一个逐步拓展和深化的过程，本章按照时间顺序，主要从起步建设阶段、积极探索阶段、系统推进阶段、持续开拓阶段四个阶段进行梳理和分析。

第一节　起步建设阶段（1978—1990年）

一、邓小平谈话中有关旅游公共服务的论述

在1978年改革开放之前，中国的旅游业规模微乎其微，服务极少数入境游客所涉及的公共服务也主要由社会公共服务体系承担，几乎没有为旅游专门配套的公共服务。

1978年改革开放之后，伴随中国旅游业的发展，旅游公共服务也开始起步。在改革开放之初，邓小平关于发展旅游业的五篇谈话对启动中国旅游业的发展起到了至关重要的作用。邓小平的五篇谈话中尽管没有明确提到"旅游公共服务"，但指导旅游公共服务发展的思想和观点已经形成。1979年1月6日，邓小平同国务院负责人谈话中讲道："要狠抓一下旅游和城市建设。发展旅游要和城市建设综合起来考虑，开始时国家要给城市建设投些资，旅游赚了钱可以拿出一些来搞城市建设。""发展旅游必须考虑城市建设的配套。新加坡的城市建设值得我们参考。""公路搞立体交叉，可以搞两层、三层的。北京到十三陵、长城可以修高速公路，也可以用直升飞机，还可以安排几个专列，边走边看。"1979年1月17日，邓小平同志同胡厥文、胡子昂、荣毅仁等工商界负责人谈话时讲道："要搞好旅游景区的建设，要有电、有路、有旅馆，还要搞好城市

建设，搞好服务行业，千方百计赚取外汇。""通往旅游景区的路，要下决心修好。现在游长城，至少要花五个小时，大部分时间花在路上。北京的一些旅游点，包括去东陵的公路，都还没有修通。""旅游业赚的钱，开始两年内，国家不要，一部分用于扩大旅游业投资，一部分由地方分成。地方分成主要用在把城市建设先搞起来，如敦煌，可以自己修路。"① 中国旅游业发展的早期，邓小平非常关注旅游交通基础设施建设，特别是旅游景区道路的建设，而这也是当时制约中国旅游业发展的最大短板；此外，邓小平还高度重视旅游城市公共服务设施对旅游业发展的支撑作用，这意味着旅游城市公共设施建设要统筹考虑旅游的需要，邓小平的谈话实际上也成为引领中国旅游公共服务早期建设的先声。

二、国家在旅游公共服务建设方面的探索

在旅游业发展早期，旅游公共服务建设主要围绕旅游交通和旅游厕所这两个境外游客反映最突出的问题展开。1981 年 10 月，国务院出台的《关于加强旅游工作的决定》中提出，旅游与交通部门的关系最为密切，铁道、航运等部门要相应增加接待外国人、华侨等四种人的客运能力，改善经营管理，适应旅游发展的需要。民航要相应调整航线和口岸的布局，增开口岸，增加国内航班和航次。在旅游发展初期，百废待兴，公共厕所数量少，原有设施简陋落后，普遍存在脏、乱的状况，严重影响了参观游览的体验，引起游客的严重不满。1982 年 1 月，国家旅游局局长韩克华召集北京、上海、广东、江苏、浙江、陕西、广西七省市旅游局局长开会，要求各地在主要旅游景区修建一批合乎卫生标准的厕所。1982 年 6 月，国家旅游局再次召开重点城市旅游点、风景区厕所会议，制定了公共厕所建筑标准和卫生管理规定，确定对游客流量较大的风景区由国家旅游局拨款新建一批符合卫生标准的公共厕所。在一般游览点上，修建社会性的公共厕所均依靠各地政府和有关部门建造。1982 年和 1983 年，国家旅游局分两批安排拨款 458 万元，修建了 167 座符合卫生标准的旅游厕所。与此同时，为改善航空运输条件，全国各地一些著名旅游胜地加快了新建、扩建和改建机场的进程。比如，1980 年，桂林就对奇峰机场进行了扩建；黄山对屯溪机场进行了扩建；1982 年敦煌机场建成使用；1985 年国务院、中央军委批准在张家界所在的大庸县兴建民航二级机场；1989 年西双版纳的嘎洒机场建成使用。此外，为适应旅游业发展，民航部门还开辟了定期旅游航线，到 1984 年这类航线达到 70 条，通航旅游城市达到 40 个；1985 年，中国民航还开辟了环线旅游航线，即上海—北京—西安—上海线，广州—桂林—杭州—广州线，上海—桂林—西安—上海线，广州—北京—西安—桂林—广州线等。② 除了旅游交通和厕所之外，在旅游公共服务起步建设阶段，随着游客的逐步增多，旅游安全问题也开始引

---

① 中共中央文献研究室，国家旅游局 . 邓小平论旅游［M］. 北京：中央文献出版社，2000.
② 韩克华 . 当代中国的旅游业［M］. 北京：当代中国出版社，1994.

起旅游行政部门的关注。比如，1985年5月，国家旅游局就印发了《关于天鹅饭店发生特大火灾的通报》，要求各地区、各单位认真吸取天鹅饭店的教训，组织力量，全面彻底地检查各饭店防火安全情况，消除不安全隐患。1988年国家旅游局、公安部联合印发《关于进一步加强旅游安全保卫工作的通知》，特别强调，各地旅游部门和公安机关对来华旅游者经常涉足的景观点、公园、商店、市场、餐馆、码头、机场等公共场所存在的隐患，要会同有关部门实施综合治理。对危及来华旅游者人身及财物安全的社会治安问题，要采取有力措施，保障来华旅游者的安全。此外，值得注意的是，少数省市为保障游客的旅游权益的尝试，也开了地方主动建设旅游公共服务的先河。1989年10月，江苏省旅游局向海外旅游者发布公告；同时设立旅游者投诉受理中心。1990年，云南省也设立了省旅游投诉管理中心。

总体来看，在旅游公共服务建设起步之初，政府部门形成了一定的工作手段和工作机制，也取得了一定的成效，为早期中国旅游业顺利运行和快速发展创造了条件。

第二节 积极探索阶段（1991—2007年）

如果说早期旅游公共服务建设是以旅游交通等基础设施硬件建设为主，积极探索阶段，则是在继续抓好旅游公共服务硬件的同时，开始重视旅游公共服务的软件建设。此外，在这一阶段，除了国家层面的继续推动，一些热点旅游城市也开始重视旅游公共服务建设，并在全国率先做出了示范。

一、国内旅游引发的旅游公共服务关注

伴随国内旅游的逐步兴起，旅游公共服务的问题变得更加突出。1993年11月国务院办公厅转发国家旅游局《关于积极发展国内旅游业的意见》，明确提出各有关部门和地区要加强协调和配合，采取积极措施缓解铁路、航空客运紧张的矛盾。旅游安全是旅游业发展的重要保证。公安、旅游、工商、铁路、交通等有关部门要相互配合，切实采取措施，整顿旅游交通、旅游景区的社会治安和经营秩序。按照谁主管、谁负责和谁经营、谁负责的原则，认真做好旅游安全工作。旅行社组团要推行保险制度。要建立旅游景点和景区的客流量、接待能力、质量、价格、气象、商品等信息服务体系，在客源集中的城市开展"旅游预报"服务，调剂客流量，指导旅游消费。为保障劳动者休息权利、进一步激活国内消费，1995年5月1日起，中国开始实行双休日，即国家机关、事业单位实行统一的工作时间，星期六和星期日为周休息日；1999年10月，中国第一个七天"黄金周"开启，假日旅游在拉动旅游经济的同时，也给旅游公共服务提出了新的要求。

二、假日旅游对旅游公共服务建设的倒逼

2000 年 6 月，在国务院办公厅转发国家旅游局、国家计委、国家经贸委、公安部、铁道部、建设部、交通部、民航总局、统计局九部委共同起草的《关于进一步做好假日旅游的若干意见》中，就旅游公共服务相关问题提出了一系列要求，主要有：要尽可能满足旅游者出行的需要。在"黄金周"到来之前，铁道、交通、民航等部门要调配充足运力，制订好运输方案，并准备部分机动运力以应急需。要进一步提高服务质量，方便旅游者购票，积极开展对旅游企业和旅游者预售往返票业务，并按照国际惯例给予适当优惠。公安部门要加强交通疏导，维护良好的交通秩序，保障道路畅通和交通安全。要改进"加班车进城通行证"及"景区车辆通行证"发放制度。重点旅游城市和旅游景区的银行和邮电营业点，要根据市场需求，进一步搞好便民服务。重点景区要建立医疗点或医疗急救中心，及时进行医疗及救治。重点旅游城市和旅游景区要建立健全紧急救援系统，以便发生紧急情况时开展救援工作。旅游城市要制订分流预案，增辟景点和旅游线路，防止热点过于集中。各类景区要把防止因旅游者拥挤出现安全事故作为工作重点，并按规划拓宽狭窄道路，增加安全设施；对普遍存在的停车场小、公共厕所不足的问题，要抓紧解决；有条件的地方，应多开售票、检票口，方便旅游者进出。各级旅游行政管理部门都要向社会公布投诉电话，及时受理和处理旅游者投诉，维护旅游经营秩序，打击违法经营，保护旅游者合法权益。由国家旅游局会同国家统计局建立旅游信息统计制度和预报系统。交通（铁路、民航、公路、水运）、重点旅游城市、重要景区、商业等单位要给予大力支持和配合，及时通报信息。要抓好宣传报道，准确反映旅游信息。中央电视台、中央人民广播电台要开辟午间和晚间专栏，免费发布由国家旅游局、国家统计局提供的旅游信息，正确引导旅游行为等。有条件的地区应参照实行这个办法，建立地方性的旅游信息发布和预报制度。这个文件尽管是应对"黄金周"假日旅游的专项文件，但它囊括了与旅游公共服务相关的旅游交通、旅游信息、安全保障、惠民便民、旅游权益的各个方面，与此同时，通过这个文件，以实现"黄金周"旅游"安全、秩序、质量、效益"为目标，政府部门之间逐步形成了在旅游公共服务方面的分工协作机制，这也使得《关于进一步做好假日旅游的若干意见》成为中国旅游公共服务建设史上的一个标志性文件。

三、旅游公共服务的工作框架

2001 年 1 月，国务院在北京召开全国旅游工作会议，时任总理朱镕基发表了重要讲话，其中有不少涉及旅游公共服务建设的内容。比如，朱镕基讲道："目前旅游基础设施建设还有很大差距。主要表现在：一是干线公路与旅游区之间连接不畅，使一些有可能形成热点的旅游区无法产生应有的效益；二是旅游区内交通设施薄弱，造成游客观

光不便；三是了旅游区的环保、卫生、电力等设施不够完善。各地要针对这些问题，切实采取措施加以解决。""旅游行业的投入产出比还是比较高的，各地要舍得在这方面花钱，特别要舍得在创造安全、卫生的环境方面花钱"。"保护旅游业消费者和经营者的合法权益。进一步规范旅游服务交易，健全旅游投诉制度。"[①] 之后，2001 年 4 月国务院出台《关于进一步加快旅游业发展的通知》中关于旅游公共服务建设的内容明显增加，要求加强旅游安全、卫生保障和环境保护工作。公安、交通、工商、卫生、环保、旅游等部门要紧密配合，切实做好重点旅游景区和旅游城市的社会治安、交通疏导、运输安全、卫生防疫、紧急救援和环境保护工作，确保旅游安全，建立良好的旅游环境。着力改善旅游交通配套条件。强化北京、上海、广州等机场的枢纽功能，新建、改建西部地区支线机场，完善主要国际定期航班机场的设施和服务功能，逐步增加国际和国内支线航线。建立和完善铁路旅客异地预售票系统，增开旅游专列，改善列车、车站服务设施。要加快建设高速公路网，配套建设好沿线休息、餐饮、购物服务区，加强旅游专用公路、旅游区（点）停车场和公共汽车站的建设。健全旅游者的投诉机制，完善处理程序，提高投诉处理效率。建立旅游咨询服务机构，及时把握旅游者的需求动态，提供优质的旅游市场信息服务。这个文件也因此确定了进入 21 世纪旅游公共服务建设的基本方向。

四、旅游公共服务建设的实践成果

在相关政策文件的指引下，国家旅游行政部门和相关部委明显加大了旅游公共服务方面的工作力度，旅游公共服务建设也取得了一系列重大进展。在旅游公共服务"硬件"方面，一方面围绕国家重大交通设施的建设，一批旅游公路得以开建，旅游航空和铁路交通条件也大为改善。特别值得一提的是，2000 年，国家发展计划委员会首次将旅游列入国债项目，将景区与干路间的道路建设和景区内的道路建设、公共供水、供电、垃圾污水处理系统、安全保障设施建设纳入国债资金范畴。当时投入的 13 亿元国债资金拉动了 130 亿元的海内外资金投入旅游业。1994 年 7 月 26 日，国家旅游局、建设部联合印发《关于解决我国旅游点厕所问题实施意见的通知》。通知提出，今后三年内要集中力量解决好重点旅游景区、年接待海外旅游者 1000 人次以上的游览点、主要旅游线路区间上的厕所问题。1994—1996 年期间，国家旅游局拨付 3000 万元（每年1000 万元），汇集地方配套资金 1.7 亿元，建成了 7900 座厕所，使得游客反映突出的旅游厕所问题得到明显缓解。

在旅游公共服务"软件"方面，1990 年 2 月国家旅游局发布《旅游安全管理暂行办法》，对旅游安全管理工作机构、职责和事故处理原则、程序以及奖罚等做了明确规

---

① 《朱镕基讲话实录》编辑组 . 朱镕基讲话实录（第四卷）［M］. 北京：人民出版社，2011.

定。并提出旅游安全工作应贯彻"安全第一、预防为主"的方针，遵循"统一指导、分级管理、以基层为主"的原则。这为旅游安全工作确定了方向和原则。1993 年 4 月国家旅游局又发布《重大旅游安全事故报告制度试行办法》《重大旅游安全事故处理程序试行办法》，进一步完善了旅游安全工作机制。除了旅游安全，旅游行政部门还把处理旅游投诉问题作为保障游客权益的重要内容。早在 1991 年 6 月，国家旅游局就发布了《旅游投诉暂行规定》，要求全国县级（含县级）以上的旅游行政管理部门都要设立旅游投诉管理机关，明确了各级旅游投诉管理机关的职责，并对旅游投诉处理程序做出了详细说明。经过多年建设，全国各地基本形成了较为完善旅游投诉处理系统。与此同时，在这一阶段，国家旅游行政部门还积极推动旅游公共服务相关的标准制定。1997 年 4 月 2 日，国家技术监督局批准发布旅游行业第五项国家标准《游乐园（场）安全和服务质量标准》；2003 年 5 月 1 日，《旅游厕所质量等级的划分与评定》国家标准发布实施。标准化为推动旅游公共服务工作探索出了新的工作手段。

在国家的积极推动下，各地也在旅游公共服务建设方面取得一系列突破。为应对日益增长的散客旅游的需要，一些热点旅游城市重点服务于散客的旅游公共服务也在20 世纪末开始出现。1993 年，上海首个旅游咨询服务台在上海虹桥国际机场大厅建立，服务台向海内外游客提供全市旅行社、饭店、景区、商店、医院等基本资料和观光购物指南等多项服务，这成为上海加快旅游业与国际水准的接轨、提高旅游接待水平的一项举措；1994 年，桂林市成立国内首家旅游咨询服务中心；北京也在 20 世纪 90 年代中期探索旅游咨询点和旅游巴士；上海在 1998 年建立起国内第一家旅游集散中心。尽管在这一时期，旅游公共服务的提法和概念还未正式出现，但中国的旅游公共服务探索依然取得了很大的成功。

第三节　系统推进阶段（2008—2017 年）

一、国家层面的系统部署

党的十六大以来，国家层面开始系统推进公共服务及服务型政府建设。但直到2008 年国务院政府机构改革，国家旅游局成立专门的旅游公共服务机构之后，才具备组织条件以系统推进旅游公共服务工作。而伴随中国旅游业发展进入新的发展阶段，旅游公共服务的重要性和迫切性进一步凸显。与此同时，随着市场经济体制的不断完善，越来越多涉及经济利益的事务由企业承担，政府也有能力将更多的工作重心转移到公共服务上。这在国家和旅游行政部门出台的一系列文件和规划中得到了很好的体现。

（一）国务院文件和规划对旅游公共服务的部署

进入到这一阶段，国务院层面的文件和规划明显加大了对旅游公共服务的部署。2009年12月，国务院出台《关于加快发展旅游业的意见》提出"把旅游业培育成国民经济的战略性支柱产业和人民群众更加满意的现代服务业"的发展目标，这也为旅游公共服务建设指明了方向。文件在第五条和第七条指出要优化旅游环境，加快旅游基础设施建设，提出"公路服务区要拓展旅游服务功能，建立健全旅游信息服务平台"，以及要"重点建设旅游道路、景区停车场、游客服务中心、旅游安全以及资源环境保护等基础设施，实施旅游厕所改扩建工程，加强主要景区连接交通干线的旅游公路建设"，实现各个景区"旅游标识系统基本完善，旅游厕所基本达标，景区停车场基本满足需要"。

2013年国务院办公厅《国民旅游休闲纲要（2013—2020年）》中有3条直接涉及旅游公共服务建设的内容，如其中第七条提出要"完善国民旅游休闲公共服务，加强旅游休闲服务信息披露和旅游休闲目的地安全风险信息提示，加强旅游咨询公共网站建设，推进机场、火车站、汽车站、码头、高速公路服务区、商业集中区等公共场所旅游咨询中心建设，完善旅游服务热线功能，逐步形成方便实用的旅游信息服务体系。完善道路标识系统，健全铁路、公路、水路、民航等的旅游交通服务功能，提升旅游交通服务保障水平。加强旅游休闲的安全、卫生等保障工作，加强突发事件应急处置能力建设，健全旅游安全救援体系"。

2014年国务院《关于促进旅游业改革发展的若干意见》则在完善旅游交通服务中提出鼓励对旅游团队火车票价实行优惠政策。在保障旅游安全中提出重点景区要配备专业的医疗和救援队伍，有条件的可纳入国家应急救援基地统筹建设。在加强旅游基础设施建设中提出各级政府要重视旅游基础设施建设。中央政府要加大对中西部地区重点景区、乡村旅游、红色旅游、集中连片特困地区生态旅游等旅游基础设施和生态环境保护设施建设的支持力度。

2015年国务院办公厅《关于进一步促进旅游投资和消费的若干意见》则提出要深化景区门票价格改革、完善城市旅游咨询中心和集散中心、加强连通景区道路和停车场建设、加强中西部地区旅游支线机场建设、大力推进旅游厕所建设来提升旅游基础设施和改善旅游消费环境。

由于旅游五年专项规划首次从部门规划上升为国务院规划，在2016年12月国务院《关于印发"十三五"旅游业发展规划的通知》中也大幅增加了需要各个部门共同推动的旅游公共服务内容，这也使得《"十三五"旅游业发展规划》成为体现旅游公共服务建设最充分的国家规划。规划第二节明确提出加强基础设施建设、提升公共服务水平，并要求：一是大力推进"厕所革命"。加强政策引导、标准规范、技术创新、典型示范，持续推进旅游"厕所革命"。重点抓好乡村旅游厕所整体改造，着力推进高寒、缺水地区厕所技术革新，鼓励大中型企业、社会组织援建中西部旅游厕所，倡导以商建厕、以商管厕、以商养厕。推进厕所无障碍化，积极倡导文明如厕。"十三五"期间，新建、改扩建10万座旅游厕所，主要旅游景区、旅游场所、旅游线路和乡村旅游点的厕所全部达到A级标准，实现数量充足、干净无味、实用免费、管理有效，中西部地区旅游厕所建设难题得到初步解决。二是加强旅游交通建设。做好旅游交通发展顶层设计。制定促进旅游交通发展的意见，完善旅游交通布局。推动旅游交通大数据应用，建立旅游大数据和交通大数据的共享平台和机制。改善旅游通达条件。推进重要交通干线连接景区的道路建设，加强城市与景区之间交通设施建设和交通组织，实现从机场、车站、客运码头到主要景区交通无缝衔接。支持大型旅游景区、旅游度假区和红色旅游区等建设连通高速公路、国省道干线的公路支线。力争到"十三五"期末，基本实现4A级以上景区均有一条高等级公路连接。推进乡村旅游公路建设。提高乡村旅游重点村道路建设等级，重点解决道路养护等问题，推进乡村旅游公路和旅游标识标牌体系建设。加强旅游扶贫重点村通村旅游公路建设。优化旅游航空布局。加强中西部地区和东北部地区支线机场建设，支持有条件的地方新建或改扩建一批支线机场。增加重点旅游城市至主要客源地直航航线航班，优化旅游旺季航班配置。加强重点旅游区的通用机场建设。提升铁路旅游客运能力，推动高铁旅游经济圈发展。加大跨区域旅游区、重点旅游经济带内铁路建设力度。根据旅游业发展实际需求，优化配置旅游城市、旅游目的地列车班次。增开特色旅游专列，提升旅游专列服务水准，全面提升铁路旅游客运能力。发展国际铁路旅游。三是完善旅游公共服务体系。加强旅游集散体系建设，形成便捷、舒适、高效的集散中心体系。完善旅游咨询中心体系，旅游咨询中心覆盖城市主要旅游中心区、3A级以上景区、重点乡村旅游区以及机场、车站、码头、高速公路服务区、商业步行街区等。完善旅游观光巴士体系，全国省会城市和优秀旅游城市至少开通1条旅游观光巴士线路。完善旅游交通标识体系，完成3A级以上景区在高速公路等主要公路沿线标识设置，完成乡村旅游点等在公路沿线标识设置。完善旅游绿道体系，建设完成20条跨省（区、市）旅游绿道，总里程达5000公里以上，全国重点旅游城市至少建成一条自行车休闲绿道。推进残疾人、老年人旅游公共服务体系建设。

（二）旅游行政部门专项规划和文件对旅游公共服务的要求

随着旅游公共服务机构和人员的到位，系统谋划旅游公共服务工作就成为自然而然之事。从2010年到2017年，国家旅游局先后发布了两个五年规划和一个指导文件。尽管这些文件和规划不如国务院的规格高，但是内容却更加翔实具体，有利于各地贯彻落实。

2010年12月国家旅游局发布的《中国旅游公共服务"十二五"专项规划》指出，第一项"完善旅游公共信息服务体系"的发展思路是以制定旅游公共信息标准为基础，完善与相关部门的信息沟通机制，充分利用现代信息技术，整合旅游公共信息资源，扩大旅游公共信息服务的覆盖面，提高服务水平。以建设旅游咨询中心示范项目为突破口，完善以旅游资讯网站为中心的在线旅游信息服务集群、以各类旅游咨询中心为基础的现场信息服务窗口和以旅游服务热线为基础的旅游信息声讯服务系统，形成覆盖不同人群的旅游信息服务体系。第二项"完善旅游安全保障体系"的发展思路是全面实施"安全旅游目的地"战略，以强化旅游企业安全主体责任以及完善旅游安全保障法规制度为基础，以社会公共安全保障体系为依托，以科技应用和手段创新为突破，以旅游安全风险防范为重点，以联合建立旅游气象服务示范区、指导建设地方专业性旅游应急救援基地为抓手，以完善旅游保险体系和旅游应急救援体系为保障，进一步健全旅游安全保障服务体系，为游客营造安全、放心的旅游环境。第三项"完善旅游交通便捷服务体系"的发展思路是加强与交通、铁路、民航等部门的合作，以公共交通网络为依托，强化旅游服务功能，在服务内容、服务项目、服务方式、运行机制等方面与国际接轨；从满足散客交通需求入手，逐步建立网络化的旅游交通集散体系；从适应自驾游快速发展的趋势入手，建设自驾游营地、完善旅游交通标识引导系统，形成便捷的旅游交通服务网络。第四项"完善旅游惠民便民服务体系"的发展思路是从为游客谋取更多的福利入手，推动社会推出更多的旅游惠民产品和优惠措施，提供更充足的旅游便民设施，推出针对老人、学生、残障人士、低收入人群等的特殊优惠政策，以进一步发挥旅游在提升生活品质、提高居民素质、促进社会和谐等方面的功能，使人民群众共享经济社会及旅游业发展的成果。第五项"强化旅游行政服务功能"的发展思路是以维护游客的合法权益为出发点，建设服务型政府，进一步强化改善旅游环境、投诉受理、引导游客文明出游等旅游公共服务职能。强化部门协同、区域合作，努力形成大旅游公共服务的格局。

2012年6月国家旅游局发布的《关于进一步做好旅游公共服务工作的意见》则提出五个方面的主要任务：一是加快旅游公共信息服务体系建设。以制定旅游公共信息标准为基础，以建设旅游咨询中心示范项目为重点，完善以旅游资讯网站为中心的在线旅游信息服务集群、以各类旅游咨询中心为基础的现场信息服务窗口和以旅游服务热线为基础的旅游信息声讯服务系统。充分利用现代信息技术，整合旅游公共信息资源，加强旅游重要信息发布，拓宽旅游公共信息发布渠道，不断扩大旅游公共信息服务的覆盖面，提高服务水平。二是加快旅游安全保障体系建设。建立健全旅游安全保障法制、体制和机制；强化旅游安全风险防范，建立健全旅游目的地安全风险的监测、评估和预警制度，联合建立旅游气象服务示范区；加强旅游安全监管，落实旅游安全责任，加强宣传教育与培训；完善各类旅游接待单位的应急救援设施设备与服务，强化应急预案体系建设，探索建立一批旅游应急救援基地，增强旅游应急处置能力；继续推动实施旅行社责任保险统保示范项目，进一步完善旅游保险体系，强化全社会旅游保险意识。三是加快旅游交通便捷服务体系建设。推进完善公共交通的旅游服务功能，实施旅游观光巴士示范工程；建设由集散中心、集散分中心、集散点组成的集散中心体系，实施旅游集散中心示范工程；推进完善以旅游交通引导标识、旅游交通导览图为重点的旅游交通引导标识系统；推进建设一批自驾车旅游服务区、自驾车营地和汽车旅馆，完善自驾游服务体系。四是加快旅游惠民便民服务体系建设。推进更多的旅游资源优惠或免费开放，鼓励推出更多优惠和便民措施，鼓励向困难人群如低收入群体、偏远地区农村的学生等推出免费旅游计划、旅游优惠券等优惠政策；完善城镇旅游功能，推进惠民休憩环境建设；完善公共服务设施的旅游服务功能，推进通信、景区停车场、无障碍设施、旅游厕所等旅游便民服务设施的建设。五是加快旅游行政服务体系建设。推进信息服务、交通便捷服务、安全保障服务等方面的区域间和境内外协作，为跨区域和出入境旅游提供安全、便利、优质的旅游环境；完善旅游服务质量引导、监管、评价和改善机制，保护游客合法权益；引导游客文明、理性、绿色出游；推动《国民旅游休闲纲要（2013—2020年）》的制定和实施，推动落实带薪休假制度，积极引导休闲度假发展。

2017年3月国家旅游局发布的《"十三五"全国旅游公共服务规划》则从九个方面提出了旅游公共服务的任务：一是完善旅游基础设施，主要是加强旅游交通基础设施建设，完善旅游景区主要交通连接线，提升旅游信息化基础设施。二是优化旅游交通便捷服务体系，主要是完善旅游交通引导标识系统，健全交通服务设施旅游服务功能，提升旅游运输服务质量，强化自驾车旅居车营地公共服务功能，构建城市休闲绿道"慢游"系统，推进旅游区交通服务闭环连接。三是提升旅游公共信息服务，主要是优化线下旅游服务中心布局、打造线上旅游信息服务平台、推进智慧旅游业态建设。四是大力推进厕所革命，主要是推进厕所革命建设行动、实施厕所革命管理行动、推进厕所文明提升行动。五是构建国民旅游休闲网络，主要是拓展国民旅游休闲空间、建设国民旅游休闲示范体系、提升社会公共服务设施旅游功能。六是加强旅游惠民便民服务，主要是推动景区门票优惠和免费开放、提升旅游消费便利化、完善特殊群体旅游服务保障、推进旅游志愿者服务、加强旅游公益教育。七是构筑旅游安全保障网，主要是加强旅游安全制度建设、强化重点领域和环节监管、加快旅游紧急救援体系建设、深化旅游保险合作机制、强化旅游安全教育培训。八是优化旅游公共行政服务。九是推动旅游公共服务走出去。

值得注意的是，如同第二章的分析，尽管原国家旅游局关于旅游公共服务的工作部署有的超过了旅游公共服务本身的范畴，但是其对体系化推进旅游公共服务工作依然起到了十分重要的指导作用。

二、旅游公共服务的全面建设

（一）全国旅游公共服务建设的简要情况[①]

在旅游交通方面，旅游交通引导标识不断完善，自驾车旅游停车场地建设力度不断加大；高速公路、高速铁路、机场、车站、码头等旅游交通基础设施加速发展，旅游通达条件持续改善。旅游道路加速建设，旅游专线相继开通，旅游景区可进入性明显好转。经济发达地区的旅游集散系统初步形成，旅游集散、交通换乘等旅游集散中心服务功能日渐强化。在旅游信息方面，各地旅游资讯网站普遍建立，旅游咨询热线在主要旅游城市普遍设立，旅游咨询服务中心覆盖主要交通枢纽、景区、商业步行街区等游客集中区域。旅游咨询网站、智慧旅游终端等旅游信息服务平台相继建成。旅游信息咨询、门票预约等服务功能不断拓展。以游览资讯信息、旅游市场信息、境内外旅游目的地安全风险提示信息、旅游服务质量信息等为主的旅游公共信息内容不断充实，信息发布渠道逐步拓宽。"12301"全国旅游服务热线平台和旅游电子政府信息服务平台初步建成，全国统一的旅游信息服务平台基本形成，旅游公共信息服务智慧化水平逐步提升。在旅游安全方面，《旅行社安全规范》《旅游景区反恐怖防范规范》《旅游饭店反恐怖防范规范》等相继出台，旅游安全保障法规、标准不断完善，预案体系初步形成。旅游安全保障的体制机制逐步完善，旅游安全生产及应急管理队伍建设取得明显成效，旅游安全投入逐步加大，旅游安全设施设备逐步完备，旅游与外交、公安、交通运输、安全生产、质检、食药监、保险、气象、地震等部门间的旅游安全监管协同联动不断深化，部门协作、上下联动、区域协作、境内外合作的旅游安全保障工作格局逐步形成，安全培训教育制度基本建立，旅游保险功能逐步发挥。旅游突发事件信息报送及应急值守制度不断完善，旅游业应急处置能力不断提升，旅行社、旅游景区等重点领域、重要环节的安全应急工作不断加强。在旅游权益方面，旅游投诉受理和旅游纠纷调解职能不断完善，投诉圆满解决率大幅提高。为老年人、学生、残障人士等特殊人群提供便民设施和服务不断完善。在惠民方面，各地不断推出旅游公益惠民便民产品和政策，改善休憩环境，不断提高居民休闲和生活品质。旅游消费券、旅游卡、旅游年票等便民惠民举措不断推出。厕所革命取得突出成效，厕所革命启动开展。《全国旅游厕所建设管理三年行动计划》《旅游厕所建设管理指南》等文件制定出台。全国旅游厕所工作现场会、中国厕所革命推进日、中国厕所革命宣传日、全国旅游厕所设计大赛、全国旅游厕所技术创新大赛等相继举办。各地厕所革命领导小组纷纷成立，厕所建设计划相继出台，厕所资金投入、用地保障等政策不断推出。仅2017年全国就建设旅游厕所22009座，超额完成年度计划。

[①] 本部分内容主要参考：国家旅游局"十二五"和"十三五"旅游公共服务规划的工作总结。

（二）地方在推动旅游公共服务上的主要举措

在国家层面积极部署旅游公共服务工作的同时，地方对旅游公共服务工作的重视程度也明显提高，与旅游公共服务相关的文件、规划和标准不断出台，对改善地方旅游形象，提高旅游目的地竞争力起到了重要作用，具体见表3-1。

表3-1　地方推动旅游公共服务工作出台的代表性文件、规划和标准（编序号）

省/市	规划及标准规范	具体措施
北京	编制出台和不断完善《北京市旅游环境与公共服务建设规范与标准》 出台《北京市旅游环境与公共服务体系三年建设指导意见》 《北京市旅游景区无障碍设施建设与改造实施办法》 《旅游咨询服务中心设置与服务规范》 《北京市乡村旅游公共服务设施建设规范》 《北京智慧旅游行动计划纲要（2012—2015年）》	建立旅游公共信息与旅游企业服务信息及时汇总制度，开展北京旅游网络信息对新技术的运用研究 建立专业化与社会化、政府救助与商业救援相结合的旅游应急救援体系，推动旅游责任险全覆盖的落实 野外应急救援辅助定位系统、安全防护网、警戒忠告牌、安全提示牌的设立 形成完整的旅游集散体系建设指导方案 推动旅游全过程的多项便民惠民服务设施的全覆盖 北京市率先在所有A级景区覆盖无线宽带网 改造60个星级旅游厕所 推行旅游应急投诉体系 建立旅游开发环评制度 开通旅游观光巴士运营 完成"北京市郊诚信一日游"运营模式设计 开展"北京旅游服务"公益流动课室培训，完善全市及各区县旅游志愿者服务招募机制，建立志愿者服务团队 实现北京市各旅游景区、博物馆、公共游憩区对特殊群体免费或优惠全覆盖等
上海	《推进上海都市自助旅游服务体系建设研究》 《世博旅游公共服务体系研究》 《上海都市旅游标准化体系》 《老年旅游服务规范》 《关于推进上海国际旅游度假区标准化工作的实施意见》	开通"12301"全国旅游服务热线和"962020"上海旅游热线，可24小时提供中英文电话咨询服务的"call centre" 开发中、英、日文版的手机导游，提升智能旅游的交互能力和互动体验 逐步形成旅游公共交通网络，完善了指引、停车、换乘、自驾等服务 建立假日旅游预报制度和旅游警示信息发布制度，公共交通、博物馆、金融服务网点、邮政服务网点等在旅游旺季适当延长开放和服务时间 完善高效、快捷的旅游集散中心 突发事件监测、报告网络体系、旅游紧急救援资金、网络和机构逐步建设到位 成立上海市旅游标准化技术委员 建设"上海旅游法律与标准化网站" 实施上海市首家国家级旅游服务业标准化试点项目

续表

省/市	规划及标准规范	具体措施
江苏	《江苏省旅游公共服务体系研究》 《江苏省自驾游基地标准》 《旅游景区（点）道路交通指引标志设置规范》 《江苏省"十二五"智慧旅游发展规划》 《旅行社访查规范》 《散客旅游接待工作规范》 《旅游企业信息化服务规范》 《主题公园服务规范》 《社会住宿服务规范》	建国家智慧旅游服务中心 开通覆盖全省的12301旅游公共服务热线、旅游咨询服务中心和旅游行政管理系统 完善全省道路标识系统，构建一体化的无障碍旅游圈 建旅游信息中心、旅游咨询中心、旅游集散中心、旅游呼叫中心、旅游商品研发中心、旅游商品展销中心、常州旅游推广中心和旅游接待服务中心八大中心 苏州同程网成为省旅游信息化创新示范基地 提速发展旅游标准化建设
山东	编制、出台《城市旅游公共服务设施规范》 《旅游购物从业人员服务规范》 《好客山东旅游服务规范》	建成了包括旅游网站、旅游咨询服务中心、旅游热线电话、旅游媒体平台、旅游信息服务小册子以及各类信息终端等在内的全方位的旅游信息服务体系 发展山东省旅游地理信息公共服务平台，包括旅游景区查询、定位、自驾游路线规划及三维展示、飞行浏览等功能
吉林	《吉林省旅游综合服务区发展规划》 《关于推进服务标准化试点工作的意见》 《吉林省旅游厕所质量等级评定管理制度（试行）》 《查干湖旅游度假区旅游服务规范》 《旅游风景区经营从业人员服务规范》 《游客中心服务规范》 《旅游观光车服务规范》	建旅游集散中心，包括旅游集散功能、旅游咨询功能、旅游换乘功能和旅游服务功能。运营上，与龙嘉国际机场和航空公司联手，为游客提供出发地到目的地的一条龙运输服务，逐步实现"门票＋交通"的套票制 重点提升集安市旅游厕所建设管理水平，改善旅游景区等旅游接待服务场所的旅游环境
广西	《关于进一步做好旅游公共服务工作的意见》 《广西旅游信息化"十二五"发展专项规划》 《旅行社服务质量评价》 《广西旅游交通标识系统建设规划（2011—2015）》 《广西旅游景区服务质量规范》	健全和完善旅游资讯门户，满足多种终端、跨平台服务，实现多语种、移动中的旅游服务需求 建旅游综合呼叫中心，实现全系统、全业务覆盖 旅游咨询点建设覆盖广西区内各市、县，数量不少于300个站点 完成全区旅游目的地营销体系的建设，完成全区各级新一代电子商务平台建设 建设一批以数字化服务为特色的现代旅游城市，建成1~2个智慧旅游（城市）试点，建成3~5个智慧旅游景区 探索建立东盟和广西"旅游云"数据中心以及跨区域的资源共享、游客互送、联合发展的区域旅游合作机制 广西桂林成立中国首家旅游公共服务管理机构

续表

省/市	规划及标准规范	具体措施
成都	《成都国际旅游城市公共服务设施建设规范》 《成都市旅游基本信息资源规范》 《旅游电子商务网站建设技术规范》	推出成都旅游一点通 打造成都智慧旅游数据中心 拟建西部旅游中心地 建5个旅游集散二级中心 完善旅游特色街区、博物馆及所有国家A级旅游景区中、英、日、韩四语标识系统的设置 在交通服务口岸和主要服务窗口开展英语常用语培训 在机场、火车站、高速公路入口等完成中英双语旅游宣传广告设置 改建或新建五星级旅游厕所20个 进一步优化住宿设施结构,新增主题饭店5家、经济型品牌连锁酒店10家、星级乡村酒店10家、熊猫驿站乡村连锁酒店20家
厦门	出台《厦门市旅游公共服务体系建设规划纲要》 《厦门市"十二五"信息化发展专项规划》(智慧厦门2015行动纲要) 《鼓浪屿旅游交通专项规划》	建立火车站旅游咨询服务中心、机场旅游咨询服务中心、同安旅游咨询服务中心、国际邮轮旅游咨询服务中心及人民会堂旅游咨询服务中心,设移动旅游通、旅游电子信息屏、免费取阅资料架等信息咨询服务平台 开通114旅游呼叫中心和968118旅游热线 完善标识牌和导示牌 建立完善厦门市旅游局政务网、厦门旅游网和厦门旅游网英文网站等 "i游厦门"手机App客户端建设完成 建立客采样分析系统、诚信旅游管理系统 正式发行闽南旅游一卡通
青岛	《青岛市旅游公共服务系统建设方案》 《西海岸国际旅游度假区智慧旅游专项规划》 《青岛市旅游投诉规定》	建设了"旅游公共服务系统"包括信息中心、咨询中心、投诉中心、指挥调度中心,信息中心,通过采集和发布涉旅信息,让游客和市民借助旅游服务热线、网站、触摸屏、手机wap获取旅游信息,12301旅游服务热线面向公众提供中、英、日、韩4种语言旅游咨询、投诉等24小时人工服务 沿滨海大道开往温泉镇开通免费双层观光巴士"中国红" 将建海上旅游集散中心吸引世界豪华邮轮
杭州	《杭州旅游集散中心发展规划2008—2020》 《"智慧杭州"建设总体规划(2012—2015)》 《杭州西湖风景名胜区综合交通规划》	建立了旅游外宣品派发网络,涵盖了全市三星级以上宾馆、饭店,机场、车站、旅游咨询点 400余家旅游饭店签约安装了数字电视,终端数50000余个 公共自助服务完善:100个公共自行车旅游咨询点、9个集散中心咨询点、23个区县市咨询点及3个市有关单位咨询点,向游客免费提供旅游宣传品 全市200多家三星级以上旅游饭店都设置了中、英、日、韩四国语言指示标识 建杭州旅游网(www.gotohz.com) 设24小时开通的96123旅游服务热线

续表

省/市	规划及标准规范	具体措施
苏州	《苏州智慧旅游行动计划（2012—2014）》 《苏州市旅游标准化发展规划（2011—2020）》 《苏州古典园林服务规范》 《古镇旅游区旅游设施与服务质量标准》 《农家乐质量等级评定与划分标准》 《湖光山色乡村休闲度假区设施及服务标准》 《检票人员服务规范》 《苏州一日游服务规范》	打造公共自行车服务项目 建24小时110联动旅游维权网络和12301呼叫中心 搭建融咨询服务、旅游培训、旅游集散、旅游投诉和旅游应急五位一体的服务网络，中英文旅游服务公益热线开通，"景区指引标志"基本覆盖苏州五市七区 建苏州旅游集散中心，主要产品包括：市内旅游专线（自由选择旅游景点）、苏州市旅游专线东线（古城线）、苏州市旅游专线西线（虎丘线）、环古城河水上游、市郊旅游专线、同里自助游专线、周庄自助游专线 全国率先实施导游员IC卡管理和品牌导游员战略，在省内首创旅游专业人才市场
张家界	《张家界旅游演艺经营场所服务规范和等级划分》 《张家界黄石寨景区管理服务标准化体系》	核心景区张家界天子山索道上站正在修建地暖式旅游厕所 开通"12345"政府公共服务热线 建旅游集散中心，提供过拼团、独立成团、酒店预订、旅游租车、导游委派、免费咨询等服务

第四节　持续开拓阶段（2018年至今）

在国家机构改革的大背景下，2018年3月，文化部和国家旅游局合并，正式成立文化和旅游部。在文化和旅游部的"三定方案"中明确了其"负责公共文化事业发展，推进国家公共文化服务体系建设和旅游公共服务建设，深入实施文化惠民工程，统筹推进基本公共文化服务标准化、均等化"的职能。之后，全国31个省、区、市，除西藏外，也全部完成了文化和旅游机构的合并。文化和旅游部成立之后，旅游公共服务的职能被划入公共服务司，并赋予其"拟订文化和旅游公共服务政策及公共文化事业发展规划并组织实施，承担全国公共文化服务和旅游公共服务的指导、协调和推动工作，拟订文化和旅游公共服务标准并监督实施"的职责。文化和旅游机构整合后，旅游公共服务建设进入持续开拓阶段，同时也呈现一些新的特点。

一、新阶段旅游公共服务的持续推进

（一）继续做好顶层设计

文化和旅游部成立后，在与旅游相关的政策文件中，继续对旅游公共服务进行突出强调。2018年3月，国务院办公厅《关于促进全域旅游发展的指导意见》中提出"加强基础配套，提升公共服务"，要求：一是扎实推进"厕所革命"。加强规划引导、科学布局和配套设施建设，提高城乡公厕管理维护水平，因地制宜推进农村"厕所革命"。加大中央预算内资金、旅游发展基金和地方各级政府投资对"厕所革命"的支持力度，加强厕所技术攻关和科技支撑，全面开展文明用厕宣传教育。在重要旅游活动场所设置第三卫生间，做到主要旅游景区、旅游线路以及客运列车、车站等场所厕所数量充足、干净卫生、实用免费、管理有效。二是构建畅达便捷交通网络。完善综合交通运输体系，加快新建或改建支线机场和通用机场，优化旅游旺季重点客源地与目的地的航班配置。改善公路通达条件，提高旅游景区可进入性，推进干线公路与重要景区连接，强化旅游客运、城市公交对旅游景区、景点的服务保障，推进城市绿道、骑行专线、登山步道、慢行系统、交通驿站等旅游休闲设施建设，打造具有通达、游憩、体验、运动、健身、文化、教育等复合功能的主题旅游线路。鼓励在国省干线公路和通景区公路沿线增设观景台、自驾车房车营地和公路服务区等设施，推动高速公路服务区向集交通、旅游、生态等服务于一体的复合型服务场所转型升级。三是完善集散咨询服务体系。继续建设提升景区服务中心，加快建设全域旅游集散中心，在商业街区、交通枢纽、景区等游客集聚区设立旅游咨询服务中心，有效提供景区、线路、交通、气象、海洋、安全、医疗急救等信息与服务。四是规范完善旅游引导标识系统。建立位置科学、布局合理、指向清晰的旅游引导标识体系，重点涉旅场所规范使用符合国家标准的公共信息图形符号。除此之外，文件还特别要求"强化旅游安全保障"，提出组织开展旅游风险评估，加强旅游安全制度建设，按照职责分工强化各有关部门安全监管责任。强化安全警示、宣传、引导，完善各项应急预案，定期组织开展应急培训和应急演练，建立政府救助与商业救援相结合的旅游救援体系。加强景区最大承载量警示、重点时段游客量调控和应急管理工作，提高景区灾害风险管理能力，强化对客运索道、大型游乐设施、玻璃栈道等设施设备和旅游客运、旅游道路、旅游节庆活动等重点领域及环节的监管，落实旅行社、饭店、景区安全规范。完善旅游保险产品，扩大旅游保险覆盖面，提高保险理赔服务水平。

2019年8月，国务院办公厅出台《关于进一步激发文化和旅游消费潜力的意见》，在"推出消费惠民措施"任务中提出：各地可结合实际情况，制定实施景区门票减免、景区淡季免费开放、演出门票打折等政策，举办文化和旅游消费季、消费月，举办数字文旅消费体验等活动。在依法合规的前提下鼓励发行文化和旅游消费联名银行卡并给予特惠折扣、消费分期等用户权益。在"提高消费便捷程度"任务中提出：提升文化和旅游消费场所移动通信网络覆盖水平，在具备条件且用户需求较强的地方，优先部署第五代移动通信（5G）网络。优化旅游交通服务，科学规划线路、站点设置，提供智能化出行信息服务。

（二）继续做好厕所革命

文化和旅游部成立后，文化公共服务和旅游公共服务的相关工作有一个磨合和调整的过程。但这其中，旅游厕所工作因为意义重大，继续得到重视。2018年文化和旅游部制定了《全国旅游厕所建设与管理新三年行动计划（2018—2020）》。"十三五"期间，全国共建设旅游厕所12.7万座，其中已有12万座旅游厕所在电子地图上进行了位置标注。旅游厕所取得了量的突破和质的提升，从满足基本功能到景观化、人性化、特色化、生态化、智能化发展，厕所"脏乱差"现象在许多地方得到明显改变，广大群众和游客对厕所的满意度显著提升。

（三）继续做好协同创新

除了旅游厕所建设之外，根据机构调整的新需要，文化和旅游部公共服务司还在全国范围内开展文化和旅游公共服务机构功能融合试点工作，探索文化和旅游公共服务融合的新模式。此外，文化和旅游部还尝试通过部门联动的方式，来实现旅游公共服务的新突破。比如，2018年文化和旅游部等17部委联合出台《关于促进乡村旅游可持续发展的指导意见》，就乡村旅游公共服务做出专项部署。提出提升乡村旅游基础设施。结合美丽乡村建设、新型城镇化建设、移民搬迁等工作，实施乡村绿化、美化、亮化工程，提升乡村景观，改善乡村旅游环境。加快交通干道、重点旅游景区到乡村旅游地的道路交通建设，提升乡村旅游的可进入性。鼓励有条件的旅游城市与游客相对聚集乡村旅游区间开通乡村旅游公交专线、乡村旅游直通车，方便城市居民和游客到乡村旅游消费。完善农村公路网络布局，加快乡镇、建制村硬化路"畅返不畅"整治，提高农村公路等级标准，鼓励因地制宜发展旅游步道、登山步道、自行车道等慢行系统。引导自驾车房车营地、交通驿站建设向特色村镇、风景廊道等重要节点延伸布点，定期发布乡村旅游自驾游精品线路产品。加强乡村旅游供水供电、垃圾污水处理以及停车、环卫、通讯等配套设施建设，提升乡村旅游发展保障能力。要求完善乡村旅游公共服务体系。实施"厕所革命"新三年计划，引进推广厕所先进技术。结合乡村实际因地制宜进行厕所建设、改造和设计，注重与周边和整体环境布局协调，尽量体现地域文化特色，配套设施始终坚持卫生实用，反对搞形式主义、奢华浪费。积极组织开展厕所革命公益宣传活动，深入开展游客、群众文明如厕教育。推动建立乡村旅游咨询服务体系，在有条件、游客数量较大的乡村旅游区建设游客咨询服务中心，进一步完善乡村旅游标识标牌建设，强化解说、信息咨询、安全救援等服务体系建设，完善餐饮住宿、休闲娱乐、户外运动、商品购物、文化展演、民俗体验等配套服务，促进乡村旅游便利化。加快推动乡村旅游信息平台建设，完善网上预订、支付、交流等功能，推动乡村旅游智慧化。

此外，2018年8月，文化和旅游部还配合国家发展改革委员会、中国人民银行，就提升旅游支付便利化水平进行了部署。2019年3月文化和旅游部、中央文明办还共同发布了《2019年文化和旅游志愿服务工作方案》，从2019年起将"春雨工程——全国文化志愿者边疆行"活动调整为"春雨工程——全国文化和旅游志愿服务行动计划"。开展文明旅游志愿服务，提出"鼓励和支持各级各类公共文化机构和企事业单位、旅游景区、社会团体等各方力量，围绕元旦、春节、学雷锋日、志愿者日、劳动节、儿童节、重阳节、中秋节、国庆节等节日、纪念日，招募有一定特长、具有奉献精神、热心社会公益事业的各界人士作为旅游志愿者，组建志愿服务团队，担任文明旅游讲解员、引导员和'文明用厕'宣传员，参与优秀传统文化、景区政策宣讲、景点介绍、秩序维护等各项服务，形成长期开展的志愿服务品牌项目，大力弘扬中华优秀传统文化，传播文明旅游社会风尚，引导广大游客努力提升自身文明素质，遵守公共秩序，爱护公共设施，争做文明旅游践行者和传播者"。

二、新阶段旅游公共服务工作特点和趋势

总体来看，在新的历史时期，旅游公共服务工作出现了一些新的特点和趋势：

一是更加注重促进工作下沉。旅游公共服务的主要投入者、承担者和受益者是旅游目的地。在旅游公共服务工作早期，迫切需要国家层面的指导，特别是组织实施。随着旅游公共服务建设成为地方发展旅游业的共识，旅游公共服务的重心下沉也是自然而然的事。考虑到中国各地发展程度差异较大，未来文化和旅游部门除了继续加强全国范围指导之外，更多的工作重点将是帮助旅游发展潜力大、旅游公共服务建设相对落后的地区进行发展。

二是更加注重围绕重大举措推进工作。与文化公共服务纳入国家基本公共服务建设有确定和集中的财政资金保障不同，旅游公共服务相关的建设资金比较分散，文化和旅游部门能够掌握的资金很少。因此，借助国家重大举措来推动旅游公共服务建设，就容易起到"事半功倍"的作用。比如，2018年4月围绕国家财政部门的PPP项目工作，文化和旅游部与财政部出台《关于在旅游领域推广政府和社会资本合作模式的指导意见》，推动了包括旅游公共服务设施在内的PPP项目建设，就取得了较好的成效。再如，2018年10月，围绕国家在"三区三州"等深度贫困地区开展的扶贫工作，文化和旅游部门联合国家发展改革委，出台《"三区三州"等深度贫困地区旅游基础设施提升工程建设方案》，对推动贫困地区的旅游公共服务设施建设起到了很好的作用。

三是更加注重与社会公共服务体系建设的融合。在旅游公共服务建设的早期，整个社会公共服务体系尚未形成，要实现旅游业适度超前发展，需要推动旅游公共服务建设"单兵突进"。随着中国基础建设的突飞猛进和社会公共服务的不断完善，旅游公共服务建设的压力也大大降低。未来工作的方向一方面是重点地区、重点领域旅游公共服务"短板"的弥补，现行旅游公共服务体系效率的提升；另一方面就是推动在城乡规划

建设中充分考虑旅游者的需求，将旅游公共服务建设与社会公共服务体系建设有机结合起来。

四是更加注重现代技术的应用。新一轮技术革命对经济社会发展产生了深远的影响，同样也给旅游公共服务建设创造了新的机遇。特别是以云计算、物联网、人工智能、大数据为代表的新一代信息技术将对旅游公共服务内容创新和模式创新以及提升旅游公共服务效能产生深远影响。2020年11月，文化和旅游部、国家发展改革委等10个部委联合发布了《关于深化"互联网＋旅游"推动旅游业高质量发展的意见》，就特别提出完善旅游信息基础设施，推动停车场、旅游集散与咨询中心、游客服务中心、旅游专用道路及景区内部引导标识系统等数字化与智能化改造升级。推进物联网感知设施建设，加强对旅游资源、设施设备和相关人力资源的实时监测与管理，推动无人化、非接触式基础设施普及与应用。进一步规范各地区旅游大数据中心建设，建立省域统一的数据标准并逐步推广至全国，实现涉旅数据整合和共享，发挥数据综合服务和应用效能。创新旅游公共服务模式，鼓励各地区采取政府与市场相结合的旅游公共服务平台运营模式，提升平台服务效能，实现可持续运营与发展。进一步拓宽旅游公共服务信息采集渠道，有效整合文化和旅游、公安、交通、气象等部门的相关数据信息，综合运用大数据、云计算等技术，在平台上及时发布旅游景区实时游客量、道路出行、气象预警等信息，引导旅游资源优化配置。依法依规推动政府与企业间相关数据资源共享。推进旅游厕所数字化建设，实现信息查询、路线导航、意见反馈等功能。完善入境游客移动支付方案，为其旅游消费提供便利。在为老年人等特殊群体保留线下服务的基础上，支持旅游公共服务平台开发专门应用程序和界面，优化使用体验。可以预见，未来现代科技将在旅游公共服务建设中发挥至关重要的作用。

五是更加注重公共文化和旅游服务的融合。一方面，由于文化和旅游机构的合并，文化和旅游公共服务工作的推进就难以截然分开，因此尽管文化公共服务和旅游公共服务特点不同、侧重不同，但是统筹考虑文化和旅游公共服务的需要，实现二者工作的联动可以说是文化和旅游部门促进文化和旅游融合发展职能的需要。另一方面，如果说在产业发展领域，旅游走到了文化的前面，那么在以公共服务为主的事业发展领域，旅游落后于文化。这就意味着，旅游公共服务要善于依托公共文化服务形成的设施、人力等资源，在盘活文化公共服务资源的同时，强化旅游公共服务建设，而这也是拓展旅游公共服务空间、提高旅游公共服务效率的需要。

第二篇　内容篇

第 四 章

旅游公共交通服务

【主要内容】

了解旅游公共交通服务的主要内容，重点掌握旅游外部交通、旅游集散中心、城市旅游交通三类旅游公共交通服务建设的基本情况和发展趋势。

【引导案例】

旅游和交通公共服务的融合

2017年7月，交通运输部和国家旅游局、国家铁路局、中国民用航空局、中国铁路总公司、国家开发银行六家单位一起发布《关于促进交通运输与旅游融合发展的若干意见》，明确提出"旅游业是国民经济重要的战略性支柱产业，交通运输是旅游业发展的基础支撑和先决条件"。并提出"到2020年，基本建成结构合理、功能完善、特色突出、服务优良的旅游交通运输体系。建立健全交通运输与旅游融合发展的运行机制，基本形成'快进''慢游'旅游交通基础设施网络，旅游交通产品供给能力明显增强，旅游交通服务功能明显改善，服务质量有效提升"的发展目标。同时，文件中大量涉及旅游公共交通设施建设与服务的若干内容，主要有：在"完善旅游交通基础设施网络体系"中提出，积极将观景台、旅游标志标牌等设施与交通基础设施统一规划、设计，充分体现区域人文特征及旅游特色。推进一种及以上"快进"交通方式通达4A级旅游景区，两种及以上通达5A级旅游景区。鼓励旅游城市增加至主要客源地直航航线航班，优化旅游旺季航班配置。加快干线公路与景区公路连接线以及相邻区域景区之间公路建设，做好自驾车房车营地与交通干线之间连通公路建设，因地制宜建设旅游风景道。在"健全交通服务设施旅游服务功能"中提出，强化客运枢纽的旅游服务功能。提升高速公路服务设施的旅游功能。推动高速公路服务区向交通、生态、旅游、消费等复合功能型服务区转型升级，建成一批特色主题服务区。鼓励有条件的高速公路结合重要景区灵活设置出入口。以国省干线公路服务区试点建设为契机，鼓励在路侧空间富余路段设置驿站、简易自驾车房车营地、观景台、厕所等设施。根据需要在农村公路沿线增设简易驿站、港湾式停车带和观景台。在"提升旅游运输服务质量"中提出，鼓励开通至景区的旅游专线、旅游直通车，鼓励在黄金周、小长假等重大节假日期间开通定制旅游线路。积极推进游客联程联运，加强旅游交通信息服务，采用信息化等手段引导节假日旅游高峰客流，提升旅游交通安全保障水平等。为实现这些重要任务，文件还在体制机制、投融资、监督管理方面做出了规定。

笔者认为，"行"是旅游六要素"行、游、住、食、购、娱"中的第一个要素，可以说，没有交通，就没有旅游。作为现代旅游业之父的托马斯·库克组织的第一次旅游就是在1841年7月5日，包租了一列火车，将570人的游行者从英国中部地区的莱斯特送往拉巴夫勒参加禁酒大会。此外，像日本这样高度重视旅游交通的国家甚至将观光厅设置在了交通省下面。而在中国旅游业发展早期，交通也是旅游公共服务最为重要的内容。一方面，旅游交通是整个交通体系的有机组成部分；另一方面，旅游交通服务体系又对弥补交通不足、丰富交通内容、优化交通服务起到了积极作用。特别是随着散客旅游的兴起，交通在旅游业发展中扮演的作用愈加重要。

旅游公共交通服务是一个完整的体系，本章主要从旅游外部交通系统、旅游集散中心系统、城市旅游交通体系三个维度来分析旅游公共交通服务。

第一节　旅游外部交通系统

旅游外部交通系统主要是连接旅游客源地、旅游目的地之间的交通系统，其主要解决的是中远距离交通的问题。旅游外部交通系统主要是针对旅游业的特定需要而发展起来的，主要解决旅游公路、旅游航线、旅游专列、旅游服务区、旅游驿站、旅游风景道、旅游交通引导标识等问题。

一、旅游公路（旅游专列、旅游航线）

截至2020年，中国公路通车里程达到510万公里，高速公路里程达到15.5万公里。铁路里程达到14.6万公里，较2015年年末增长2.5万公里，其中高速铁路3.8万公里，较2015年年末增长1.9万公里。"十三五"期间，中国新增航路航线263条，全国航路航线总里程达到23.7万公里；我国民航机队规模达6747架；新建、迁建运输机场43个，全国颁证运输机场数量增加到241个。机场新增设计容量约4亿人次，总容量达14亿人次。可以说，中国公路、铁路和航空建设的大踏步推进，对改善中国旅游业的外部交通起到了至关重要的作用。而针对旅游者特定需要的旅游外部交通建设，也基于整个交通系统的建设得以快速发展。

（一）旅游公路

旅游公路一般指的是连接城市、主要交通干线与周边主要旅游吸引物之间的公路。如果把干线公路理解为公路建设的"大动脉"的话，旅游公路相当于为旅游发展建设的"静脉"或"毛细血管"。旅游公路往往因为旅游业发展的需要，专门或者提前开始建设；或者是因为旅游业发展需要，提高了相应的道路等级标准。比如，在《山东省旅游交通规划》中，就提出了积极实施旅游公路建设和"高速公路连接线进景区"工程；并要求到2022年，5A级旅游景区、国家级旅游度假区实现一级公路全覆盖，4A级旅游景区、省级旅游度假区、特色小镇实现二级及以上公路全覆盖，3A旅游级景区、乡村旅游点实现等级以上公路全覆盖。

经过改革开放40多年的建设，中国旅游公路通达条件有了明显改观。而未来旅游公路的建设方向，一是继续解决打通旅游景区"最后一公里"的问题。据湖北方面的资料，截至2020年3月，湖北省有A级旅游景区421家，已通达公路的旅游景区有368家、正在建设公路的旅游景区有17家、未建设公路需要立项的旅游景区有36家；湖北省还有12.6%的A级旅游景区没有通达等级公路，且通达等级公路的条数只有512条，平均每个旅游景区的公路密度只有1.22。在西部欠发达区域，这一问题更为突出，因此还需要花很长的时间来啃下这个"硬骨头"。二是解决一些新兴旅游吸引物的旅游公路建设问题，特别是随着乡村旅游的快速兴起，许多乡村旅游潜力大、发展好的地区并不是旅游景区，但是由于公路交通不畅，影响了其旅游业的发展，同时也不利于更好地发挥乡村旅游在脱贫攻坚中的重要作用。三是解决旅游公路网络化的问题，改变单点式发展的思路，推动主要旅游景区连接路网的建设，这将对自驾游的快速发展起到积极的推动作用。

案例 4-1

湖北省制定《美丽公路经济带建设指南（试行）》

2018年湖北省交通厅制定了《湖北省美丽公路经济带建设指南（试行）》（以下简称《指南》），预计每年提档升级207、107、318、316等国道湖北段（两纵两横）2000多公里的道路。4条国道穿过长江经济带、汉江经济带，覆盖除神农架、天门以外的全省15个市州。此举旨在探索"美丽公路+"模式，让道路与沿线乡村旅游、历史人文、体育健身等经济模式融合发展，串联"山水林田湖、城镇乡村景"美丽经济要素。

根据《指南》，湖北美丽公路经济带建设主要分城镇型和乡村型。城镇型是指城镇主要出入口及连接线、干线公路穿越主要城镇区路段等，将突出基础设施高品质、环境优美别致、服务设施优质；乡村型主要指串联乡村，连接景区、农家乐、特色小镇等场所的支线公路，将重点还原乡村的自然美、生态美和历史、人文、休闲特色，每个乡村能展现独特的韵味，能望得见田、看得见水、记得住乡愁。美丽公路经济带建设主要包括道路系统、景观系统、服务系统、保障系统等，最终实现道路平整干净，沿线三季有花、四季常青，让入城口和主通道成为城市名片和形象，让美丽乡村路成为凝固的艺术、历史的画卷。

湖北省将连续三年每年投入省补资金 5 亿元，建成"畅安舒美富"的自然风景走廊，实现修一条好路、造一线美景、活一方经济、富一方百姓的目标。同时湖北还将把美丽公路经济带建设纳入各级交通运输部门的年度考核，建立"以奖代罚"多样化奖惩机制，为加快"建成支点、走在前列、谱写新篇"、建成交通强国湖北示范区提供有力支撑。

（二）旅游专列

1898 年，当时的清政府划定戴河以东至金山嘴沿海向内三里及往东北至秦皇岛对面，为各国人士避暑地，准许中外人士杂居，北戴河成为中国第一个由国家政府宣布的旅游避暑地。1917 年，北戴河火车站至滨海旅游铁路——北戴河支线开通，这也成为中国第一条旅游度假铁路支线。

尽管中国有旅游铁路建设的历史，但相较于旅游公路，与铁路相关的旅游外部交通更多不是体现在铁路的修筑上，而是体现在旅游专列等的特别安排上。比如，2017 年的《关于促进交通运输与旅游融合发展的若干意见》就特别提到优化配置重点旅游城市列车班次，有条件的城市增开旅游专列；针对市场需求增开特色旅游列车、旅馆列车等特色旅游专列，支持开发适合旅游特点的特种观光列车等装备。

案例 4-2

熊猫专列

2021 年 3 月 24 日，四川开出全国首列"熊猫专列"精品列车，专列从成都北站缓缓开出，沿着成昆铁路，驶向目的地峨眉站，开启体验旅程。

"熊猫专列"车身采用整体涂装，全列整体内外装饰均按照"熊猫"主题元素统一设计。全列共 12 辆编组，由 1 辆"熊猫悦府"（特级软卧）、2 辆"熊猫雅舍"（高级软卧）、5 辆"熊猫归阁"（高级硬卧）、1 辆"熊猫餐厅"（餐车）、1 辆"熊猫乐园"（多功能娱乐车）组成的 10 辆主题车厢和 1 辆宿营车、1 辆发电车组成，定员 252 席。

在硬件设备上，"熊猫专列"较普通旅游列车增设了安全智能电子锁具、智能服务系统、观景长桌、点歌、影音娱乐、USB 充电装置、恒温淋浴系统等人性化服务设施。在列车服务上，"熊猫专列"全面推行了"点对点，个性化"定制服务，除提供日常列车乘务外，还引进了星级宾馆"黄金管家"服务模式，专门配备"熊猫管家"，实现了工作人员固定车厢和全列流动相结合的全方位服务。为满足旅游团队出行个性化需求，"熊猫专列"还可提供下午茶会、主题歌会、鸡尾酒会等定制服务。

"熊猫专列"将以固定线路和定制线路相结合，串联起四川和周边省份的旅游景点，打造"交通＋旅游"精品旅游列车模式。

（三）旅游航线

旅游航线主要指的是为主要客源地开通的前往热点旅游目的地的航线。主要对于长距离旅游而言，旅游民航航线的开通或者增加，对旅游目的地有十分重要的意义。比如，在云南旅游业发展的早期，由于交通不便，加之公路和铁路建设异常困难，旅游支线航空将省会昆明和热点城市串联起来，对促进云南旅游业的发展起到了非常关键的作用。再如，湖南省张家界的国际航线基本上都是旅游航线，特别是与韩国之间的航线，为张家界带来了大量的韩国游客，张家界也因此成为在韩国极具知名度的中国旅游目的地。2019 年，张家界相继开通至菲律宾马尼拉以及韩国大邱、首尔、清州、务安的国际定期航线，使得其国际地区通航城市达到 12 个，可以说旅游航线的开通对于"国际张"的发展至关重要。

值得注意的是，由于旅游民航航线开通的成本较高，一些区域会采取财政资金补贴航空公司或者旅游企业等方式，增加旅游航线来促进旅游业发展。比如，2018 年吉林省出台的《省级旅游产业发展专项资金（航线开发与培育部分）实施细则》规定，除了对国内、国际定期航线补贴以外，还特别规定对国内客源地旅游包机的补助，每个往返补助 1 万元；国际旅游包机，航程在 2000 公里以内，客源地包机每个往返补助 2 万元，目的地包机每个往返补助 1 万元；航程在 2001 公里以上，客源地包机每个往返补助 4 万元，目的地包机每个往返补助 2 万元。切位按照每人 60 元补助，并对机场、铁路和航空公司联合推出的空铁联运产品联运火车票部分给予补贴。

此外，除了民航旅游航线之外，随着通用航空的发展，一些通用航空线路的开通对于短距离旅游的发展也起到很大的推动作用。比如，2020 年 11 月，杭州建德千岛湖通用机场开通了飞往上海金山水上机场的航线，这也是长三角地区首条跨省水陆通勤旅游航线正式通航，该条航线由幸福航空运营，航线单次可乘坐 8 名乘客，从建德出发一个半小时可到达上海金山，每周开设 4 个班次。加上此前开通的直飞浙江舟山、安徽黄山、江苏镇江的 3 条短途通勤旅游航线，建德实现了长三角区域短途通勤旅游航线全覆盖。

二、旅游风景道

伴随高品质自驾游的需求不断增加，旅游者对公路的要求开始从"有没有"向"好不好""美不美"转变。一方面，伴随旅游公路建设的加快推进，从全国范围看，旅游公路已经不是制约旅游交通的主要矛盾；另一方面，中国大量道路虽然不是高速公路，但因其独具特色的景观价值，而吸引了大量的自驾游客。在一定程度上讲，旅游风景道已经不仅仅是旅游道路，而成了一种具有吸引力的旅游产品。尽管旅游风景道本身有一定的商业价值，但是单靠市场机制，无法维持其建设和运营；此外，旅游风景道更大的经济外部性在于带动沿线地区旅游业发展上。从这个意义上讲，旅游风景道是需要政府投入的准公共产品。

一般认为，旅游风景道是旅游与交通功能相结合的特殊景观道路，具有交通价值、景观价值、游憩价值、历史价值、文化价值、自然价值、文物价值等多重功能。[①]广义的风景道是指兼具交通运输和景观欣赏双重功能的通道；狭义的则专指路旁或视域之内拥有审美风景的、自然的、文化的、历史的、考古学上的和（或）值得保存、修复、保护和增进的具有游憩价值的景观道路。美国作为风景道的发源地、主要实践地和研发地，依据1995年提出的保护和促进风景道发展的官方推广计划——国家风景道计划（National Scenic Byway Program），建立了由泛美风景道、国家风景道和州际风景道三级风景道构成的美国国家风景道体系（American National Scenic Byways）。绿道、公园道、历史廊道等各类广义风景道都可以通过申请，按照国家风景道计划制定的标准，经过官方认定后，成为泛美风景道、国家风景道或州际风景道，成为国家风景道体系中的一员。[②]

从中国的发展实践看，从"十三五"时期开始，旅游风景道开始受到国家层面的关注。在2016年12月国务院发布的《"十三五"旅游业发展规划》中，明确提出"以国家等级交通线网为基础，加强沿线生态资源环境保护和风情小镇、特色村寨、汽车营地、绿道系统等规划建设，完善游憩与交通服务设施，实施国家旅游风景道示范工程，形成品牌化旅游廊道"，并提出了25条国家旅游风景道布局（见表4-1）。

表4-1　国家旅游风景道布局

（一）川藏公路风景道（四川成都、雅安、康定、巴塘—西藏林芝、拉萨）
（二）大巴山风景道（陕西西安、安康—四川达州、广安—重庆）
（三）大别山风景道（湖北大悟、红安、麻城、罗田、英山—安徽岳西、霍山、六安）
（四）大兴安岭风景道（内蒙古阿尔山、呼伦贝尔—黑龙江加格达奇、漠河）
（五）大运河风景道（浙江宁波、绍兴、杭州、湖州、嘉兴—江苏苏州、无锡、常州、镇江、扬州、淮安、宿迁）

---

① 余青，胡晓苒，宋悦.美国国家风景道体系与计划［J］.中国园林，2007（7）.

② 余青，吴必虎，等.风景道研究与规划实践综述［J］.地理研究，2007（11）.

（六）滇川风景道（云南楚雄—四川攀枝花、凉山、雅安、乐山）

（七）滇桂粤边海风景道（云南富宁—广西靖西、崇左、钦州、北海—广东湛江）

（八）东北边境风景道（辽宁丹东—吉林集安、长白山、延吉、珲春—黑龙江绥芬河）

（九）东北林海雪原风景道（吉林省吉林市、敦化—黑龙江牡丹江、鸡西）

（十）东南沿海风景道（浙江杭州、宁波、台州、温州—福建福州、厦门—广东汕头、深圳、湛江—广西北海）

（十一）海南环岛风景道（海南海口—东方—三亚—琼海—海口）

（十二）贺兰山六盘山风景道（宁夏贺兰山、沙坡头、六盘山，内蒙古月亮湖）

（十三）华东世界遗产风景道（安徽九华山、黄山—浙江开化钱江源、江郎山—江西上饶—福建武夷山、屏南白水洋）

（十四）黄土高原风景道（内蒙古鄂尔多斯—陕西榆林、延安、铜川、西安）

（十五）罗霄山南岭风景道（湖南株洲—江西井冈山、赣州—广东韶关）

（十六）内蒙古东部风景道（内蒙古阿尔山—呼伦贝尔）

（十七）祁连山风景道（青海门源、祁连—甘肃民乐、张掖）

（十八）青海三江源风景道（青海西宁、海北、海南、果洛、玉树）

（十九）太行山风景道（河北石家庄、邢台、邯郸—河南安阳、新乡、焦作—山西晋城、长治）

（二十）天山世界遗产风景道（新疆霍城、巩留、新源、特克斯、和静）

（二十一）乌江风景道（重庆武隆、彭水、酉阳—贵州遵义、贵阳、铜仁）

（二十二）西江风景道（贵州兴义—广西百色、柳州、荔浦、梧州—广东封开、德庆、肇庆）

（二十三）香格里拉风景道（云南丽江、迪庆—四川稻城—西藏昌都）

（二十四）武陵山风景道（湖北神农架、恩施—湖南湘西—贵州铜仁、遵义、黔东南）

（二十五）长江三峡风景道（重庆长寿—湖北神农架、宜昌）

尽管 2016 年国家层面发布了相应的旅游风景道布局名录，但是目前并没有在全国层面形成体系化推进旅游风景道发展的工作手段。2018 年，青海提出了创建全国自驾车旅游示范省的目标，同时发布《风景道等级划分与评定》地方标准，从内在品质、交通本身的要求、配套服务设施、旅游安全和信息化管理、环境保护五个方面进行评价，并提出了三级风景道标准：一星级（国家级）、二星级（省级）和三星级（地方级）。未来结合地方的实践以及国际的经验，中国也将逐步形成自身的旅游风景道体系。具体而言，未来从国家需要解决的主要问题有：一是形成旅游风景道建设方面的导则和标准，引导各地结合自身实际，在充分挖掘文化内涵、展示自然风貌的基础上进行科学、规范、有序的建设，结合道路条件的改善，配套完善休闲游览、餐饮住宿、信息引导、安全救援、观景设施、汽车营地等设施和服务，同时将风景道建设同相关旅游度假的节点建设结合起来。二是探索有效的投融资渠道，将政府引导型投资和社会资本投资结合起来，争取针对旅游风景道的特殊政策，特别是土地开发等方面的政策，形成良性的投入产出机制。三是努力形成适合旅游风景道特征的运营模式。

✚ **案例 4-3**

黄山旅游风景道建设

2018 年，以黄山市国道、省道、县道为骨架，有机串联全市景区景点景观、田园茶园果园、古城古镇古村等，并以"旅游+""+旅游"为导向，黄山形成了涉及沿线 62 个乡镇、47 处 A 级旅游景区，总里程约 1000 公里的十条旅游风景道——皖浙 1 号、世界遗产、徽州文化、醉美 218、城市环线、经典 205、名山秀水、问道探秘、环太平湖、心安月潭，从而基本形成了完善的黄山自驾游网络，"一道一特色、一道一精彩、一道一品牌"的目标基本实现。

黄山市在推出十条旅游风景道的同时，同步建设 86 处咨询服务中心、66 处旅游驿站。服务中心建设实施"五统一"原则，即统一标识、统一布局、统一服务、统一管理和统一运营；旅游驿站实施"灵活性"原则，即依托邮政所、检查站、道班、党群服务中心等资源和现有设施灵活设置。

在发展建设旅游风景道的过程中，黄山市将徽文化融入其中，并将旅游风景道建设与乡村的发展和振兴结合，与古城古镇古村的发展结合，与红色旅游相结合，与研学旅行相结合，通过民居改造和新建等方式，建设了一大批精品民宿，村民为满足游客需求自发组织恢复传统习俗节庆活动，传统手工艺和非遗工艺得到有效弘扬并形成了经济收益，传统的徽州餐饮、徽茶康养等为当地居民提供了就业机会，自驾车营地、旅游演艺、户外运动、研学旅行等一批新的旅游业态兴起，增加了游客停留时间和消费选择，带动了整个旅游产业链的发展，同时也带动了黄山乡村旅游的快速发展。

三、公路服务区旅游化改造

伴随中国高速公路建设的快速推进，大量的公路服务区也应运而生。中国传统的高速公路服务区的主要功能是停车、加油、休息、如厕，并配有简易的购物、餐饮等功能。在国外的一些高速公路服务区还有汽车旅馆等住宿功能。对服务区而言，传统的功能已经不太能应对游客快速增加的需求；与此同时，通过更多的旅游消费增加服务区收入也变得更为迫切。对自驾游而言，高速公路服务区不仅是一个休息站和补给站，同时也是一个非常重要的流量入口平台。大量的自驾车游客在高速服务区停留，本身就有很大的商业价值。对公路服务区而言，旅游化改造是丰富其功能的重要渠道，而这实际上也是一个让传统的交通公共产品转化为准旅游公共产品的过程。

根据高嘉蔚、陈永锋等的研究[①]，"服务区+旅游"有如下特征：

---

① 高嘉蔚，陈永锋，等.基于开放式理念的高速公路服务区与旅游融合发展业态开发研究［J］.交通节能与环保，2021（2）.

一是服务区服务对象的多元化。"服务区＋旅游"的开放性首先体现在其服务对象不再局限于大小货车司机和普通的小汽车司乘人员。从提供旅游服务功能的角度，服务区的服务对象将扩展到自驾游游客、专门前往服务区旅游的游客、旅游团体游客以及服务区周边的乡镇居民等。从提供个性化旅游服务的角度，服务区的服务对象将涵盖不同年龄段的司乘人员。

二是服务区服务功能的多样化。"服务区＋旅游"将突破传统服务区的基本功能，从传统功能逐步扩展到涵盖旅游信息咨询、住宿、特色餐饮、购物、娱乐、观景、研学、文化体验、自驾车营地、交通接驳等多样化的功能，从功能上扩大范围，为游人提供包含"吃、住、游、购、娱"于一体的各类服务。

三是服务区布局形式的开放化。为了满足多元化的服务对象和不断增加的服务需求，服务区的布局形式也需打破传统的封闭式形式，从布局上做到半开放和全开放。半开放式的服务区可以与周边的景区和村庄联动，形成高速路上的通行人员和服务区外的周边居民可以自由出入服务区，但是车辆不能离开和进入服务区的布局形式，将服务区的各类设施与周边居民共享，而周边村镇的设施也可以共享给高速路上的游人。全开放式的服务区在布局形式上与半开放式类似，但是通过 ETC 等收费装备设置或者收费站与服务区合建的形式可以允许高速和地方上的车辆通过服务区自由地出入，也可探索与普通国省干线公路的衔接，使高速公路服务区与国省干线公路服务设施共建共享，形成资源集约、开发共享的服务设施网络。通过全开放式的布局可以极大地方便游客的出行，给游客提供更多的出行线路选择，尤其是针对距离景区不远或周边旅游资源集聚的服务区。

四是服务区管理模式的创新性。传统的服务区经营业态单一、餐饮模式简单、商业布局陈旧、经济效益欠佳，专注于提高出行效率，却忽视了社会公众在出行途中的感受，已不能满足社会公众高品质、多样化、个性化的美好出行新需求。"服务区＋旅游"的管理模式需要以提升人民群众出行体验为目标，创新服务区商业模式，由传统自营为主逐步向新型自营、"外包＋监管"转型，可以考虑公益属性项目搭配营利性项目进行综合招商模式、政府企业招商条件准入和退出模式以及特殊项目的单一股东运营管理模式等，根据不同项目属性考虑不同管理模式，打造有个性、有特色、有记忆、有文化、品牌化、多元化的新型服务区，更好地满足公众出行需求。同时，也应考虑服务区对周边居民的就业问题，引入农副产品售卖摊铺和扶贫产品商铺，将其纳入服务区统一管理，并为周边居民步行进入服务区留好通道和出入口。

与此同时，高嘉蔚、陈永锋等还提出了"服务区＋旅游"的融合发展业态清单，具体如表 4-2 所示，从中可以看到公路服务区旅游化的巨大前景。

表 4-2 "服务区 + 旅游"的融合发展业态清单

服务区发展模式	分类	业态
旅游型服务区	文化观光	特色建筑、主题街区、博物馆、纪念馆、名人故居、艺术馆、艺术创意园、宗教圣地、红色故地、手工体验馆、文化主题乐园
	文化休闲	地方特色美食、文创产品购物、民俗体验
	文化娱乐	文化演艺、赛事活动、节庆活动、各类娱乐活动、亲子或儿童游乐
	其他	旅游出版业、工艺品设计制造业、文化设备制造业、文化传播业、网络及多媒体
	遗迹观光	自然遗迹、文化遗迹（文物博物馆、建筑、遗址）、历史景观、非物质文化遗产博物馆
	遗迹休闲	遗产相关旅游纪念品系销售
体验型服务区	体检医疗	体检中心、医疗美容中心、康养中心、疗养院
	养生休闲	温泉酒店、水疗 SPA、足疗桑拿、会所、森林生态氧吧、瑜伽冥想区
	疗养基地	康养别墅、疗养公寓、养生度假村、老年公寓
	教学参观	博物馆、小型动物园、展览馆、科技馆、主题科教基地、爱国教育红色基地、水文地质景观、植物园、能源水利工程馆、航天航空基地、博览会
体验型服务区	特种培训	野外拓展营地、极限运动培训基地、军训营地、青少年活动基地
主题型服务区	赛事活动	国内外户外运动赛事
	休闲活动	骑行、徒步、越野、滑雪、滑冰、漂流、登山、帆船
	特种体育及极限运动	溜索、速降、蹦极、滑翔伞、翼装飞行
商业性服务区	会议	会议中心、配套设备及服务
	会展	会展中心、会展组织、会展服务
	节庆活动	节庆组织、品牌庆典运营
	旅游商贸	手工艺品、特色纪念品、地方土特产、运动装备、品牌商品
	旅行组织	旅行社、导游服务公司、旅游俱乐部、旅游集散中心、私人定制旅游顾问、旅游协会、公益旅游组织
	电子商务	机票火车票预订、酒店预订、门票预订、团购
	营销策划	市场调研、旅游产品营销、旅游策划规划、旅游研究机构
	金融经济	旅游金融旅行支票、专属信用卡、旅游保险、旅游衍生金融产品
	服务培训	导游等旅游从业人员培训机构、酒店管理培训机构、旅游教研机构

在中国江苏等地，高速公路服务区转型正持续推进，并取得了良好的成效，未来新型的高速公路服务区将不再仅仅是旅游者的短暂停留地，而会成为越来越多旅游者的长期停留地、文化体验地、社交会聚地以及旅游消费地。

案例 4-4

2020 年国庆江苏高速公路服务区上热搜

2020 年国庆黄金周江苏的一众高速公路服务区上了热搜，引发了旅游业界的广泛关注。其中网友心目中最美的江苏阳澄湖服务区，位于苏州市苏州工业园。阳澄湖服务区，整体以"梦里水乡，诗画江南"为设计理念，以苏州"一街三园"为特色，建有涵碧、荷风、木樨、修竹四座迷你园林，吸取的都是苏州一些著名园林的精华。与其说它是一个服务区，不如说它是中国水乡的梦境。木樨园取景于苏州留园中的精华部分"涵碧山庄"，有水池、假山、长廊、凉亭等。荷风园取景于拙政园，再现了江南地区传统民居多进的格局。总体布局以水池为中心，形体不一、高低错落的建筑临水而建。还有修竹园取景狮子林中的"湖心亭"，东南角是水池，西北则是假山，两者相结合构成了一个幽静的院子。

除了苏式园林，服务区还有恐龙主题公园、购物中心等，还有很多的特色美食，而且便宜实惠，因此异常火爆，每个经过服务区的游客，都会驻足进来欣赏美景。国庆短短 8 天的时间，游客量达到了 90 万人次，收入破亿元，超过了许多知名旅游景区。

四、旅游交通引导标识

交通引导标识是整个交通系统的有机组成部分。对旅游者特别是自驾车游客而言，前往城市、县乡等行政单位，主要是依靠社会普适性的交通标识。与旅游公路类似，旅游交通引导标识主要是指示旅游者前往旅游景区、旅游度假区等为主体的旅游吸引物的标识标牌。各地在实际工作中，对旅游交通引导标识也进行了界定。比如，2013 年出台的地方标准《重庆市旅游交通设置规范》中，旅游交通标志被定义为"设置在公路和城市道路沿线，吸引和指引旅游者前往旅游景区，并提供旅游景区名称、旅游景区方向、旅游景区距离等信息的标志"。

近年来，各级旅游行政部门在推动旅游交通引导标识方面取得了一系列的成绩。比如，截至 2019 年，安徽建设了通往景区旅游标识 6800 多块，高速公路旅游标识 362 块；在"十三五"时期，福建建设了通往 3A 级以上旅游景区道路交通标识标牌近 3000 面。在实际工作中，旅游交通引导标识建设主要涉及几个问题：

一是哪些旅游吸引物可以列入交通标识牌？旅游标识体量有限，不能过少，少了难以给旅游者提供有效的指引；也不宜过多，多了不仅增加成本，同时也容易给游客造成信息的混乱。在现实中，常规的方式是旅游行政部门提供应该列入交通标识的名单。在标牌资源有限的情况下，中高 A 级旅游景区以及其他纳入旅游行政部门行业管理的旅游吸引物更容易被列入其中。

二是如何确定旅游交通标识设置的频次？旅游交通标识设置的频次应该与旅游吸引物本身的吸引力正相关。比如，2007年出台的地方标准《旅游景区（点）道路交通指引标志设置规范》中就对长江三角洲地区不同等级的旅游景区设置频次做出了详细的规定。这一规范并没有简单按照A级旅游景区的等级进行设置，而是从旅游资源要素价值、旅游景观市场价值、旅游交通需求指标三个维度对不同旅游景区（点）进行了分类，具体如表4-3所示。

表4-3 长三角旅游景区（点）交通标识分级

评价项目	评价因子	A级	B级	C级
旅游资源要素价值	观赏游憩价值	高	较高	一般
	历史文化科学价值	具有极高的历史价值、文化价值、科学价值或其中一类价值具有国际意义	具有很高的历史价值、文化价值、科学价值或其中一类价值具有国内意义	具有较高的历史价值、文化价值、科学价值或其中一类价值具有省（市）级意义
旅游景观市场价值	国内外知名度	国际知名	国内知名	省（市）知名
	美誉度	有极好的声誉，受到90%以上的游客和专业人员的赞美	有很好的声誉，受到80%以上的游客和专业人员的赞美	有较好的声誉，受到70%以上的游客和专业人员的赞美
	市场影响力	很有发展前途	有较好的发展前途	有发展前途
旅游交通需求指标	年适宜游览天数	300天以上	250天以上	200天以上
	年接待旅游者人数（年接待旅游自驾车数量）	70万人次以上（7万辆以上）	50万人次以上（5万辆以上）	30万人次以上（3万辆以上）

与此同时，这一规范还对不同等级的旅游景区（点）设置了交通标识的频次，具体如下：

针对A级旅游景区（点）的引导范围：其一，市区的旅游景区（点），从干线公路入城口、城市快速干道的出口或出口附近的交叉路口开始引导。其二，郊区的旅游景区（点），从干线公路与通往旅游景区（点）公路的交叉口开始引导。其三，特殊情况，在与高速公路出口匝道直接相连处，位于出口匝道附近、但高速公路出口标志中无旅游景区（点）所在地的地名信息处，或者交通组织需要时，高速公路上可设置A级旅游景区（点）指引标志。

针对B级旅游景区（点）的引导范围：市区的旅游景区（点），从旅游景区（点）附近的2个干道交叉口或距离旅游景区（点）3公里以内的范围开始引导。郊区的旅游景区（点），在景区（点）所处区（县）的范围或距旅游景区（点）5公里以内的范围开始引导。

针对C级旅游景区（点）的引导范围：从旅游景区（点）附近的干道交叉口开始

引导。

三是如何建立旅游交通引导标识建设的机制？考虑到旅游交通标志牌的专业性，一般来说，较好的做法是由旅游相关部门提供相关资金和设置名录，由交通、公路部门或公安部门统一制作、定位和施工配置、维护养护；由交通等部门共同管理。比如，福建省旅游交通引导标识的资金由福建省文旅厅和交通厅各负担 50%。在苏州，旅游行政部门仅负责旅游标识标牌的设计和标准制作，市区道路标识标牌由公安局负责，市区之外的则由交通局负责，旅游局负责在景区与公安局、交通局之间协调。再如，黄冈市规定：规划与变更对于今后新建、改扩建的公路（包括高速公路），交通公路部门要根据旅游部门提供的旅游景区（点）信息资料，将旅游交通标志的设计纳入公路建设的内容，与公路建设统一规划、统一设计。各级旅游部门要主动向交通行政主管部门提供当地旅游景区（点）信息资料，确保旅游交通指示牌设置得及时、合理、有效。旅游交通指示牌的设置和相关费用由旅游部门负责。

第二节　旅游集散中心系统

旅游集散中心作为满足旅游者集散、换乘、咨询等需求，具有公共服务属性的设施和服务的集合体，是旅游目的地外部交通与内部交通连接的枢纽，是外来游客进入旅游目的地以及外来游客和本地居民周边旅游的重要公共交通节点。自 1998 年 5 月，上海成立第一个主要面向旅游散客服务的旅游集散中心以来，旅游集散中心作为旅游交通公共服务的重要内容受到了重视旅游业发展的各级政府的高度关注。

一、旅游集散中心的概述

旅游集散中心产生的背景是普通的交通无法有效满足人们的出游的需求。从第一个设立旅游集散中心的城市上海来看，1997 年，上海首次将旅游列为政府为老百姓办的实事项目之一，要求实现两个方面的目标：方便上海市民出游，吸引千百万人次游上海。新成立的上海市旅游委对当时上海旅游的情况做了一次调研发现，尽管当时上海共有 1000 多条公交线路、10000 多辆公交车，但是交通依然成为阻碍旅游者出行的最大因素，占总体因素的 27%，这在一定程度上说明了传统的公共交通并不能有效满足旅游者的出游需求。为解决这一问题，上海市旅游委与交通局提出针对上海的 56 个景区开辟出 10 条旅游专线，与此同时，决定成立旅游集散中心，为公众提供快捷、方便、舒适的旅游交通服务。[1]

---

① 徐菊凤．旅游公共服务：理论与实践［M］．北京：中国旅游出版社，2013.

（一）旅游集散中心建设的意义

旅游集散中心作为旅游公共服务的一种，其意义体现在四个方面：

一是便利游客的视角。价廉物美的交通对满足大众旅游者的出游需求至关重要，但很多时候仅仅依靠一种旅游交通方式很难完成所有的旅游行程，从这个意义上讲，旅游交通的转换和衔接是旅游发展中难以回避的问题。在以旅行社为出游主导的时代，游客的交通需求由旅行社在设计旅游线路时统一安排，因此建设旅游集散中心的意义不大。随着旅游市场的扩大，散客旅游快速兴起，从目前国内旅游市场发展的情况看，超过90%以上的旅游者是散客，旅游集散中心的必要性就显得更为突出。旅游集散中心的出现为游客带来了很大的便利。虽然目前私家车数量快速增加，不少游客出游采取自驾游的方式，不再乘坐公共交通出游。但是，正如私家车可以和公共汽车并存一样，游客通过旅游集散中心开展旅游活动同样可以和自驾游并存。

二是规范市场的角度。从旅游集散中心的实际使用情况看，主要是满足游客的"一日游"需求。这种"一日游"，一种方式是本地居民前往城市周边区域旅游，如上海市民通过集散中心前往城市周边的青浦、崇明、周庄等地旅游。另一种方式是外来游客通过集散中心，在旅游目的地城市周边开展"一日游"活动，如许多外地游客到北京旅游，往往会住宿在北京城内，然后通过"一日游"的方式前往周边的长城、十三陵等世界文化遗产旅游。各国各地经验表明，一般正规的小规模旅行社企业都不愿意涉足"外来散客游本地"（散客"一日游"）的业务。因为散客总是零散分布于当地的酒店、宾馆、招待所、车站、码头，要从这些地方招揽客源，一般正规企业无力支付巨额的场租；由于有规章制度和属地管理的约束，如果没有政府的主导或协调，普通企业甚至难以进入这些场所招揽生意，相反，承包、挂靠、黑车、黑导等非正规企业却可以进去散发小广告，因为他们的风险和责任更小。因此，我国许多城市的散客"一日游"业务被违规实力占领，长期打击治理也难以奏效，关键原因就在于这些企业不愿介入的地方，政府的公共服务也同时缺位，庞大的市场需求只能拱手让位给非法实力侵占。[①]旅游集散中心相当于一个"旅游超市"。在这里，涉及的旅游景区、旅游线路、餐饮、公交等都明码标价，由游客根据其需求进行选择。这样，在满足游客需求的同时，实际上也是对散客旅游市场进行了规范。旅游集散中心的出现，通过借助政府的公共服务，为旅游者提供更有保障的"一日游"服务，有助于规范旅游市场秩序。

三是城市管理的视角。由于城市空间有限，游客自驾车数量的增加，也会给城市管理造成极大压力，同时也会在一定程度上影响市民的日常生活。旅游集散中心的出现，为解决这一问题提供了一条新的途径。比如，为了缓解黄金周自驾车数量增多的压力，苏州市政府对于旅游集散中心运营的5条旅游专线给予每年300万元的补贴，从而鼓励

---

① 徐菊凤 . 旅游公共服务：理论与实践［M］. 北京：中国旅游出版社，2013.

市民和游客更多选择旅游集散中心的旅游专线出游。杭州市政府为了缓解外地车辆进入杭州市区内造成的压力，对杭州旅游集散中心换乘中心给予一定的财政补贴，向旅游集散中心公司购买服务，杭州旅游集散中心为游客免费提供换乘公共交通服务，为自驾车提供免费停车（包括大巴车、公交车和自行车）服务，然后由市政府向旅游集散中心支付费用。

四是旅游产业发展的视角。旅游集散中心的出现，在丰富游客出游选择的同时，也完善了目的地的旅游产业体系。尽管是旅游公共服务，旅游集散中心也可以带来一部分旅游收入。以重庆旅游集散中心为例，其成立于 2012 年，由重庆市属国有独资综合运输企业集团重庆交运集团负责建设运营，在经营业绩上取得了一定成效。2018 年，重庆各旅游集散中心共开通旅游客运线路 150 余条，直达旅游景区线路 100 余条，不仅覆盖了重庆的各个区县，更是连接了四川、贵州、湖北等地区的部分旅游景区。与此同时，集散中心不断整合当地及周边相关的旅游要素，对重庆市旅游发展的经济贡献度不断增加，2018 年，重庆各旅游集散中心年游客运输量共计达到 171 万余人次，实现营业总收入 4000 万元，如表 4-4 所示。[①]

表 4-4 2018 年重庆主城各旅游集散中心（分中心）运营情况

旅游集散中心	旅游客运线路（条）	直达景区线路（条）	年旅客运输量（万人次）	年旅游者输送量（万人次）	营业收入（万元）	备注
龙头寺旅游集散中心	20	17	400	5.7	702	专业的旅游集散中心
菜园坝旅游集散中心	42	28	178	8.9	351	国内旅游许可资质
四公里旅游集散中心	30	6	500	150	654	主城唯一推行旅行社团队出游的集散地
双凤桥旅游集散中心	16	5	148	0.54	428	入境旅游、国内旅游业务资质
陈家坪旅游集散中心	19	10	311	0.63	554	2018 年 9 月开业
红旗河沟旅游集散分中心	16	13	400	1.5	621	—
菜园坝旅游集散中心龙头寺分中心	24	12	328	1	458	开通四面山、贵州、黄水、仙女山、黑山谷旅游直通车
龙洲湾旅游集散分中心	8	5	111	1.8	245	—
重庆西站旅游集散分中心	—	—	—	0.2	—	2018 年 7 月成立

---

① 范春，黄诗敏.交旅融合背景下重庆旅游集散中心体系发展现状及优化［J］重庆三峡学院学报，2021（3）.

（二）旅游集散中心的功能与特征①

尽管目前全国有许多形态各异的旅游集散中心，但功能较好的旅游集散中心，都是政府为了更好地满足庞大散客旅游者的出游需求而主导建立的城市旅游公共服务机构，具有鲜明的准公共产品色彩。各地实践经验表明，离开了政府主导的旅游集散中心都难以发挥其真正的散客集散功效。概括而言，旅游集散中心的核心功能和价值表现为以下几个方面：

一是公正可靠——由政府主导或授权经营，代表目的地政府的信誉和形象，向公众提供可靠公正的有偿服务。

二是定时定线——定时发车，无论上客多寡；线路固定，具有显著城市名片效应和广泛代表性，深受游客欢迎。

三是搭乘方便——在城市关键位置设立一个或多个发车点，方便散客搭乘。

四是直达景区——从市区直通景区，快捷便利。

五是价格公正——无论单一交通价格，还是包含景区门票价格，其定价都公正合理，与其他市场化价格相比更具优惠，也更为公正可靠。

六是无诱导性购物安排——与一些旅行社诱导游客购物而获取回扣的做法不同，旅游集散中心代表当地政府形象，任一行程都无指定性、诱导性购物安排；当日往返的行程也普遍不提供餐饮服务，由游客自行安排。

由上可以看出，旅游集散中心作为一种特殊的旅游公共服务模式，既聚集了散客资源，也聚集了旅游景区资源、旅游交通资源和其他旅游商业服务资源，其核心内容是交通与旅游的有机融合，能够为散客在目的地游览提供便利的综合服务。成功的旅游集散中心，应该兼有旅行社服务和公共交通服务的双重优势。从交通功能看，它既有公交定点定线滚动发车、搭乘方便的优点，同时也有旅游交通（如旅行社团队包车）的快捷、舒适、集体直达旅游目的地的优点，避免了公交班车站点多、速度慢、舒适度差的缺点；从旅游服务功能看，它既发挥了旅行社了解游客需求、专业性强、线路多、客服务经验丰富、旅游集体出行、门票住宿价格优惠、提供导游讲解的优势，又避免了旅行社团队旅游行动不自由、人数不足无法出行或出游成本过高、出发时间过于单一、无法滚动发车、线路报价不透明或经常变动、诱导游客购物消费获取回扣等弊端；与散客单体自助游相比，它也有优势——既具有活动自由、随意、个性化的优点，又避免了散客独自出游安全无保障、门票住宿价格无优惠、对目的地信息了解的不足，真正体现了"线路广、景点多、班次频、出游便、车况好、信誉高、价格廉、信息真、服务好"的优势。

---

① 主要参考：徐菊凤.旅游公共服务：理论与实践［M］.北京：中国旅游出版社，2013.

（三）旅游集散中心的发展状况

进入 21 世纪之后，特别是"十三五"时期，旅游集散中心逐步成为各地旅游公共服务建设的重点。比如，广东省 16 个城市采取依托客运场站、依托城市中心建筑和大型商场以及单独选址三种方式，建设和规划了 48 个具有综合服务功能的旅游集散中心。陕西省 2016—2018 年省级财政共投资 4000 余万元支持全省旅游集散中心建设。新疆 2017 年投资 14 亿元建成丝绸之路经济带旅游集散中心，总面积达到 14 万平方米。福建按照 80 万元到 250 万元不等，对不同等级旅游集散服务中心建设进行奖励补助。根据初步统计，截至 2017 年，全国已建成 663 个旅游集散中心。具体如下：北京市 1 个、重庆市 3 个、福建 50 个、海南 10 个、江西 30 个、四川 72 个、天津市 1 个、西藏 7 个、云南 19 个、安徽 30 个、陕西 17 个、甘肃 12 个、黑龙江 4 个、湖北 14 个、湖南 40 个、吉林 8 个、山西 12 个、上海 8 个、新疆建设兵团 4 个、广东 21 个、江苏 22 个、山东 52 个、内蒙古 32 个、新疆 49 个、青海 5 个、河北 10 个、浙江 60 个、辽宁 16 个、河南 24 个、贵州 14 个、广西 11 个、宁夏 5 个。由于上述旅游集散中心数量统计的口径和标准并不一致，如果把各种类型的中心和分中心都计算在一起，全国旅游集散中心的数量将超过 1000 个，这意味着平均每个地级以上城市旅游集散中心的数量将超过 3 个。可以说，中国已经初步形成了较为完备的旅游集散中心体系。

二、旅游集散中心的模式[①]

旅游集散中心从本质上说是具有一定公共产品属性的旅游服务形态。现实发展表明，地方政府对此事介入程度的深浅，成为影响当地集散中心成本的关键因素。根据徐菊凤的研究，根据政府介入程度和介入方式的不同，中国的旅游集散中心主要有三种模式。

（一）政府主导型模式

这种模式颇具代表性的是上海和杭州。上海旅游集散中心创立于 1998 年，体制上是隶属于市政府的事业单位，有 1800 万元的财政资金支持，由市长直接指导，市旅游行政部门具体主导执行，交通和公安等部门配合。中心最初只开通 10 条旅游专线，由于知名度不大，社会认可度不高，曾经历了 3 年的亏损。其后经过不断完善，特别是 2000 年"五一"黄金周期间，其巨大的旅游客运能力不断显现，使其知名度大增，最终成为上海市民和访沪散客短途旅游的首选，也成为中国城市旅游集散中心的典范。作为政府工程，中心首先要实现社会性目标。为了保证信誉，坚持即使只有 1 个客人也要按既定时间发车；有时为了响应政府号召，还要拓展旅行社不愿经营的微利或新型旅游

---

① 主要参考：徐菊凤.旅游公共服务：理论与实践［M］.北京：中国旅游出版社，2013；另外适当补充了一些 2013 年之后的资料。

线路，同时，还要与旅行社擅长的中长线团队游业务不冲突，以免产生不公平竞争。从组织结构上，上海旅游集散中心包括旅游集散场站、客运车队、旅行社、管理总部四个组成部分。其中，旅游集散场站和旅行社是国有旅游企业性质，客运车队由合约招标企业构成，管理总部则是事业单位性质，具有行政管理职能，从而形成了一种"行政＋事业＋企业"的混合式组织结构和管理模式。2015年之后，上海旅游集散中心逐渐剥离经营业务，更多强调为旅游景区、旅游酒店、旅行社服务，将旅游集散业务委托给其他市场主体经营，而主要集中从事服务标准和市场规范工作，转型成为为企业服务的公共平台，自身也日渐成为一个由政府全额拨款的事业单位。

杭州旅游集散中心成立于2003年，是市政府大力支持并直接提议建立的新型国有股份制企业，由当地最大的国有旅游集团公司主导并作为大股东，市公交公司、旅游客运公司、长途客运公司3家共同入股组成。这也是杭州市政府为方便中外游客出游而办的一件实事，被作为杭州市重点旅游基础设施列入当年杭州市政府工作报告。杭州市财政拨付启动经费1500万元，此外，每年另拨200万元用于补贴集散中心同时承担的杭州旅游咨询中心的业务和职能。杭州旅游集散中心也从亏损转为开始盈利。从体制和职能上看，杭州旅游集散中心虽然是国有股份制企业性质的建制机构，但被政府赋予了散客服务和管理的公共职能。它虽然为国企，但由于承担了公共服务职能（类似香港的公营机构），也以社会效益为优先目标，在有利润的情况下，经常开展一些公益性优惠活动，还利于民。在遇到集散中心难以解决的重大问题时，市政府也会直接出面协调解决。例如，寻求场站地点、协调放回被扣押的运营车辆，在关键地段设立集散中心的指引牌或广告牌等。从组织架构看，杭州旅游集散中心由旅游集散场站、旅游客运公司、旅游咨询中心三部分构成。其中，旅游客运公司为股份制企业，旅游集散场站和旅游咨询中心为国有企业，兼行政服务职能。从2004年开始，为缓解节假日期间城区车辆过多造成的交通拥堵，应杭州市政府要求，该场站增加了换乘功能，更好地发挥了中心的散客集散功能。2007年10月1日，旅游集散中心设置由黄龙、省人民大会堂、紫金港、之江四个换乘点和武林广场、吴山广场两个短驳区间站组成的城市换乘系统。目前，杭州旅游集散中心已经成为长三角地区规模最大的集散客自助旅游、单位团队旅游、旅游信息咨询、旅游集散换乘、景点大型活动、客房预订、票务预订等多种功能为一体的"旅游超市"。由于场地租约到期以及筹备2022年（杭州）亚运会的场馆改造施工，2019年位于黄龙体育中心的旅游集散中心搬迁到西溪天堂继续服务，保留换乘、旅行社等功能，取消客运场站功能，不再提供客运服务。

（二）政府引导模式

这种模式比较有代表性的是成都和北京。成都旅游集散中心成立于2006年，是在原来已经具有较高知名度的新南门旅游客运站（1998年更名为成都旅游客运中心）的基础上改造成立的，也是在创建中国最佳旅游城市的背景下，由成都市政府引导，由市交通委员会和四川省汽车运输成都公司主导完成的。成都旅游集散中心是四川省内最大的公路旅游运输主枢纽车站，也是全国第一个公路普通客运向旅游客运转变的客运汽车站。在实际运营中，既有开向成都市郊区的洛带古镇、龙泉驿、黄龙溪古镇、平乐古镇、青城山等旅游景区的短途班次，也有前往外眉山三苏祠、峨眉山景区、乐山大佛、蜀南竹海、九寨沟、康定跑马山等成都市外知名旅游景区的班次。在成都模式中，大体实现了旅游专线与普通模式的结合。2017 年 1 月，成都又在东客站设立了一个旅游集散中心，以"客运＋旅游"的模式开通了黄龙溪古镇、新津花舞人间、大足石刻、贵州黄果树瀑布等 13 条班车自助游线路以及泸沽湖、武隆、龚滩等常规旅游服务，共计 41 条旅游线路。其模式大体与位于新南门的旅游集散中心相似。

北京旅游集散中心成立于 2005 年，是在当时的市旅游局等政府部门的共同推动下，在"游"字头旅游专线运营 10 年（1995 年开通）失败之后，按照政府引导、企业经营、市场化运作的管理和建设模式，由 5 家客运企业、1 家旅行社和 1 家文化公司组成的股份制企业。大股东为北京公交集团下属的巴士股份公司，政府没有投入启动资金。作为一家国有股份制企业，北京旅游集散中心自负盈亏之余，还承担政府赋予的遏制一日游"黑车"的使命。从设立之后的运行情况看，北京旅游集散中心没有达到上海、杭州、成都旅游集散中心的效果。

（三）市场主导型模式

这一模式普遍采取了市场化的企业体制模式，政府的支持只体现在官方引导和认可。虽然被冠以"旅游集散中心"的名称，但实际功能和业务范围却近似普通旅行社或旅行社超市，某些地方则类似旅游客运专线。徐菊凤分析了深圳旅游集散中心的例子。2006 年深圳旅游行政部门委托深圳中国国际旅行社办理专营深、港、澳及周边安心游，之前约定政府为其提供旅游集散场站、旅游集散中心名称、宣传促销经费补贴、协助企业在进入宾馆酒店的商务中心和前台设立业务点，但实际上政府只实现了前面两项约定。由于缺少政府的有效支持，造成其经营困难。后来因香港旅游发展局将其作为在深圳唯一指定的"优质诚信香港游"发布中心，给予其优惠价格，并委托其发布香港旅游发展局的宣传资料，才得以逐步发展起来。徐菊凤认为，作为市场主导型模式，深圳旅游集散中心并不是一个有代表性的例子，她还列举了这一模式下的武汉旅游集散中心（2000 年成立）、宁波旅游集散中心（2002 年成立），都不太成功。徐菊凤认为，市场化模式的旅游集散中心只是一种噱头。政府如果只想通过牵线、游说、赋名等简单方式完成复杂的公共服务，本身就是一种不认真、不敬业的做法。即政府的公共服务职能其实并不能通过完全市场化的方式来实现。

总体来看，政府主导的模式更为成功，这也最符合旅游集散中心准公共产品的属性。

三、旅游集散中心分级体系的构建

旅游集散中心要有效发挥作用，比较理想的做法是根据不同的需求，形成不同级别的旅游集散中心，一方面有助于形成旅游公共服务合力，避免"孤军奋战"；另一方面也有助于各地因地制宜，根据实际情况确定旅游集散中心的规模和功能。2015年国家旅游局发布的国家标准《城市旅游集散中心等级划分与评定》就围绕功能分区、设施设备、服务要求、运营管理，将城市旅游集散中心划分为3个等级，从高到低依次为一级、二级和三级。如对一级城市旅游集散中心就要求：候车厅面积应大于300平方米；停车场总面积不小于5000平方米；应提供40条以上旅游线路，日均客流量在400人次以上。二级和三级旅游集散中心则分别要求：车厅面积大于150平方米和大于50平方米；停车场面积不小于2000平方米和不做要求；旅游线路提供20条以上和不做数量要求；日均客流量在200次以上和不做数量要求。

案例 4-5

南京的三级旅游集散体系

为推动南京旅游业发展，方便市民"走出去"，并把外地游客"引进来"，南京编制《南京市旅游集散体系规划》，并逐步形成了较为完备的旅游集散体系。南京先后建成长途东站集散中心、南京南站集散中心（全域旅游集散中心）等一级旅游集散中心。在长途东站集散中心，集中了南京近郊和周边的200多条线路，覆盖了江、浙、沪、皖、赣等地的短途游以及南京近郊乡村游，占全市同类产品市场份额的六成。从2016年开始运营两年多，已接待游客超过60万人次，其中大部分是南京市民。2018年开业的南京南站集散中心，主要针对高铁、空港落地及长途客运旅客的旅游集散，通过南京南站这个枢纽平台，实现高铁、地铁、城市公共枢纽之间的无缝对接；同时也服务南京市民的周边旅游，为游客和市民提供旅游交通和旅游信息等配套服务。此外，南京南站集散中心还配套了南京环城游巴士10条精心定制的环城游线路，提供将南京景点串点成线、串线成网的穿梭巴士的体贴服务。除了3个一级旅游集散中心，南京还建设了江宁区全域旅游集散中心、秦淮区全域旅游集散中心、禄口国际机场咨询中心等二级旅游集散中心，中山陵园风景区、夫子庙—秦淮风光带、牛首山文化旅游区游客中心等约50个三级旅游集散点，初步形成全市三级旅游集散体系。

四、旅游集散中心面对的挑战和创新

尽管旅游集散中心的发展取得了较大成效，但从旅游集散中心未来的发展看，也依然面临不少的挑战和困难。主要有：一是自驾游的快速兴起以及多种交通方式的发展，使得旅游集散中心面临较大的分流压力。二是作为一个半公共产品，旅游集散中心承担的公共服务功能和市场化运作之间如何协调，即如何既保证提供令社会满意的优质公共服务，又通过市场机制激励集散中心的职员，这也是在现实中需要平衡的问题。三是旅游集散中心经营的旅行社业务难免会与其他旅行社形成竞争关系，如何保证其在不损害市场公平竞争环境的前提下，让重资产运营的集散中心扬长避短，在市场竞争中保持持久的竞争力。

从未来旅游业集散中心的创新发展看，一是需要进一步理顺政府与市场之间的关系，在加大政府投入和支持的同时，通过更为科学的制度安排，提高旅游集散中心自身的"造血"能力。二是要进一步实现旅游集散中心功能的复合化，最大限度地盘活旅游集散中心的空间资源和客流资源，实现旅游集散中心的价值。三是要进一步加强现代技术在旅游集散中心的运用，特别是要实现线上线下的有机融合，通过大数据等先进技术提高旅游集散中心的运营效率。

案例 4-6

大同旅游集散中心的创新之路 [①]

大同市旅游集散中心是大同市文化和旅游局监管下的综合型文旅运营平台，成立于 2015 年，经过多年探索，逐步形成了"一体两翼"的发展模式。除旅游公共服务咨询、旅游直通车、旅游地接这三项核心功能外，还是兼具文旅开发和旅游网络平台于一体的综合型旅游服务平台，通过线下旅游服务和线上旅游平台为游客提供线路、票务、住宿、导游、汽车租赁等服务。

一体——大同市旅游集散中心：通过旅游直通车的核心优势，承接城市公共咨询服务和旅游地接业务，线上、线下累计接待游客咨询服务 212.36 万人次，其中公共服务接待占 80%。大同市旅游集散中心通过发挥自身核心优势，为来大同的游客提供传统旅游服务，为团队企业提供车辆、会展和节事活动服务，同时为旅行社同业提供线路批发服务，这使得大同市旅游集散中心既是具备公共服务职能的服务中心，又是具备市场化运营功能的旅游企业。

两翼——大同智慧旅游平台：大同市旅游集散中心在创建伊始，便已经上线"大同

---

① 主要参考：李迎东，李柏臻.旅游集散中心的市场化创新之路——以大同市旅游集散中心为例［J］.中国旅游评论，2020（3）.

旅游网"，作为城市搭建智慧平台入口，成为向来大同的游客提供"全域旅游公共服务＋旅行商城"的在线服务平台，同时在"大同旅游网"的升级平台"大同游玩总入口"旅行商城的基础上，拟建成以游玩助手、公共服务、旅行商城为三大核心功能的"大同文旅在线"服务平台。以此为依托，逐渐面向景区、酒店、餐厅开放数据平台，形成一个城市体量的系统化的智慧旅游联网平台。未来这一平台一方面将成为大同市城市旅游的官方总入口，承载政府公共窗口职能；另一方面担负着大同市城市旅游的整体品牌营销，以平台思路，汇集大同各方旅游资源，通过线上平台对资源进行整合营销，提升城市整体旅游品牌IP，形成一个城市旅游品牌的整体输出。

两翼——山西蓝景田园文旅：大同市旅游集散中心以山西蓝景田园文化旅游有限公司为发起点，联合大同市休闲农业与乡村旅游协会等各方资源，为大同市的四区六县打造属于每个地方自己的，具备不同文化属性的节庆活动。目前已经成功策划并举办了"阳高杏花节""广灵点谷节""灵丘花塔首届乡村艺术节"等不同特色节庆活动，并逐渐打造"月月有节庆、周周有活动"的大同农业文旅IP新模式。

第三节　城市旅游交通系统

城市旅游交通系统，主要是指旅游者进入到城市内部，在依托社会交通系统之外，通过主要针对旅游者的城市旅游交通服务来增加便利，获得不一样的旅游体验。本节主要讨论观光巴士和旅游停车场两方面内容。

一、观光巴士

作为一种主要面向城市市区游客的市内旅游交通工具，观光巴士起源于1914年的英国，随着多年的发展，正受到越来越多旅游城市的重视。

（一）旅游观光巴士的作用[①]

一是提高出行舒适度，推动旅游交通供给侧结构性改革。目前，我国诸多城市的旅游交通现状是：缺乏专门的旅游出行交通工具；景区、商业街、城市景观、娱乐场所之间的交通衔接不便且多换乘，导致旅游者出行效率低、体验差；现有交通工具存在发车时间和发车频率不固定、发车间隔时间长、服务内容不足、服务质量低下等问题，严重影响旅游者的出行便捷性和舒适度。城市观光巴士具有串联城市中旅游吸引物的功能，将城市中分散的旅游要素和旅游资源进行一体化整合，从而为旅游者提供更加便捷和

---

① 主要参考：张玲玲.从优质旅游视角看城市观光巴士的特点与作用［N］.中国旅游报，2019-09-17.

舒适的旅游出行方式。此外，城市观光巴士采用固定发车与停靠站点、固定发车与等待时间、固定线路的运营模式，并为旅游者提供多样化的配套服务内容和高品质的服务质量，致力于改善城市旅游的交通便捷性和游览舒适度。城市观光巴士弥补了普通公交、旅游公交和旅游大巴等交通工具在线路串联、运营时间、服务质量等方面存在的不足，可以提升旅游者进行旅游活动的便捷性和舒适度，进一步改善城市旅游交通的便捷服务体系，促进旅游交通与城市公共交通的有效互补。

二是升级城市一日游，促进旅游供给体系的进一步优化。城市一日游是城市文明和城市形象的展示窗口，为旅游者提供了一种经济省时快捷的旅游出行方式。旅游者通过参加城市一日游可以在短时间内了解城市历史文化、领略城市魅力。城市一日游因其具有高效便捷、经济实惠等特点而深受旅游市场欢迎。然而我国城市一日游迅速发展的同时也出现了不少问题：部分城市的一日游存在管理较为混乱、随意增减游玩项目、强制购物、敲诈旅游者等现象。这些问题严重危害旅游者的利益，损害城市的旅游形象，进而影响当地旅游产业的健康发展。随着散客化时代的到来，人们更加倾向于旅游活动的灵活性、自主性和个性化，自助游市场愈发壮大。然而，目前我国大部分城市的公共交通服务还无法充分满足市场的需求，存在出行多换乘、发车时间不固定、班次少、服务质量差等问题，严重阻碍旅游者的自助游出行。城市观光巴士作为我国城市旅游交通的新宠，具有线路设计串联各旅游要素、发车时间固定且班次多、服务内容多样化和服务品质高等特点，为旅游者提供了更加便捷和舒适的旅游出行方式。

三是连接旅游产业链，助力景区旅游向全域旅游的转变。城市观光巴士通过把城市中主要景区景点、餐馆、酒店、商业区、购物店、娱乐场所、交通枢纽等旅游要素和旅游资源串联起来，形成集"食、住、行、游、购、娱"于一体的城市"慢游"交通网络，促进旅游产业链的整合和联结，使得城市旅游不再只是从景区到景区的分散旅游模式，而是向全域旅游模式转变。同时，城市观光巴士可以通过与沿线或周边各旅游要素商家合作，推出旅游产品组合销售的优惠套票，或提供旅游者持票消费合作商家享受优惠折扣的福利，以带动旅游市场的联动消费行为，从而为旅游者提供更加经济实惠和便捷舒适的城市游览服务。城市观光巴士作为城市型旅游景观交通工具，是城市旅游交通便捷服务体系建设的主力军，能够促进旅游交通与城市公共交通的有效互补，实现旅游要素整合与旅游产业链连接，从而推动以旅游交通为核心的旅游产业提质升级，助力景区旅游向全域旅游转变，最终助力优质旅游的发展。

（二）观光旅游巴士的发展

城市旅游观光巴士属于城市公共旅游交通的一部分，一般由当地交通部门主动开发，或者旅游部门协同交通部门开发。伦敦的"原始之旅"观光巴士由伦敦运输局在 1951 年设立，东京的和平鸽观光巴士也多次获得东京政府注资。根据徐菊凤等的研究 ①，观光巴士多为双层车型（多为敞篷），鲜艳车身，一票在手、随上随下的票制，串联城市标志性建筑、广场、景点、街区的路线设计，附带多语种解说服务的导览功能。目前，国际上已有 80 多个知名旅游城市开通了旅游观光巴士。国外城市观光巴士普遍具有路线多、发车间隔短、票制丰富、服务质量高、标志明显等优点，多由地方公共部门主导设立，主要由目的地城市的管理公司和公交巴士公司经营，大部分公司在经营城市观光车时，既接受政府的管制，又接受政府一定程度的扶持。中国观光巴士始于 20 世纪 90 年代末，存在两种类型的探索：一种是提供讲解、观光服务的观光巴士，票价较高，属于典型的观光巴士；另一种是串联了城市主要景区的通勤性公交线路，不提供讲解服务，票价低，高峰期拥挤，如许多城市以"游"字命名的公交线。后一种类型显然不属于真正的观光巴士，只是兼有城市旅游交通性质的普通公交。前一种符合国际标准的观光巴士的运营，在我国多个城市进行过反复性探索（如上海、厦门、珠海），初期由于产品定位不清、运行机制不畅、市场认可不足而生意冷清，最终中止运营，直到 2010 年上海世博会期间特许两家机构同时开通才获得成功。在它的带动下，其他一些城市的观光巴士也步入稳定发展状态。据不完全了解，截至 2017 年 9 月，我国至少有 11 个知名旅游城市开通了符合国际标准的观光巴士，并进入稳定运行阶段，它们是上海、天津、北京、厦门、大连、广州、洛阳、重庆、青岛、西安、济南。上海的观光巴士运行线路也从最初的 4 条扩展到目前的 10 条（见表 4-5）。

表 4-5　国内外若干城市观光巴士运营状况

城市	线路	线路 / 公司名称	票制	发车间隔	服务内容
伦敦	3 条	The Big Bus（London City Tour）	1~2 日票	20 分钟	交通 + 多语种讲解 + 门票
	6 条	Original Tour	日票	30 分钟	交通 + 人工讲解 + 泰晤士游船
纽约	4 条	City Sightseeing	1~3 日票	30 分钟	交通 + 多语种讲解（多日票含景区）
	4 条	The Big Bus	日票（老幼优惠）	15~30 分钟	交通 + 人工讲解
	1 条	New York Water Taxi	日票	45 分钟	交通 + 人工讲解 + 免费市区酒店接送
巴黎	4 条	Paris L' Open Tour	1~2 日票	10~30 分钟	交通 + 多语种讲解

---

① 徐菊凤，王娜，肖雪 . 北京城市观光巴士市场需求与满意度研究［J］. 旅游论坛，2018（4）.

续表

城市	线路	线路／公司名称	票制	发车间隔	服务内容
东京	3 条	东京梦下町	次票、日票	20~25 分钟	交通＋多语种讲解
	9 条	日之丸利木津公司（天空巴士）	SKY HOP BUS 日票、SKY BUS TOYKO 次票	70~80 分钟	交通＋多语种讲解
	2 条	和平鸽巴士旅游公司（哈多巴士）	次票		交通＋多语种讲解
香港	4 条	The Big Bus	次票、日票	20~30 分钟	交通＋多语种讲解
上海	5 条	春秋国旅（都市观光、轮渡）	日票	20 分钟	交通＋多语种讲解
上海	5 条	上海都市黄金旅游圈（黄浦区政府与 The Big Bus 合作）	1~2 日票、次票（景区套票）	30 分钟	交通＋多语种讲解＋景区门票
北京	3 条	北京旅游集散中心	次票（1、2 线公交卡优惠）	滚动发车	交通＋人工讲解＋北京一日游线路介绍
天津	2 条	天津交通集团与河北区文化公司联合运营	日票	60 分钟	交通＋人工讲解
厦门	2 条	厦门特运集团	日票（全程）、次票（分段）	30~60 分钟	交通＋自动讲解
济南	3 条	济南公交旅游公司	次票（团体优惠）	30 分钟	交通＋人工讲解＋大碗茶

（三）观光旅游巴士的管理

观光旅游巴士要有效发挥作用，除了建设和运营，还需要政府部门有效的管理，近年来国内一些旅游城市在这方面做了探索。这其中比较具有代表性的是知名旅游城市青岛。青岛于 2011 年由交运温馨巴士公司率先开通山东省第一条双层观光巴士线路，目前拥有山东省规模最大、最具影响力的都市观光巴士系统，双层观光客运市场占有率位列省内第一。为提升观光巴士管理水平，2017 年青岛市发布了《青岛市观光巴士设施与服务规范》（以下简称《规范》），就观光巴士总体要求、车辆设施、服务规范、智能信息服务、站点设施、运营安全、设施与服务评价的要求以及投诉处理的流程等进行了规定。在发展原则方面，《规范》强调以安全第一、资源导向、以人为本、效益兼顾、绿色环保作为运营原则，同时以向乘客提供"安全、舒适、便捷、人性化服务"为原则，并以顾客为关注焦点，尽可能地满足乘客在乘车过程中的观景、休闲、信息获取等合理要求。在服务质量保障方面，《规范》对观光巴士车辆设施的基本要求、技术性能、服务设施、安全设施和标志标识提出了规范要求，明确规定了观光巴士司乘人员的营运服务规范、车辆卫生、智能信息服务要求，同时围绕青岛的旅游城市特点和观光巴士特性，规范了观光巴士的站点设施、运营安全和服务监督评价等内容，还规定了观光巴士投诉率应不高于 1 次 /10 万人次，同时规定了运营企业应每年至少开展 2 次乘客满意度调查。在突出特色方面，《规范》要求有别于其他旅游交通运营客车，依据安全第一、资源导向、以人为本、效益兼顾的原则，在条件成熟、旅游资源突出的区域设置观光巴士线路，同时规定了车辆线路、车体外观、车辆座椅、车票设计、车内设施、语音播报、导乘服务、行驶时速等要求，充分展现旅游观光需求特性。

案例 4-7

"苏州好行"观光巴士的探索

"苏州好行"是苏州 2015 年新推出的特色旅游观光巴士，是苏州全新打造的散客旅游服务平台、城市旅游发展平台、旅游资源整合平台和旅游新业态产业平台。"苏州好行"始终坚持为来苏游客提供纯玩无购物的正面旅游产品，在线路优化、业务拓展和服务提升上下功夫，2018 年全年共接待游客 69 万人次。其主要做法有：

一是优化运行线路。2018 年在市区原有的 3 条线路基础上，于 7 月份合并为一条线路，既方便游客辨识，又打通虎丘、火车站旅游集散中心、留园、山塘街、西园、寒山寺、枫桥至游船码头的线路，逐步形成市内线（好行 1 号线）、市郊线（东、西线）、季节性线（天平山赏枫、香雪海赏梅）、景区线（树山村线）几类线路。二是积极拓展业务。"苏州好行"积极对接世纪游轮，以质优价廉的旅游产品和服务承接世纪游轮到苏州的游览安排，全年增加营业收入 32 万元。同时，利用好行车辆承揽车身发布和旅游有关的广告。通过招标获得园区星海中学、东沙湖学校的学生社会实践项目。三是开展线上销售。成为携程城市目的地旅游通的苏州唯一供应商，并通过线下人员的引导争取线上的交易。四是开辟美食专线。经过半年的车辆改装、线路的确定、小吃品种和供应商的确定，"苏州好行"美食专线 2018 年年底正式上线运营。美食专线是一个美食＋美景＋美好生活的"古城新城双面绣"专列，让游客在短短 100 分钟的旅程中，穿越苏州 2500 多年历史，领略江南古风，品鉴苏式美食。

二、旅游停车场

从旅游公共服务的角度看，旅游停车场也是一个重要的内容，特别是在自驾游快速兴起的时代，停车场成为制约旅游业发展的重要"瓶颈"。因此解决停车场问题，也成为各地在改善旅游公共服务中关注的热点问题。从城市内部及周边旅游交通服务的角度看，旅游停车场问题主要体现在两个方面：

（一）乡村旅游停车场

过去乡村地区没有发展旅游业的时候，不涉及停车场的问题。随着乡村旅游的快速发展，一些乡村旅游点停车场不足的问题制约了乡村产业发展。一些地方尝试以乡村振兴为契机，推动乡村旅游停车场建设取得了一定成效。如2019年浙江制定的《新时代美丽乡村建设规范》地方标准中，除了有乡村旅游产业发展的要求，也明确提出，"利用空余场地、道路周边、农户庭院等，科学规划布设停车场（位），户均车位数达到1个以上"。依托"美丽乡村"建设，浙江乡村旅游停车场问题得到一定程度缓解。目前，全国层面在乡村旅游停车场方面还没有非常明确的政策，如何突破和创新土地政策来解决这一矛盾也是未来乡村旅游发展的重要课题。

（二）城市旅游停车场

从严格意义上说，并没有城市旅游停车场的提法，此处提到的城市旅游停车场更多是指如何协调市民和游客停车的矛盾，尽最大可能满足自驾游游客的停车需求。在实践中，主要有两种方式。一是提高增量，主要的方式是依托旅游集散中心增加一些停车位。比如，苏州市、杭州市旅游行政部门与公安、交通等部门合作，在城市入口处或集散中心建立交通换乘中心，为自驾车游客提供免费换乘，以缓解城内停车问题。湖南凤凰县结合新建游客服务中心配套建设4000个车位的智慧停车场。桂林对鼎富旅游集散中心改造提升后，停车场可停放50辆大巴、400辆小客车。二是盘活存量。城市停车位不足是多数城市发展的共性问题，在资源有限的情况下，只要不限制外地车牌进入城区，旅游者在热点旅游城市停车难的问题不可能得到根本解决。由于旅游活动主要集中在节假日，节假日也是自驾出游的高峰，因此解决这一问题的思路则转化为重点解决节假日特别是黄金周自驾车旅游者停车的难题。除了在节假日期间，利用城市内部的空地建立临时停车场以缓解停车位紧张的问题之外，目前较为有效的做法是将节假日期间不上班的机关、企事业单位闲置的停车位向旅游者开放。比如，成都市都江堰在节假日期间将市委办公区、市政府办公区、市人大办公区、市应急局、市住建局、幸福街道办事处、玉堂街道办事处、市水务局、市行政审批局（市政务服务中心）、市市场监管局、青城山镇人民政府等12家单位办公场地的900多个停车位向游客免费开放；在各点位增设党员志愿服务岗，向游客提供更好的旅游服务。再如，从2019年开始，扬州市委、市政府在清明、五一、国庆期间，免费开放机关大院；还向游客开放机关食堂，不仅便利了游客，而且塑造了政府开放亲民的形象。

第 五 章

旅游公共信息服务

【主要内容】

旅游公共信息服务的主要范围，旅游咨询服务中心的发展、特征及内容，智慧旅游信息服务的发展特点和趋势。

【引导案例】

国家层面对旅游公共信息服务的重视

旅游公共信息服务是旅游公共服务的重要内容，国家层面很早就开始重视旅游公共信息的提供。1993 年 7 月，国家旅游局出台《关于建设旅游者咨询中心的指导意见》，提出"建设旅游者咨询中心是各地旅游局的一项重要工作，是各地旅游行政管理机关设立并管理的，无偿为海内外散客旅游者提供信息咨询服务的公共事业机构。旅游者咨询中心是事业单位，资金由行政事业费拨款，财务预算规模、收支情况接受同级旅游行政管理机关的监督、审计和绩效考核"。按照这一要求，1994 年，桂林率先成立全国首家旅游咨询服务中心，之后，上海、北京、大连、杭州等旅游热点城市纷纷成立旅游咨询服务中心。

2010 年，国家旅游局出台《旅游信息咨询中心设置与服务规范》国家标准，强调旅游信息咨询服务中心是政府单独或与其他地区或机构联合设立的公共服务设施，所提供的信息和咨询服务是公益性的或免费的；旅游信息咨询中心的选择应该以满足旅游者需求为原则，优先考虑旅游者最需要信息服务的地点和场所，包括机场、火车站、客运码头、中心广场、主要交通干线的入口以及景区等游客集散地。

2013 年出台的《旅游法》明确提出，国务院旅游主管部门和县级以上地方人民政府应当根据需要建立旅游公共信息和咨询平台，无偿向旅游者提供旅游景区、线路、交通、气象、住宿、安全、医疗急救等必要信息和咨询服务。设区的市和县级人民政府有关部门应当根据需要在交通枢纽、商业中心和旅游者集中场所设置旅游咨询中心，在景区和通往主要景区的道路设置旅游指示标识。

伴随信息技术的快速发展，国家层面对旅游公共信息服务的重视不再局限于旅游咨询服务中心，而是开始重视智慧旅游信息服务。2012年6月，国家旅游局在《关于进一步做好旅游公共服务工作的意见》中提出，充分利用现代信息技术，整合旅游公共信息资源，加强旅游重要信息发布，拓宽旅游公共信息发布渠道，不断扩大旅游公共信息服务的覆盖面，提高服务水平。这也意味着我国基本形成了线下的旅游咨询服务中心和线上的智慧旅游信息服务相互结合推动旅游公共信息服务的格局。

不同于旅游企业提供的商业化信息服务，旅游公共信息服务一般是旅游目的地政府向到访旅游者提供的与旅游活动相关的权威、客观、免费的信息。本章主要从旅游咨询服务中心和智慧旅游信息服务两个维度阐述和分析相关问题。

第一节　旅游咨询服务中心

随着旅游业的持续发展，特别是散客旅游市场的迅速崛起，对旅游公共信息的需求快速增长。由于外地游客对旅游目的地信息的熟悉情况远不如本地居民，加之旅游公共信息不同于一般生产生活信息，有自身的特殊性，因此为旅游者提供涉及旅游活动各个方面的公共信息愈发成为旅游城市关注的重点领域，这也使得旅游咨询服务中心应运而生，并得到快速发展。在全世界许多旅游城市的机场、码头、商业场所等人流较为集中的区域，以"i"（information）为标志的旅游咨询中心或旅游咨询点，在为旅游者提供交通、观光、购物、娱乐等综合性旅游信息的同时，也成为体现旅游城市开放度的一张亮丽名片。旅游咨询服务中心的名称各异，有的称"游客信息中心"（Visitor Information Center）、"访客中心"（Visitor Center）、"游客中心"（Tourist Center）或"旅游信息中心"（Tourist Information Center）等，但提供的服务都大体相同。

一、外国旅游咨询服务中心简要

一般而言，旅游咨询服务中心的发展，与一个国家经济社会发展和旅游业发展水平相关。正因为如此，市场经济发达的国家在旅游咨询服务方面也走在了世界各国前列。1896年，美国就开始设立旅游咨询服务机构，是世界上最早设立旅游咨询服务机构的国家，随着大众旅游的兴起，旅游咨询服务中心开始在世界经济发达国家逐渐普及。

根据徐菊凤等对巴黎、东京等地旅游咨询服务中心的调研[1]，巴黎和东京都形成了

---

[1]　徐菊凤.旅游公共服务：理论与实践［M］.北京：中国旅游出版社，2013.

较为完备的旅游咨询服务体系。巴黎市区两级的"游客中心"（Tourist Office）由巴黎非营利性组织——巴黎旅游和会议促进署主导并运营。游客中心分布在城区各主要旅游区，是城市与旅游散客最直接的交流互动空间。位于卢浮宫北的游客中心办事处免费提供各类旅游咨询服务，包括旅游目的信息资料、专业的旅行信息杂志、其余旅游相关的产品介绍，也提供少量有偿服务，如代售博物馆套票等；中心还特别提供非常专业的旅游指导手册 *Paris for you*（见表 5-1）。

表 5-1　巴黎城市旅游指导手册的功能和内容

条目	内容	功能
1	巴黎节事类活动一览表，包括会展、节事、交易会、运动、展览等信息	节事推介
2	介绍巴黎 12 个最具代表性的景区和新的旅行发现	经典与新景区介绍
3	介绍塞纳河的多种旅游方式：乘小船、游船、徒步、自行车等	引导新的旅游方式
4	根据旅游者的不同需求和不同状态介绍徒步游巴黎的多种方式	引导新的旅游方式
5	12 个不同主题的徒步游览方式，如短暂游巴黎的旅行方式、艺术家游巴黎的方式等	个性化游览方式
6	为旅游者提供全方位信息的地址簿	实用信息提供

除了中心办事处，在其他著名景区、火车站等都设有游客中心。同时各区也有自己的游客中心，主要提供各区特色的旅游信息。而博物馆、景区等旅游目的地咨询中心则由各单位主办，主要提供该处的专业信息和游客导览服务。

东京有三个大的旅游信息服务中心，分别是位于东京都厅一层的都厅旅游信息服务中心总部、位于羽田机场国际航班二楼候机大厅的羽田旅游信息分部、京成上野地铁检票口的旅游信息分部。旅游信息中心主要为游客提供以下服务：介绍推荐东京市旅游、推荐旅游景区和线路、提供交通咨询、介绍市内住宿设施、销售旅游纪念品和门票、发放旅游手册、介绍义务导游员。此外，东京市内还有 150 个旅游信息咨询窗口，分别设置在东京各区町村的街道、旅游景区或酒店旅馆等地，这些地点的工作人员都是义务导游员。游客可以免费从这里领取到东京市内的旅游指南、交通图，还可以获取各种与旅游相关的信息。这些旅游信息咨询窗口配有统一标识，便于游客寻找和咨询。

二、中国旅游咨询服务中心发展情况

（一）港台地区旅游咨询服务中心发展情况

相较于内地，港台地区经济发展起步较早，旅游发展的国际化程度较高，在旅游咨询服务中心发展方面更快地与国际接轨，走在了中国旅游咨询服务中心建设的前列。

1. 香港旅游咨询服务中心情况 [①]

根据记录，香港最早于 1959 年就在中环天星码头、九龙半岛酒店以及香港启德国际机场等地点设立了旅客咨询柜（旅游咨询中心），当时主导开设的机构是香港旅游协会（香港旅游发展局的前身）。2010 年，香港开设人工旅游咨询服务的站点有 5 个，分别在香港国际机场出口、罗湖口岸入境大堂、港铁铜锣湾站、太平山露天广场、尖沙咀天星码头。除了 5 个人工服务的咨询网点，香港旅游发展局还分别于香港国际机场抵港层以及深圳湾口岸设有 5 个免费旅游资料架，以便旅客于抵港后第一时间取得实用旅游咨询。

香港旅客咨询中心工作人员都是香港旅游发展局正式员工，其录用标准是：持有大学学历、性格开朗、至少会两种语言（含普通话），最好具有至少 2 年旅游业一线工作经验。这一录用标准远高于内地城市旅游咨询员的要求。

香港旅客咨询中心的场租、设备、免费资料、员工工资，都由香港旅游发展局承担，全部来源于财政。所有咨询点选址必须在客流密集的游客必经之地，由旅游发展局亲自选点，为了方便选址和降低租金，他们必须与相关场地主管机构反复协商，本着互惠互利原则合作，如替机场买断一些机场快线的票；如果协调有困难，必须由更高层机构出面，他们也可以提出申请。

香港旅游咨询点有丰富多样、便于携带的旅游手册、小折页、旅游地图和主题旅游资源，既有综合性的《香港旅游手册》《香港旅游锦囊》《香港漫步游》，也有游览、购物、交通、餐饮美食等分类信息，如《香港文化万花筒》《香港亲子游》《味游香港》，以及提示类旅游资料《个人赴港旅游须知》《香港购物饮食优质保证》。咨询中心工作人员服务态度和蔼可亲，回答问题耐心细致。此外，像机场咨询点的员工不再坐等游客咨询，而是主动服务，主动发现游客需要，并为游客提供免费查询和资料下载服务。

2. 台湾旅游咨询服务中心情况 [②]

经过多年的建设，台湾的旅游咨询服务中心已形成较为完善的布局、服务和管理格局。一是在咨询中心布局和体系构建方面，台湾"观光局"所设立的旅游咨询中心主要有以下四类：（1）旅客服务中心，指由台湾"观光局"依据统一形象识别系统建置的观光旅游咨询及信息服务据点。目前有"观光局"旅游服务中心、桃园国际机场旅客服务中心、高雄国际机场旅客服务中心 3 家。主要为游客提供台湾观光咨询服务、旅游资料索取、申诉处理、紧急通报等服务内容，全年无休。（2）旅游服务中心，指由台湾"交通部观光局"补助或协助地方政府或相关单位在全岛主要航空站、火车站、捷运车站、旅游线路出入门户及重要交通节点，依据统一形象识别系统建置的观光旅游咨询及信息服务据点。目前已建成遍布全岛的 39 家。（3）游客

① 主要参考：徐菊凤.旅游公共服务：理论与实践［M］.北京：中国旅游出版社，2013.
② 主要参考：张娟娟.北京与台湾旅游咨询中心的比较分析［J］.湖南科技学院院报，2016（6）.

中心,指由"观光局"下属的各风景区管理处于辖内重要风景游憩据点,依据统一形象识别系统建置的观光旅游咨询及信息服务据点。目前已建成15家,主要有游客提供风景区旅游数据、简报或多媒体展示、解说及相关咨询服务等。(4)交通旅游信息服务场站,指于各高速公路服务区及未设旅游服务中心火车站所设立的旅游信息场站。由此可见,台湾地区的咨询中心建设采用多元化设立方式,主要有"观光局"直接出资建设、"观光局"补助或协助地方政府或相关单位建设、由风景区管理处建设等方式。其选址主要集中于机场、火车站、高速公路等游客进出台湾的必经门户以及风景名胜区等游客赴台湾之后的必游之处,可以及时、有效地满足游客的咨询需求。此外,对于不同级别的咨询中心,台湾"观光局"采取差别管理方式,在营业时间、服务内容等方面的要求都有所不同。如在对咨询中心文宣品涵盖内容的管理方面,要求旅客服务中心文宣品的涵盖内容涉及全岛区域;旅游服务中心或旅游信息场站的文宣品涵盖内容则以其所在区域为主;游客中心的文宣品涵盖内容以其所在县市为主。

二是在服务项目和信息管理方面,台湾"观光局"规定,各旅游咨询中心所提供的服务项目应包含以下几个方面:①提供观光旅游相关信息及文宣品;②观光旅游相关咨询服务;③民俗节庆及其他动态活动查询服务;④协助订票、订房服务;⑤游程建议与协助订购旅游产品;⑥可搭配提供地方特产、旅游产品、纪念品贩卖。在信息管理方面规定,区域性旅游服务中心应提供设置地点所在县市及邻近县市的区域性信息服务;地方性旅游服务中心应提供所辖或邻近风景区、游憩据点的详细信息。此外,"观光局"还建立了旅游信息通信交换标准,制定观光旅游信息数据库共通模式及观光信息流通机制,作为各旅游服务中心网站链接的基础,以有效实现旅游信息在全岛的共享流通,更好地满足游客需求。

三是在监督管理方面:(1)台湾"观光局"采取定期考核和向游客发放满意度问卷的方法来加强对各咨询中心的监督检查,先后出台"交通部观光局"辅导地方政府建置旅游服务中心(不)定期督导考核登记表记录表和旅游服务中心服务质量问卷调查表,来规范咨询中心监督检查工作的开展。并于每年年初出台"交通部观光局"年度提升服务质量执行计划,对咨询中心等为民服务机关(单位)的发展实施要项、推动做法、完成期限、预期效益进行具体规定,以推动咨询中心等为民服务单位在新一年的发展。(2)在设施设备管理方面,"观光局"发布《"交通部观光局"辅导地方政府设置旅游信息服务中心作业要点》,对各咨询中心的设置地点、服务内容、人员和基础设施配备、申办程序等做出明确规范;此外,还发布《旅客服务中心、旅游服务中心、游客中心及交通旅游信息服务场站放置文宣品申请须知》来规范对各咨询中心文宣品的发放管理。(3)台湾旅游咨询中心工作人员除了政府雇用的专职服务人员之外,还同各学校外文系、观光休闲旅游等相关专业学生建立中长期的合作,并面向全社会招募志愿者,充分挖掘各方面社会资源来为游客服务。在人员管理方面，"观光局"出台《旅游服务中心服务人员作业手册》，对咨询中心工作人员的服务礼仪（电话礼仪、柜台礼仪）、内部管理（计算机使用管理、文宣管理、数据登记管理）、游客意见处理作业、紧急事件应变处理、相关信息建置、考评作业等进行了具体规定。

（二）内地旅游咨询服务中心发展情况

内地旅游咨询服务中心尽管起步较晚，但是发展非常迅速，一些热点旅游城市，高度重视旅游咨询服务中心工作，把旅游咨询服务中心建设作为完善旅游公共服务和改善城市形象的重要载体，取得了突出的成效。这其中比较典型的是位于长三角的上海和杭州。

1. 上海旅游咨询服务中心情况

上海于 1999 年在黄浦区豫园设置全市首家旅游咨询服务中心。在发展早期，上海旅游咨询服务中心主要设置在各区县繁华地段，这时的城市旅游咨询服务中心的主要功能是信息咨询与城市宣传，展示城市最新动态与都市风采。随着时间的推移与旅游业发展，这些网点也不时地推出新的旅游产品与旅游线路，除现场接待服务、传统的旅游热线外，也增加了多媒体查询设备，开通了旅游咨询网站，提供旅游图书阅览的查询服务等定点服务。这些咨询中心基本由政府拨款，具有纯粹的公益性。随着规模的逐渐扩大，上海旅游咨询服务中心的功能更加丰富、完善。

上海的旅游咨询服务中心以政府全额拨款为主、政企合作建立为辅，是兼有政府认可、企业承担运营的营利性咨询服务机构；实行属地化管理，区县旅游局直接对本区站点进行管理，上海市旅游行政部门对区县站点进行业务指导和监督。经过多年发展，至 2020 年上海市 16 个区共有旅游咨询中心（含咨询站、亭）60 余家，已逐步形成"综合服务中心—服务站—服务点"服务网络，分散于主要交通枢纽、A 级景区以及商圈和人流密集区。2019 年服务中心和咨询点合计发放纸质信息资料 255 万份左右，包括地图、手册、折页、书籍、纪念品和画册五大类。2019 年至 2020 年上半年，全市旅游咨询站点服务 1084.8 万人次，较好地发挥了旅游咨询的功能。

2. 杭州旅游咨询服务中心情况 [①]

2003 年，杭州旅游行政部门出资，委托杭州旅游集散中心开始设立咨询点，为游客提供公益性旅游咨询服务。2007 年 8 月，杭州市旅游委员会成立正处级直属事业单位"杭州市旅游信息咨询中心"，除了旅游信息化建设之外，中心成立后主要开展的工作就包括旅游咨询服务体系建设，在全市范围内推进旅游咨询（分）中心的建设和咨询点的布点工作，负责标准制定、行业管理、业务指导和监督考核。2008 年，杭州市

---

① 部分内容参考：唐剑.城市旅游咨询中心发展模式创新研究——以杭州市为例［J］.山东工商学院学报，2014（5）.

开始推动各个区县（市）及市有关单位设立旅游咨询分中心（点）。目前，杭州已建成 400 多个旅游咨询点，形成主城区和区、县（市）两级旅游咨询服务体系，形成主城区和区、县（市）城乡两级旅游咨询服务体系，包括：公共自行车公司旅游咨询亭 30 个，各酒店及旅游集散中心的咨询点约 200 个，各区、县（市）（含主城各区）咨询点 82 个。

通过多年的探索，杭州市已经初步构建起"统一规划、分级管理，政府主导、企业参与"的两级旅游咨询服务管理体系，主要包括：市本级旅游咨询体系，即杭州旅游集散中心所属的 10 个咨询点和杭州市公共自行车交通服务发展有限公司所属的 100 个公共自行车旅游咨询亭，由市财政负责建设和运维投入，杭州旅游集散中心和杭州市公共自行车交通服务发展有限公司负责具体建设和运营管理，杭州市旅游委员会进行业务指导并对其服务质量进行监督考核；各区、县（市）和市有关单位（杭州经济技术开发区、杭州西湖风景名胜区、之江旅游度假区等）所属旅游咨询体系，由杭州市级旅游行政管理部门统一规划、进行业务指导并对其服务质量进行监督考核，各区、县（市）和市有关单位负责财政资金投入，具体建设和运营管理，市财政给予一定补助。

三、旅游咨询服务中心主要特征

从国内外旅游咨询服务中心发展情况看，大体上有以下五个特征。

（一）政府保障

旅游咨询服务中心虽然可以安排一些营利性服务，但是其本质还是公共产品，因此应该以公益性为主，这就意味着政府保障应该在旅游咨询服务中心中居于主导地位。这种保障作用首先体现在政府的经费投入上面。

在国外市场经济发达国家，政府依然保持了对旅游咨询服务中心的投入，就是因为把旅游咨询服务中心视作一种公共服务。比如，美国各地旅游咨询体系的经费来源构成一般是政府综合财政补贴和基金约占 27%（含在旅游部门的旅游推广费和大型活动费中）；宾馆床位税约占 50%；餐饮商铺税约占 2%；相关经营收入和社会捐助约占 16%；会员费约占 5%。在国内，政府财政投入是旅游咨询服务中心经费的主要来源。比如，北京旅游咨询中心的经费几乎全部来自财政，2020 年财政拨款的经费超过 900 万元。

政府对旅游咨询服务中心的支持除了经费，还包括编制、人员等的保障。目前国内旅游城市的咨询服务中心大都按照事业单位进行管理，同时配套了相应的专职人员。比如，北京旅游咨询服务中心是北京市文化和旅游局下属的公益一类事业单位，内设发展部、管理部、综合部三个科室，主要职责是承担本市旅游咨询服务体系建设辅助性、事务性工作。苏州旅游咨询服务中心为市旅游局下属，属全额拨款机构。

（二）机制灵活

同其他旅游公共服务一样，旅游咨询服务中心的发展主要由政府推动，但是其生产和运营的机制却可以非常灵活。比如，美国旅游咨询服务中心所提供的服务除被视作一种公共服务外，同时也被作为旅游推广的组成部分。一些国家或地区的旅游推广费往往由政府和受益于旅游目的地旅游增长的大型旅游相关企业（民航、酒店集团、大型旅行社等）共同承担，比如在洛杉矶，其旅游推广经费分别是市政府财政投入 10%、民航投入 50%、酒店商铺等投入 40%。在澳大利亚，有不同层级和机构组织设立的公益性旅游咨询服务网点，其中一些网点是由 VISA 卡赞助设立的咨询亭。

在中国，旅游咨询服务中心除了政府直接运营之外，也通过政府与企业合作运营、补贴等方式支持旅游企业运营等方式。比如，江苏文化和旅游厅对江苏火车站点、高速公路服务区及机场设立的"江苏旅游咨询点"每个补助 30 万元；对城市旅游咨询中心、景区、旅游度假区、饭店、大型旅行社门店设立的"江苏旅游咨询点"每个补助 0.8 万元。上海则对合作网点按照 8 万 ~12 万元 / 年补贴投入，并负责建造费、设备费等开支。南京旅游部门对每个网点补贴建造费 10 万元，补贴人员工资 2 万元 / 人。杭州对西湖周边核心区旅游咨询点按照每个点每年 4.5 万元标准给予补助。对新建旅游咨询点按照中心店、形象店、标准店、咨询亭 4 个类别，分别给予 20 万元 / 点、15 万元 / 点、6 万元 / 点、3 万元 / 点的补助。

（三）布局合理

旅游咨询服务中心（或者咨询点）需要选在客流密集的地方，才能充分发挥咨询效果。一般来说，旅游咨询服务中心选择在两类地点较好：一是游客到达旅游目的地的第一站，如火车站与机场、自驾车的高速路口等；二是旅游者消费较为集中的地方，如知名旅游景区、城市繁华商业街区的街道、商场等。当然，游客密集的地方，往往也是商业价值大的地方，这就需要政府部门有长远思维，用政府控制的物业或者与商业机构协调，尽可能为旅游咨询服务中心的设立创造条件。为了增加旅游咨询服务的覆盖面，在客流量较小的地点可以设置一些免费资料架供游客自取，如纽约就设置了不少无人值守的旅游咨询服务网点。这里通过上海市旅游咨询中心（点）设立的位置分布，可以对其布局特点有一个大概的了解，具体见表 5-2。

表 5-2　上海旅游咨询服务中心分布

所属行政区	旅游咨询服务中心（亭）名称
浦东新区	浦东国际机场 T1 服务中心、浦东国际机场 T2 服务中心、白莲泾服务中心、新国际博览中心服务中心、小陆家嘴服务亭、滴水湖服务中心、新场古镇服务亭、上海国际旅游度假区 MINI PTH 服务中心、上海国际旅游度假区西 PTH 服务中心
长宁区	虹桥国际机场 2 号航站楼服务中心、虹桥火车站服务中心、长宁区服务中心
黄浦区	成都南路服务中心、豫园服务中心、外滩陈毅广场服务中心、世纪广场服务中心、外滩金陵东路服务中心、大世界服务中心、上海外滩旅游综合服务中心、田子坊服务亭、南京路步行街服务亭、十六铺水上服务亭
静安区	静安寺服务中心、大宁国际商业广场服务中心、环球港服务中心
普陀区	普陀区服务中心
徐汇区	武康路咨询中心、徐家汇咨询中心、铁路上海南站咨询中心、徐家汇源游客中心、上海南站长途站服务中心、徐汇滨江游客中心、上海旅游集散总站服务亭
虹口区	虹口区服务中心、上海邮轮城服务中心、
杨浦区	秦皇岛路服务中心、控江路咨询中心、
宝山区	宝山区服务中心、宝山国际邮轮港零点广场服务中心
闵行区	江川路服务中心、七宝古镇服务亭、莘庄服务中心、浦江郊野公园综合服务中心
嘉定区	嘉定区旅游公共服务中心、嘉北郊野公园西游客中心
奉贤区	奉贤区海湾旅游区服务中心、奉贤区服务中心
青浦区	青浦区服务中心、朱家角服务中心
松江区	松江区服务中心、松江欢乐谷服务亭、泰晤士咨询亭
佘山区	佘山旅游综合服务中心
金山区	金山区旅游公共服务中心、枫泾古镇服务中心、金山区廊下生态园服务亭、金山嘴渔村服务亭
崇明区	陈家镇交通枢纽站服务亭、横沙岛服务中心

（四）功能完备

旅游咨询服务中心的主要功能是为旅游者提供准确、及时、免费的信息，同时也有与之相关的功能要求。

根据 2011 年国家旅游局发布的国家标准《旅游信息咨询中心设置与服务规范》提出了旅游咨询服务中心的五大功能：免费提供旅游资料和宣传品，如旅游地图、旅游指南、城市旅游信息免费期刊、景区和景点以及旅游相关服务的宣传品等；免费提供旅游相关信息的问询；收集对旅游设施和服务等方面的意见；授权接受并转达旅游投诉；展示具有本地特色的旅游纪念品。此外，一些地方还对不同规模和等级的旅游咨询服务中心应具备的不同功能和设施设备配备进行了界定，使得旅游咨询服务中心的功能配置更为科学合理。比如，在杭州 2019 年制定的地方标准《旅游信息咨询服务网点设置与服务规范》中，按照建设面积规模确定了规格，分别是：中心店（大于等于 100 平方米）、形象店（大于等于 60 平方米）、标准店（大于等于 25 平方米）、咨询亭（大于等于 8 平方米）。在此基础上，对旅游咨询服务中心的功能区域划分和设施设备配置进行了规定，具体如表 5-3 所示。

表 5-3　杭州对旅游咨询服务中心功能分区和设施设备配置规定

功能和设备	具体要求	中心店	形象店	标准店	咨询亭
功能区域	咨询服务区	○	○	○	○
	资料取阅区	○	○	○	○
	投诉接待区	○	○	○	☆
	游客休息区	○	○	○	☆
	自助查询区	○	○	○	☆
	便民服务区	○	○	○	☆
	商务洽谈区	○	○	○	☆
	注：○必备　☆视情况设置 / 不设置				
设施设备配置	配置双显示屏电脑	3	2	2	1
	游客自助查询电脑（单屏）	1	1	1	0
	交互式游客自助查询系统（触摸屏）	1	1	1	0
	多功能一体机（电话、传真、打印、复印等）	1	1	1	1
	资料展架	4	3	2	1

与中国旅游咨询服务中心的体制不同，国外旅游咨询服务中心普遍开展销售旅游纪念品、旅游书刊明信片等相关经营性业务。部分网点还有一些非通用的功能，如提供免费优惠券和城市通行证（城市护照）；代预订旅馆、代售演出门票和地铁等交通票务；出售双层旅游巴士车票并提供候车服务等。

（五）规范运营

旅游咨询服务中心不同于商业机构，一般对其运营有相关的要求和标准，以便提供标准可靠的咨询相关服务。多数旅游咨询服务中心会设置醒目的、以英文字母"i"为标识的旅游咨询标志牌，以便游客辨认区分。此外，咨询中心或咨询点的工作人员一般都要求统一着装、礼貌服务，许多城市还会通过相应的培训和监管来确保旅游咨询服务中心的规范化运营。

四、旅游咨询服务中心的管理

从各地旅游咨询服务中心实际运行情况看，一些城市不同程度存在着"重建设、轻管理"的问题。政府作为旅游咨询服务中心的管理方，如何有效地监督考核旅游咨询服务中心的运营工作，对提高旅游咨询服务中心的公共服务水平和效率具有十分重要的意义。

（一）资金管理

鉴于不少旅游咨询服务中心是由财政资金投入建设的，因此用好管好相关经费就成为旅游咨询服务中心必须面对的问题。比如，2011 年杭州市就出台了《旅游咨询点专项补助资金使用管理细则》（以下简称《管理细则》）。在资金来源方面，《管理细则》确定在杭州旅游专项资金中，通过"以奖促建、以奖代拨"的形式，对各地（部门）旅游咨询点的建设及运营维护给予一定的资金补助。在资金管理原则方面，确定了"统一规划、分级管理"和"区、县（市）投入为主，市级资金补助为辅"的原则，并提出原则上旅游咨询点专项补助资金不得超过建设管理主体实际投入额的 1/2。在补助范围方面，确定了设施设备费用、人员配置费用的建设补助和运营补助（维持咨询点正常运营而投入的场地租金、人员薪酬、在职培训、电话宽带、办公耗材等费用）。此外，《管理细则》还对补助标准和额度、申请补助程序等内容进行了规定。

（二）考核监督

考核和监督是旅游咨询服务中心管理的重点。一般来说，管理的方式和内容包括数据统计、现场检查、抽样调查、游客回访、第三方评估以及安装使用服务评价器等。比如，2019 年苏州市就制定了《旅游咨询服务机构考核实施细则》，明确提出按照日常考核占 40% 的权重、明察暗访占 60% 的权重对市内的旅游咨询服务机构进行考核监督。在日常考核方面规定四个打分点：（1）咨询数据上报（15 分）。准确统计咨询类型及客源类别并及时上报，根据上报时间及次数进行打分。（2）旅游咨询中心信息阅读（10分）。及时阅读苏州市咨询中心发布各类信息，根据阅读量占发布量的比例进行打分。占比 85% 及以上者得 10 分、65% 及以上者得 8 分、50% 及以上者得 6 分，不足 50%者不得分。（3）宣传材料收发（5 分）。根据宣传资料的收发次数和及时性进行打分。（4）培训组织与参与（10 分）。根据集中培训和在线培训参与率进行打分。在明察暗访方面，主要从工作环境、工作人员和服务质量三个方面进行打分。三部分的内容和具体分数在中心站、服务点的考核中稍有不同。总分 100 分，按 60% 计入考核总分。

此外，北京 2011 年也对旅游咨询服务网点制定了较为全面的考核监督表格，具体见表 5-4 和表 5-5。

表 5-4　北京市旅游咨询服务中心明察测评标准

测评方式	测评类别（分值）	测评细则	细则分值	得分
明访（70分）	规章制度（20分）	工作制度健全完整		
		管理机制健全		
	应急方案（10分）	应急措施和方案健全完整		
		发生事件记录规范完整		
	访客记录（10分）	记录规范		
		内容完整、详细		
	工作创新（20分）	管理制度创新（测评者填写）		
		服务创新（测评者填写）		
	延伸服务（10分）	（测评者填写）		
检查记录（30分）	月报表质量（10分）	月报表规范		
		月报表完整		
		月报表数据资料清晰		
	月报表上报时间（5分）	按时上报月报表		
	参加市局会议（8分）	按时参加市局组织的会议，并做好记录		
	参加相关活动（7分）	积极参加市局和其他活动		
总得分	100分			

说明：本测评标准中的"工作创新""延伸服务"栏由测评者填写，根据各站创新点和延伸服务项目进行适当加分，加满该项分值为止；"月报表质量及上报时间""参加市局会议及相关活动"栏根据市局记录情况进行适当加分，加满该项分值为止。

表 5-5　北京市旅游咨询服务中心暗访测评标准

测评方式	测评栏（各项分值）		测评细则	细则分值	得分
暗访（100分）	电话暗访（40分）	电话服务技能（40分）	电话接待时，铃声不超过5声即拿起话筒接听	4	
			电话应答及时准确，语言热情规范	4	
			答复问题应耐心、细致、不急不躁	4	
			当客人的要求不能及时答复时，留下对方的联系方式和称谓，尽快解答和回复	8	
			听不清咨询者问题时，礼貌请求对方重复问题，并进行解答	8	
			不能满足访客所需的服务要求时，也要回复对方，并表示歉意	4	

续表

测评方式		测评栏（各项分值）	测评细则	细则分值	得分
暗访（100分）	人员暗访（60分）	电话服务技能（40分）	当访客对服务表示不满意时，应耐心倾听，使用规范用语予以回答	8	
		现场接待技能（30分）	主动向访客问好，停下手中事务为访客服务	3	
			为访客提供相关的资料和信息查询服务	3	
			回答咨询时，应集中精力，双目注视对方，不应侧身目视他处或与他人交谈	6	
			谈话时语气温和，面带笑容，态度友好、不卑不亢	6	
			若不能立即提供服务时，应采用敬语安慰	3	
			访客离开时，应使用礼貌用语道别	3	
			访客提出咨询内容以外的问询时，应保持亲和态度，提供所知的正确线索	6	
		仪容仪表（20分）	在工作岗位上统一着装，佩戴统一的徽标胸牌，服装应保持整洁	5	
			工作时面带微笑、亲切和蔼、落落大方	5	
			女咨询员应化淡妆，男咨询员不应留长发，不蓄胡须	5	
			站姿自然平稳，坐姿端庄，行进速度适中，走动姿势端正，遇访客要主动问好	5	
		宣传资料（10分）	品种丰富	5	
			分类清楚、摆放整齐，有明显的标示和文字提示	5	

此外，像杭州等城市还建立了各咨询服务网点自查自纠、主管单位日常考核、市旅游信息咨询中心定期考核的三级考核管理体系，以保证旅游咨询服务中心能够有效地履行职责。

（三）奖惩措施

对旅游咨询服务中心实行一定的奖惩措施，有利于对做得好的咨询中心形成正向激励，对做得不好的咨询中心形成鞭策。比如，2019年苏州就从游客参与度（注重旅游咨询服务机构的服务人次，鼓励更主动、积极地为市民和游客服务）、运营创新度（注重旅游咨询服务机构在运营、服务模式等方面的创新，鼓励旅游咨询服务机构为适应旅游市场游客咨询服务需求内容和形式的变化进行改革创新）、服务体验度（注重咨询服务机构的服务水平，游客满意率高、投诉少）三个维度对所属的旅游咨询服务中心进行考评奖励。一次性奖励 10 家最佳服务点每家 10000 元，优秀服务点 10 家每家 5000 元；此外，还对获奖服务点通过对外宣传和市场营销渠道，加大对该点的宣传推介，吸引更多游客关注；同时获奖服务点还可以优先参与市旅游主管部门组织的专题培训、专家指导、人才服务、业务交流等活动，提升服务与管理，提升资源对接整合能力。

五、旅游咨询服务中心的发展趋势

尽管中国旅游咨询服务中心发展取得了可喜成绩，但是面对新的趋势，还需要进一步创新，才能更好地发挥效果。

（一）功能集成化

功能集成应该成为旅游咨询服务中心发展的一个方向。单纯从咨询服务中心本身看，除了信息咨询，用有限的人力、物力和空间，提供更多相关的服务，是一个普遍的趋势，未来可以鼓励有条件的旅游咨询服务中心将旅游信息咨询、特色旅游产品和服务咨询等有机结合起来；在有效监管和确保公共服务公正性和质量的前提下，将旅游公共信息咨询与适当商业化的服务有机结合起来；同时将线下信息咨询和线上信息咨询有机结合起来。此外，还存在旅游公共服务设施之间整合和集成的趋势，如旅游咨询服务中心和旅游集散中心的集成。2017 年，国家旅游局发布了行业标准《城市旅游服务中心规范》，以此来引导和推动打造一批城市旅游公共服务平台。在这个标准中，提出按照综合站、专业站和服务点等不同的层级，打造为游客和本地居民提供信息咨询、信息收集、旅游投诉、宣传展示、交通集散、旅游预订、游客休憩、便民服务等服务的一站式、开放式、综合性的旅游公共服务平台。

（二）范围扩大化

如何用尽可能少的投入，推动更多的旅游咨询服务中心建设，也是旅游公共信息服务中一个非常重要的问题。近年来，一些省和城市对此进行了探索。比如，江苏省、浙江省旅游局积极与交通部门合作，将高速公路服务区改为旅游咨询点，将旅游咨询功能嵌入到高速公路服务区，浙江省规划到 2017 年在 100 个服务区中建立旅游咨询服务点。苏州将旅游咨询功能融入酒店、超市、社区、学校等社会单位，旅游局负责为这些单位提供旅游宣传资料，并为其培训人员，如超市的营业员，使之能为游客提供旅游咨询服务。扬州则在饭店、城市书房、特色民居等区域建成了若干旅游信息咨询服务点。杭州在国内首创了"公共交通"和"旅游公共信息"功能合二为一的"公共自行车旅游咨询亭"，其主要功能包括信息咨询、资料索取、形象展示、客房预订、线路代理、门票代售、机票预订、车辆租赁、投诉接待、应急援助、纪念品展售等，所有咨询员均能使用英语与境外游客进行简单交流。此外，一些地方还将旅游咨询服务从城市扩大到旅游业发展较快的乡村。比如，浙江省长兴县依托村级便民服务中心，建立旅游信息咨询服务点，实现村级旅游咨询服务的全覆盖。海口市琼山区建成琼山区旅游咨询服务中心（红旗站），设立旅游咨询服务点 5 个，并在全市率先实现旅游咨询服务向乡村延伸。

在一些国外旅游城市，还在尝试通过移动信息服务的方式来更好满足游客需求，这也值得国内城市学习和借鉴。比如，2014 年南非开普敦旅游局启动了非洲第一家移动游客信息中心（VIC），起名为 Thando（科萨语中的"爱"），无论游客和市民身在何处，都能得到相关的旅游信息服务。移动游客信息车辆（Thando）根据活动热点和季节性热点停放在人流量和车流量密集的区域，提供信息服务。第一辆也是最大的一辆 Thando 有一个内置办公室，可以帮助游客预订住宿或购买活动和节目的门票，此外还配置了一块醒目的休闲区，设有本地特色的桌椅，为游客提供免费 WiFi。

（三）服务智能化

为进一步降低服务成本，提高服务效率，需要提高旅游咨询服务中心服务的智能化水平。一方面，进一步扩大无人服务或机器人服务的场景。另一方面，提高咨询服务中心服务人员的能力。特别要运用大数据技术，通过海量数据的支撑，加快形成目录体系统一、深度关联、动态更新的旅游信息大数据库，以此来给服务人员提供强大的数据信息后台支撑，以便更好地满足旅游者多元化、个性化的旅游信息需求。

第二节 智慧旅游信息服务

信息是经济社会发展，也是旅游业发展的重要组成部分。21 世纪初，旅游行政部门就开始大力推动旅游信息化工作，并提出了包括"三网一库（内部办公网、管理业务网、公众商务网和公用数据库）"的"金旅工程"计划。2009 年，国务院出台的《关于加快发展旅游业的意见》，在第五条中提出"建立健全旅游信息服务平台，促进旅游信息资源共享"。在第十条中提出"以信息化为主要途径，提高旅游服务效率；积极开展旅游在线服务、网络营销、网络预订和网上支付，充分利用社会资源构建旅游数据中心、呼叫中心，全面提升旅游企业、景区和重点旅游城市的旅游信息化服务水平"。2011 年 7 月，国家旅游局提出争取用 10 年时间，在我国初步实现"智慧旅游"，建成一批"智慧城市""智慧景区""智慧饭店"，并在江苏镇江建设"国家智慧旅游服务中心"。之后，"智慧旅游"成为提高游客满意度、促进旅游业发展的重要技术支撑，同时成为优化旅游公共信息服务的重要载体。从旅游公共信息服务的角度看，智慧旅游是未来重要的发展趋势，同样是促进旅游公共信息服务革命的重要力量。

一、智慧旅游和智慧旅游信息服务概述

（一）智慧旅游的内涵和主要内容

一般而言，旅游信息化是指旅游信息的数字化，即通过信息技术采集、处理、转换转化各种旅游信息，同时用文字、数字、图形、声音、动画等来存储、传输、应用的内容或特征。从这个意义上讲，旅游公共信息服务中的旅游信息也是旅游信息化采集、处理和转化的一种信息。作为旅游信息化"升级版"的智慧旅游，是伴随信息技术迭代和信息技术在旅游领域运用发展到新阶段的产物。同样，智慧旅游本身的发展也将对未来智慧旅游信息服务产生深远的影响。因此，认识智慧旅游信息服务首先要认识智慧旅游。

智慧旅游发展起来后，许多专家和学者对智慧旅游给出了不同的概念和定义。而对智慧旅游认识的不同，在一定程度上也影响了智慧旅游发展的走向，这其中李云鹏等从旅游信息服务视角下，对智慧旅游的思考很有借鉴意义。[①]

李云鹏等系统归纳分析了国内智慧旅游概念的七种类型，主要有：一是以百度百科、马勇、姚志国等为代表的"技术应用论"。二是以张凌云、史云姬为代表的"管理变革论"，认为智慧旅游是以提升旅游服务、改善旅游体验、创新旅游管理、优化旅游资源利用为目标，增强旅游企业竞争力、提高旅游行业管理水平、扩大行业规模的现代化工程。三是以唐洪广、殷千红、浙江省旅游局为代表的"新旅游形态论"，认为智慧旅游是服务于公众、企业、政府等的面向未来的全新的旅游形态。这种观点注重面向未来旅游业的发展，对新技术应用于旅游业寄予了很高的期望，把智慧旅游作为一种"高级"的旅游形态，以解决旅游业发展面临的诸多层面问题。四是以莫琨、温锋华为代表的"宏观论"，就是从宏观层面对智慧旅游做出预测性的解释，并非严格的概念或者定义。五是以巅峰美景、江苏省旅游局、镇江市旅游局为代表的"务实操作论"，虽然其概念也强调了新技术应用，但更多落脚在旅游业主体发展方式转变、旅游发展模式创新和信息技术与旅游业融合并服务于旅游业发展形态方面。六是以姚国章、付业勤为代表的"游客体验论"。七是对智慧旅游概念的简单汇总。

在分析前人研究的基础上，李云鹏等认为，智慧旅游的概念本质的内涵更应该强调的是基于新一代信息技术并结合原有技术，实现旅游业从传统服务业向现代服务业的升级，即旅游产业的结构升级，其最基础的价值是旅游信息服务。智慧旅游是旅游者个体在旅游活动过程中所接受的泛在化（Ubiquitous）的旅游信息服务。旅游信息服务是对智慧旅游共同属性的概括，但并不是所有的旅游信息服务都是智慧旅游，只有那些为单个旅游者提供的、无处不在的旅游信息服务，也就是基于旅游者个体特殊需求而主动提

---

① 李云鹏，胡中洲，黄超，段丽琼.旅游信息服务视域下的智慧旅游概念探讨［J］.旅游学刊，2014（5）.

供的旅游信息服务才算是智慧旅游。

与此同时，李云鹏等还对智慧旅游的基本内涵进行了分析。认为，智慧旅游概念的核心内涵之一在于旅游信息服务。智慧旅游所涉及的旅游信息服务改变了群体化的提供方式，即原有信息服务提供是非定制化的、面向所有（潜在）旅游者的，是由某种机构借助某种手段来实现信息服务提供，如通过广告（电视、互联网、广播等）为客源地的潜在旅游者提供目的地旅游信息，为在旅途中的旅游者通过手机短信提供天气等服务信息，为抵达目的地的旅游者提供本地旅游信息服务（通过导游服务、游客咨询中心放置的各类印刷品、各类指示牌、大屏幕、查询终端等），这些旅游信息服务都是相对独立的、由不同机构提供的、需要旅游者去分别关注并获取的，因而旅游者所获取的相关信息是孤立的、散乱的、需要进一步由旅游者来判别的，而且信息服务提供手段上也是"互不联通的"。智慧旅游概念的核心内涵之二是泛在化。泛在化指的是立即到达任何地方的能力或者无所不在。泛在化形容网络无所不在，网络已全面融入人们的生活之中，无所不在地为人们提供各种服务，用户可以通过手持设备、可穿戴设备或其他常规、非常规计算设备，无障碍地享用计算能力和信息资源。旅游者个体可以在任何时间、任何地点、通过任何媒介获取旅游信息服务，称为泛在化的旅游信息服务。智慧旅游的核心内涵之三是旅游者个体。在本概念中，旅游机构通过为旅游者个体提供旅游信息服务，从而掌握了旅游者个体在旅游活动全过程的数据，千千万万旅游者个体数据集成起来就是"大数据"，无论是管理机构还是服务机构，都可以利用这些"大数据"所承载的相关关系，来改善对于旅游者的服务、旅游业务模式、旅游管理方式，彻底变革旅游业运行方式，实现旅游业真正的转型和升级。

笔者认为，李云鹏等的定义抓住了智慧旅游的本质，同时为思考和研究智慧旅游信息服务提供了新的视角。

（二）智慧旅游和公共服务视角下智慧旅游信息服务的关系

虽然从旅游信息服务的视角理解智慧旅游，深化了对智慧旅游的认识，但笔者认为，公共服务视角下智慧旅游信息服务只是智慧旅游的一个组成部分，并不能和智慧旅游画等号。

从智慧旅游的角度来看，其一，尽管智慧旅游的核心内涵是为旅游者提供服务，但是智慧旅游的系统应用同时面对政府、企业、旅游者，甚至也不排除居民。其二，智慧旅游作为信息技术在旅游领域的应用，尽管其强调政府在其中扮演的重要角色，但并不单方面强调政府的主导作用。实际上智慧旅游可以理解为一个围绕旅游者服务而形成的生态系统，其中既有公共服务的内容，也有商业服务的内容。

站在公共服务的角度，其一，智慧旅游涉及的数据众多，搭建智慧旅游的基础数据平台，单靠旅游相关企业的力量无法完成。尽管大数据已经被视作一种数据资产，但数据在公共服务领域的应用，离不开政府的主导。其二，信息服务是智慧旅游在公共服务方面应用的重要领域，同时是贯穿旅游公共服务五大领域的一条主线。从旅游公共服务分类体系看，智慧旅游既可以运用到旅游资讯信息方面，也可以运用到旅游交通信息、旅游安全预警信息、旅游厕所信息、旅游惠民信息、旅游权益保障信息等多个领域。这意味着，智慧旅游的出现，极大地拓展了旅游公共信息的范围，这使得旅游信息不再局限于一般的旅游游览信息，而是涉及旅游活动的全过程、全时段，这也是智慧旅游定义中"泛在化"的具体体现。因此此处讨论的智慧旅游信息服务实际上已经超出了旅游咨询服务中心所服务的信息内容。

（三）智慧旅游信息服务对改善旅游公共信息服务的作用

随着旅游方式的演化以及旅游者对旅游公共信息的需求越来越高，传统的旅游公共信息服务已经越来越难以适应新时期旅游业发展的需要。其存在的主要问题具体体现在以下方面：[1]

其一，传统旅游公共信息分散，局限性较大。旅游公共信息的海量存在和爆发性增长是旅游信息供给的一个突出现象。当前，数以亿万计的旅游信息都存在各类专业或非专业的媒体平台上，游客要想在这么庞大的旅游信息系统里寻找符合自己需求的信息难度非常之大。虽然有一些专业的旅游媒体，如旅游部门的官网和各大旅行社的网站都在提供本地或周边地区的一些旅游信息，但总体来看，这些旅游信息的局限性很大，涉及的地区和范围比较小，没有整合城市周边地区的旅游资源。这些信息很难满足消费者的需求，特别是针对散客和自驾游的游客，通过政府的官网和其他途径基本无法找全所需信息。

其二，传统旅游公共信息不全面，缺乏深度。有效的旅游公共信息应该是全面的、丰富的、有差异的、有一定深度的。随着旅游者旅游行为和旅游模式日趋多样化，客观上需求多样化的旅游信息，但目前旅游信息供给方所提供的信息层次较浅，对已经广为人知的信息发布不全，对还在规划建设中的信息基本不发布，对没有开发的旅游资源信息没有发布。已经发布的旅游信息也不丰富，如旅行社的网站大都只能查到最近推出了哪些热门线路，当地有哪些特色小吃或饭店、著名景区名称及简介等，但更详细和丰富的信息却比较缺乏。

其三，传统旅游公共信息更新速度慢，内容不丰富。旅游信息发布量非常庞大，但发布出来的信息能够进行有效管理和及时更新的又很少。有些信息已经过去很久了，却还在相关网站上挂着。由于缺乏相关的维护人员等，旅游公共信息得不到合理的管理和有效的维护，必然导致游客无法获得最新旅游信息。内容不丰富也成为旅游公共信息服

---

[1] 以下部分参考：乔海燕.关于构建旅游公共信息服务系统的思考——基于智慧旅游视角［J］.中南林业科技大学学报（社会科学版），2012（2）.

务的一个瓶颈。

其四，传统旅游公共信息准确性低、可靠性弱。旅游行业的信息应该是动态的，且时时刻刻发生变化的。行业特征决定了旅游公共信息的提供者要时时把握好市场动态，捕捉旅游行业的发展趋势，同时还需对所发布的信息有筛选和加工的能力。特别是和旅游相关企业的信息、景区的信息、门票的价格、交通状态、天气情况、节假日促销活动等方面都要随时关注和及时报道、更新。而当前的旅游信息虽然发布量大，内容看起来也比较多，但大多不准确，不同的网站对同一个信息所公布的内容都存在差异。这些问题足以表明旅游公关信息服务系统还很不健全，并且缺乏应有的管理。

其五，传统旅游公共信息供给途径少。尽管一些地方旅游行政部门正在尝试通过不同的媒体平台发布旅游公共信息，但总体而言，旅游者对旅游公共信息的触达率还不高。如何通过有效的渠道和平台，让海量的旅游信息为旅游者决策和出行提供服务，还有很多工作需要去做。

未来，通过不断深化智慧旅游信息服务，将有助于改善传统旅游信息服务面临的困局，实现旅游信息服务的新跨越。

（四）国家相关政策文件对智慧旅游信息服务的部署

进入到 21 世纪的第二个十年，伴随智慧旅游的迅速发展，国家有关的政策文件中也开始对智慧旅游信息服务做出相应的部署。比较具有代表性的有：

2011 年国家旅游局制定发布《中国旅游业"十二五"发展规划信息化专项规划》明确提出"信息服务泛在化"的目标，即"旅游公共信息服务设施基本健全，信息服务能力显著加强；目的地资讯网站、目的地移动门户、旅游服务热线、旅游咨询中心等标准化旅游信息服务设施基本实现省级层面的覆盖，游客对旅游目的地信息的基础需求得到有效保障"。同时还提出"以智慧旅游为目标开展新技术在旅游目的地的应用示范"。

2015 年 1 月，国家旅游局出台《关于促进智慧旅游发展的指导意见》，其中也对智慧旅游信息服务方面的内容进行了部署。提出提升旅游城市公共信息服务能力；建立完善旅游信息基础数据平台；建立游客信息服务体系，充分发挥国家智慧旅游公共服务平台和 12301 旅游咨询服务热线的作用，建设"统一受理、分级处理"的旅游投诉平台；建立健全信息查询、旅游投诉和旅游救援等方面信息化服务体系，大力开发运用基于移动通信终端的旅游应用软件，提供无缝化、即时化、精确化、互动化的旅游信息服务；积极培育集合旅游相关服务产品的电子商务平台，切实提高服务效率和用户体验；积极鼓励多元化投资渠道参与投融资，参与旅游公共信息服务平台建设。2015 年 9 月，国家旅游局正式启动了国家智慧旅游公共服务平台，在其五大战略功能中就包含了"旅游公共信息发布与资讯"的模块。

2015 年 9 月，国家旅游局发布《关于实施"旅游 + 互联网"行动计划的通知》，对完善智慧旅游公共服务体系进行了部署。提出加大旅游公共信息的互联网采集和运用，推动旅游公共信息数据向社会开放；建设好国家智慧旅游公共服务平台，健全旅游公共产品和设施、旅游投诉和旅游救援等公共信息网络查询服务。

2020年11月，在文化和旅游部、国家发展改革委员会等9个部门共同发布的《关于深化"互联网＋旅游"推动旅游业高质量发展的意见》中又明确提出，创新旅游公共服务模式，厘清政府公共服务与市场旅游信息服务边界，鼓励各地区采取政府与市场相结合的旅游公共服务平台运营模式，提升平台服务效能，实现可持续运营与发展。各地区要进一步拓宽旅游公共服务信息采集渠道，有效整合文化和旅游、公安、交通、气象等部门的相关数据信息，综合运用大数据、云计算等技术，在平台上及时发布旅游景区实时游客量、道路出行、气象预警等信息，引导旅游资源优化配置。依法依规推动政府与企业间相关数据资源共享，推进旅游厕所数字化建设，实现信息查询、路线导航、意见反馈等功能。这也为未来智慧旅游信息服务的发展指明了方向。

二、支撑智慧旅游信息服务的关键技术

智慧旅游信息服务的发展是相关信息技术快速发展的结果，同时会随着关键技术的进步而不断迭代更新。因此，理解智慧旅游服务，特别是面向未来把握智慧旅游信息服务的走向和趋势，就需要对关键技术有所了解。

与智慧旅游信息服务相关的技术很多，2021年文化和旅游部发布的《"十四五"时期文化和旅游科技创新规划》提出，当前，新一轮科技革命和产业变革深入推进，文化和旅游科技创新集成应用、跨界协同特征进一步凸显，以云计算、物联网、人工智能、大数据等为代表的新一代信息技术为文化和旅游科技创新提供了不竭动力，正在全面提升文化和旅游运行效率和消费体验，加速推动文化和旅游发展方式变革。此处重点关注移动互联网、大数据、云计算、物联网、人工智能和虚拟现实技术。

（一）移动互联网

作为PC互联网发展的必然产物，移动互联网将移动通信和互联网二者结合起来，成为一体，是互联网的技术、平台、商业模式和应用与移动通信技术结合并实践的活动的总称。随着智能手机等移动通信终端的快速普及，移动互联网愈发成为人类获取信息等相关服务的主要平台。

"移动"是旅游活动的主要特征，旅游者对旅游信息的需求是随时随地无处不在的，这种需求贯穿旅游者计划旅游、实施旅游乃至旅游反馈的全过程之中。比如，旅游信息查询、旅游消费预订、手机导航等。特别是在散客旅游时代，移动互联网更是成为游客获取旅游相关信息、辅助游客旅游消费即时决策的重要载体。有研究表明，约有80%的游客在旅行中使用各种社交软件或网页获取旅游信息。正是由于移动互联网的存在，

让"说走就走"的旅行成为现实。

伴随 5G 时代的到来，数据传输的速度更快、容量更大，移动互联网的智能化水平将更高，游客获取信息的速度也将更快，智慧旅游信息传输的效率也将随之大大提高。

（二）大数据

麦肯锡全球研究所认为，大数据是一种规模大到在获取、存储、管理、分析方面大大超出了传统数据库软件工具处理能力范围的数据集合，具有海量的数据规模、快速的数据流转、多样的数据类型和价值密度低四大特征。大数据包括结构化、半结构化和非结构化数据，非结构化数据越来越成为数据的主要部分。相关研究表明：企业中 80% 以上的数据是非结构化数据，而且这些数据每年都增长 60%。

2015 年，国务院发布《促进大数据发展行动纲要》，提出在依法加强安全保障和隐私保护的前提下，稳步推动公共数据资源开放。推动建立政府部门和事业单位等公共机构数据资源清单，按照"增量先行"的方式，加强对政府部门数据的国家统筹管理，加快建设国家政府数据统一开放平台。制订公共机构数据开放计划，落实数据开放和维护责任，推进公共机构数据资源统一汇聚和集中向社会开放，提升政府数据开放共享标准化程度。同时还提出，深入发掘公共服务数据，在城乡建设、人居环境、健康医疗、社会救助、养老服务、劳动就业、社会保障、质量安全、文化教育、交通旅游、消费维权、城乡服务等领域开展大数据应用示范，推动传统公共服务数据与互联网、移动互联网、可穿戴设备等数据的汇聚整合，开发各类便民应用，优化公共资源配置，提升公共服务水平。

旅游大数据不仅涉及与游客旅游行为相关的消费数据，而且还包括与旅游产品和服务相关的供给数据。从公共服务的角度看，大数据技术有助于整合和梳理多样化的数据，为游客提供更精准的旅游信息服务。2015 年 10 月，国家旅游局、贵州省人民政府和中国联通三方联合发布《贵州旅游大数据指数报告》，该报告由中国联通基于自身的大数据处理平台，以客观数据为基础，并进行深度旅游数据挖掘，得出旅游大数据分析报告。报告包括景区等级指数、适游季节指数、适游天气指数、景区饱和指数、交通拥堵指数、网上关注指数、客流来源指数和消费能力指数八个方面。报告不仅有助于旅游管理部门数据统计和服务监管，而且有助于旅游企业掌握旅游业发展动态和市场变化形势；作为旅游公共信息，报告也可以成为游客出行目的地选择的重要参考依据。

（三）云计算

云计算是分布式计算的一种，是通过网络"云"将巨大的数据计算处理程序分解成无数个小程序，然后通过多部服务器组成的系统处理和分析这些小程序，最终得到结果并返回给用户。通过这项技术，可以在很短的时间内（几秒钟）完成对数以万计的数据的处理，从而大幅提高网络服务能力。云计算的核心概念就是以互联网为中心，在网站上提供快速且安全的云计算服务与数据存储，让每一个使用互联网的人都可以使用网络上的庞大计算资源与数据中心。

旅游中涉及大量的数据，在快速处理这些数据方面，云计算的应用有广阔的空间。未来需要通过整合分散于旅游行业各个领域的海量信息数据，储存在云端，形成可供游客、旅游企业、政府检索、分析、挖掘的旅游信息服务云平台。比如，海南省整合旅游行政部门所有的信息化系统，统一全省旅游相关系统入口，以综合云平台为中心，对系统数据进行接入、清洗、加载和处理，从而在综合云平台上打造出统一、权威的旅游资源信息中心。此外，利用统一的旅游资源数据、电信运营商数据、机场航空数据进行计算，其分析的结果不仅可以为政府和企业提供决策依据，而且可以为游客出行提供及时、准确的信息服务。

（四）物联网

物联网即"万物相连的互联网"，是互联网基础上的延伸和扩展的网络，将各种信息传感设备与网络结合起来而形成的一个巨大网络，实现在任何时间、任何地点，人、机、物的互联互通。作为新一代信息技术的重要组成部分，物联网的核心和基础仍然是互联网，是在互联网基础上的延伸和扩展的网络。从通信对象和过程来看，物与物、人与物之间的信息交互是物联网的核心。

2015年9月，国家旅游局发布的《关于实施"旅游+互联网"行动计划的通知》中提出了旅游物联网的概念。要求到2020年，全国所有旅游大巴、旅游船和4A级以上旅游景区的游客集中区域、环境敏感区域、旅游危险设施和地带，实现视频监控、人流监控、位置监控、环境监测等设施的合理布设，将旅游服务、客流疏导、安全监管纳入互联网范畴。从智慧旅游信息服务的角度出发，物联网技术的进步将加速游客与各类智慧化旅游设施设备的交互，使得旅游信息的获取更加适时、精准，进而给旅游者提供更大的便利。

（五）人工智能

人工智能，是研究、开发用于模拟、延伸和扩展人的智能的理论、方法、技术及应用系统的一门新的科学技术。人工智能是对人的意识、思维的信息过程的模拟。作为计算机科学的一个分支，人工智能试图了解智能的实质，并生产出一种新的能与人类智能相似的方式做出反应的智能机器，该领域的研究包括机器人、语言识别、图像识别、自然语言处理和专家系统等。

囿于技术的限制和成本的约束，传统旅游信息服务只能向游客提供"均质"、无差别的旅游咨询服务。但实际上，每个旅游者对旅游信息的需求都是有一定差别的。人工智能技术的进步有助于满足旅游者个性化、差异化的旅游信息需求，以"规模化"的方式为游客提供"定制化"的旅游公共信息服务，从而大大降低游客搜索和梳理各种旅游信息的成本，进而实现旅游信息服务的智能化。

（六）虚拟现实技术

虚拟现实就是虚拟和现实的相互结合。虚拟现实技术（VR）是一种可以创建和体验虚拟世界的计算机仿真系统，它利用计算机生成一种模拟环境，使用户沉浸到该环境中。虚拟现实技术就是利用现实生活中的数据，通过计算机技术产生的电子信号，将其与各种输出设备结合，使其转化为能够让人们感受到的现象，这些现象可以是现实中真真切切的物体，也可以是我们肉眼所看不到的物质，通过三维模型表现出来。

就旅游在现实中体验的基本特性而言，旅游者必须在现实中离开非惯常环境，去异地体验不同的风土人情，因此虚拟旅游并不能真正算作旅游。但从智慧旅游信息服务的角度看，虚拟技术可以为旅游者提供一种不同于传统文字、图片、二维视频的信息，其构造的三维动态信息将进一步拓展游客的信息类型，为游客更好地进入现实体验提供新的途径和载体。

三、智慧旅游信息服务的主要内容

以旅游咨询服务中心为代表的线下旅游信息服务提供的信息内容主要有：旅游地图、旅游指南、城市旅游信息免费期刊、景区和景点以及旅游相关服务的宣传品等。对智慧旅游信息服务而言，其优势在于信息获取的便利性和信息的适时更新。因此，智慧旅游信息服务除继续以新的方式和新的载体提供传统旅游资讯之外，更关注大量及时性的信息。此处列出一部分信息内容以做参考。

（一）旅游地图信息

旅游咨询服务中心提供的旅游地图大多是纸质的，可以对一个旅游目的地的旅游信息提供总体的概貌。但游客在实际使用地图的过程中，除了需要了解旅游点的位置之外，还不可避免地需要了解旅游点价格和内容信息及线路导航信息等，以便决策是否到访以及如何快速到达等。这些信息很难通过传统纸质旅游地图得到满足。因此基于电子地图提供旅游相关公共信息就很有必要。

目前中国的电子地图大多由高德、百度等商业机构提供，但是旅游公共信息在电子地图上的标注，却需要政府部门进行推动。比如，2018 年 1 月，国家旅游局与高德地图签订战略合作协议，共同推出了"全国全域旅游全息信息服务系统"，为游客提供包含假日出游预测、景区介绍及评价、厕所导航及投诉咨询等一站式服务。其中包括的厕所导航功能，收录了 50 万个厕所信息，覆盖到全国所有的 5A 级旅游景区和 70% 以上的 4A

级旅游景区。再如，杭州旅游行政部门为方便游客进行景区、宾馆等旅游相关信息定位查找，在杭州八区五县（市）的地理底图基础上，加注了近3万条旅游专题数据，包括餐馆、宾馆、景区、公交线路、咨询点、购物商场等，并提供了地图搜索、公交换乘、线路车站查询、手机地图、旅游线路设计、公交线路查询、区域信息查询等多项服务。

（二）旅游气象信息

气象信息也是一类重要的旅游公共信息。鉴于此类信息的时效性，只能由智慧旅游信息服务来提供。一方面，一些特殊的旅游气象本身就是重要的旅游吸引物，诸如吉林的雾凇、黄山的云海等，准确的旅游气象信息预报可以提高旅游者观看到此类气象景观的概率。另一方面，不同的天气条件也会对旅游者的出游决策产生不同的影响，同时与旅游安全预防紧密相关。

2012年，国家旅游局就和国家气象局共同开发了中国旅游天气网，主要围绕旅游出行便利、旅游安全保障和旅游气象资源推介等向旅游者提供精细化和个性化的服务。之后，由于种种原因，这一网站没有继续运行，但是与其相关的气象信息服务依然应该成为未来智慧旅游信息服务关注的领域。

（三）诚信经营信息

了解旅游经营者的经营状况，特别是了解旅游经营者合法合规经营记录是旅游者的重要诉求。近年来，与旅游相关的行政部门为维护旅游秩序，加大了对旅游相关经营者的监督和处罚力度；另外，还正在通过诚信旅游建设，以"红黑榜"等方式对旅游经营者进行诚信评估。但这些政府部门的处罚信息往往停留在政府的相关文件或政府官网中，并不能及时和便利地为游客获知。这既不利于促进旅游市场的优胜劣汰，又不利于旅游者有效地选择优质的旅游经营者。

智慧旅游信息服务可以将这类信息纳入公共信息服务的范畴，让旅游者准确掌握旅游经营者的诚信状态。比如，"一部手机游云南"智慧旅游平台通过对餐饮企业、酒店住宿、旅行社、旅游汽车公司、租赁车公司、旅游景区、涉旅商品经营户7种业态超过16万家涉旅企业的诚信评价，形成了包括规范指数、品质指数和体验指数在内的诚信指数，以此来评估旅游经营者的诚信状况，这既可以成为政府旅游监管的依据，同样可以成为旅游者消费决策的重要参考。

四、智慧旅游信息服务的传播渠道

旅游公共信息的生产、归集和梳理是智慧旅游信息服务的前提，但是如何通过旅游咨询服务中心之外的渠道进行有效传播也是旅游公共信息服务的关键所在。此处主要介绍旅游咨询热线、旅游资讯网站和旅游新媒体三种类型。

（一）旅游咨询热线

旅游咨询热线，主要是指通过电话接听的方式为旅游者提供旅游资讯服务。目前不少旅游城市有相应的旅游咨询热线，为游客提供咨询服务。在 12301 没有收归国家智慧旅游平台服务之前，不少城市都通过 12301 为游客提供旅游咨询服务。收归之后，旅游城市采取了不同的方式开展旅游咨询热线服务。一种方式是开通专用的旅游服务热线。比如，杭州的 96123 旅游服务热线提供 24 小时服务。通过 96123 旅游服务热线的呼叫中心，游客可以随时搜集杭州的旅游信息，并且可以完成订车订票、客房预订、旅游投诉受理等多项服务。此外，杭州的 96123 旅游服务热线已经实现了通过三方对话的方式，不仅可以运用除英语外的十余种小语种语言进行沟通，而且增加了 IVR 语音服务功能，使游客可通过拨打 96123+ 序列号的形式来进行景区语音收听，并开通短信服务平台，根据游客需求将文字信息以短信的形式发送到游客手机上。再如，苏州的旅游热线 66558888 提供 24 小时、中英文双语服务，承接旅游咨询、投诉、救援服务等，年总话务量 2.3 万次，热线接听率达 100%，游客满意率超 98%。另一种方式是将旅游咨询热线与政府的市民服务热线连接，涉及旅游方面的内容，则由旅游部门安排人员进行咨询。比如，上海和济南等城市都是如此。

（二）旅游资讯网站

1996 年，世界上第一个旅游网站产生。随后，许多旅游城市建立了面向旅游者的官方旅游信息网站。可以说，在 PC 互联网时代，旅游资讯网站是政府线上发布旅游公共信息的主要平台。但是随着移动互联网的快速发展，旅游资讯网站的访问量大幅下降，其在旅游公共信息发布上的渠道作用被大幅削弱。

但是值得重视的是，尽管旅游资讯网站不再发挥智慧旅游信息服务的主渠道作用，但是其对境外游客的传播作用依然存在。比如，日本东京旅游官方网站是一个强大的信息整合平台，可以给旅游者提供非商业化、详细、全面、及时的涵盖吃、住、行、游、购、娱各方面的旅游信息。此外，这一网站检索功能强大，能对旅游目的地和景区进行详细查询，也能针对特定群体提供检索项目。不仅如此，海外游客还可以在网上申请六种以上语言的免费义务导游。对中国而言，由于缺少移动互联网时代向境外游客提供旅游公共信息的有效平台，因此多语种的旅游资讯网站还将继续发挥其对外信息传播的功能。

（三）旅游新媒体

随着移动互联网时代的到来，一些新的旅游新兴媒体成为触达旅游者的主要平台。比如，韩国首尔推进掌上移动旅游信息平台，除提供定位服务、观光网站服务、手机

App 应用服务等智能旅游服务外，还推出了移动语音的"智能旅行小助手"，以随身讲述有趣历史故事的方式来介绍旅游景区、博物馆、文化遗产等旅游吸引物。阿根廷布宜诺斯艾利斯提供了一个智慧旅游信息服务平台"BA Turismo"，包括 400 多个景区的位置标注、1 个互动地图、旅游线路推荐、地理定位等。

在中国，市场覆盖面广的旅游新媒体包括微信、微博、抖音、小红书等。不少城市的旅游部门在微信和微博上设立官方账号向旅游者和公众传播旅游公共信息，取得了很好的效果。以苏州为例，2018 年苏州旅游官方微信粉丝数量突破 37 万，发布信息近千篇，阅读量 650 万人次，WCI 指数排名在地级市旅游政务榜单中保持在全国前 10 位，官方微信还组织线上活动 25 个，线下体验活动 14 个，用户互动峰值达 2200 多人次。苏州官方微信每周保持 5 篇原创稿件发布，设立《跟我走》，改版《百巷苏州》栏目，将线路与图文融合，为游客提供苏州小街巷的游玩攻略。新设《苏城寻鲜记》栏目，通过美食引领，带动游记攻略，取得不错的效果。2018 年苏州旅游官方微博粉丝数量达到 71 万，累计微博发布量约 14660 条，日均发布 9 条，原创稿件日均阅读总量 11 万人次，日均总互动数（点赞、转载、评论）150 人次左右，官方微博开设话题 85 个，参与互动直播 4 次。苏州官方微博通过设置 # 早安苏州 #、# 最美苏州 #、# 文明旅游 # 等话题，分别从美景呈现、文化解读、特色美食、旅游资讯、行程推荐、风俗习惯等方面不定期进行推送，有效传播了苏州旅游的相关信息。

第（六）章

旅游安全保障服务

【主要内容】

旅游安全保障服务的基本框架、旅游安全形势与相关规定、旅游安全风险防范、旅游安全管理、旅游安全应急处理和救援、旅游安全救济和保险的主要内容和关键举措。

【引导案例】

旅游部门对新冠疫情的风险防控和安全管理

安全是旅游业的生命线。旅游公共卫生安全涉及面宽、波及面广，是旅游安全体系的重要组成部分。特别是一些重大疫情的发生，在给旅游者生命安全造成威胁的同时，也给防范旅游渠道传播疫情带来了新的安全挑战。为切断新冠病毒传播途径，遏制疫情蔓延势头，确保人民生命安全和身体健康，文化和旅游部迅速采取行动，为旅游者提供了相关安全保障。新冠疫情刚暴发时，文化和旅游部办公厅就按照党中央的部署及时发布《关于全力做好新型冠状病毒感染的肺炎疫情防控工作暂停旅游企业经营活动的紧急通知》，防止旅游过程中传播病毒。2020 年 2 月 25 日，文化和旅游部资源开发司又印发《旅游景区恢复开放疫情防控措施指南》。4 月 13 日，文化和旅游部、国家卫生健康委联合发布《关于做好旅游景区疫情防控和安全有序开放工作的通知》，明确要求：一是坚持防控为先，实行限量开放，要求旅游景区接待游客量不得超过核定最大承载量的30%。二是强化流量管理，严防人员聚集，要求旅游景区完善预约制度，做好游客信息登记工作，控制旅游车辆载客量。三是细化管理措施，规范游览秩序，要求旅游景区加强清洁消毒，指导游客做好安全防护，加强旅游设备设施和消防装备器材安全隐患的排查治理。四是做好宣传引导，倡导文明旅游，要求以引导游客遵守旅游活动中的安全警示规定，帮助游客增强防护意识，掌握防护知识，引导游客自觉佩戴口罩，积极配合防控工作。五是加强组织领导，落实责任分工，要求各地对旅游景区的开放负主体责任，建立督导机制，指导旅游景区健全应急机制，完善应急预案，落实落细防控责任。10

月 20 日，文化和旅游部办公厅又下发《关于进一步加强秋冬季疫情防控工作的通知》。2021 年 8 月 3 日，针对新一轮新冠疫情，文化和旅游部办公厅又及时发布《全面加强当前疫情防控工作的紧急通知》，要求进一步落实 A 级旅游景区疫情防控要求，进一步加强旅行社业务监管，进一步强化文化和旅游行业室内场所防控措施，进一步加强宣传引导。

强化旅游安全保障不仅是旅游公共服务的重要内容，更是落实中国共产党"一切为了人民"执政理念的重要体现。本章将分别对旅游安全保障服务涉及的几个环节进行论述。

第一节　旅游安全概述

一、旅游安全形势

旅游安全既与公共安全环境、公共安全事件、安全生产高度关联，也与旅游业自身的行业特征紧密相关。随着旅游业的快速发展，各种可预见的和不可预见、传统和非传统、常规和非常规的安全风险不断增加，旅游安全形势不容乐观。

（一）外部环境带来的旅游安全挑战

在世界全球化背景下，世界在紧密连接的同时，也带来了新的风险。伴随中国经济社会的快速发展，各类风险因素也不断增加，公共安全问题复杂性加剧，新隐患增多，各种潜在危险大量存在。一方面，当前我国正处于发展的重要战略机遇期，又处于社会矛盾的凸显期，各种变革调整速度之快、范围之广、影响之深前所未有，这也让中国进入公共安全事件易发多发期。另一方面，中国经济发展进入新常态，正处于速度换挡、结构调整、动力转换的关键时期，这给安全生产带来新的挑战，使得中国安全生产形势依然十分严峻。此外，中国是自然灾害高发国家，因灾造成人民群众人身财产损失的情形时有发生，再加上近年来公共卫生事件防控难度增大，这些都加大了安全风险。

（二）旅游业自身特征造成的安全风险

随着经济社会快速发展和人民生活水平大幅提高，近年来我国旅游业迅猛发展，出游人数、出游频率、出游半径等都呈爆发性增长。在新冠疫情暴发之前的 2019 年，中国国内旅游人数 60.06 亿人次，比上年同期增长 8.4%；入出境旅游总人数 3.0 亿人次，同比增长 3.1%，中国公民出境旅游目的地国家和地区超过 150 个。出游规模的扩大，也使得发生旅游突发事件的概率增大。与此同时，伴随旅游者出游方式的散客化、出游目的的多元化，旅游安全的风险系数也随之提高，特别像登山旅游、探险旅游等高风险旅游项目的兴起，更增加了旅游安全保障的难度。此外，旅游业综合性强、覆盖面广、产业链长，产业边界模糊，涉及交通、质检、食品、卫生、消防、气象、公安、出入境管制等各个领域，任何一个环节出现问题，都可能引发涉旅安全事故，给旅游者生命财产造成重大损害。

（三）旅游安全出现的新动向和新特征①

以2017年为例，从中可以发现中国旅游安全形势出现的一些新动向和新特征。从旅游安全领域看，旅游住宿行业安全事件增多，伴随我国住宿业态越来越多元化，民宿、公寓和乡村旅馆等层出不穷，住宿业态安全突发事件的发生频次、规模明显增加。旅游交通行业安全态势虽趋好，但各类交通安全问题差异显著。旅游景区安全形势平稳，事故伤亡人数有所减少，在2017年全年的安全突发事件中，地文景观类景区安全事故发生频率最高，其次是水域风光类、建筑与设施类景区。旅游购物安全问题显著下降，购物安全问题以假冒伪劣商品和在线旅游购物为主。旅游娱乐业安全形势虽趋于平稳，安全事故数量却有所增加，一些器械性的游乐场、技术型的滑雪场成为安全事故多发区。

从旅游安全事件来看，一是自然灾害灾情数量减少，涉旅自然灾害影响仍然较大。气象灾害涉旅安全事件较多；发生次数较多和影响范围较大的涉旅事故灾难主要出现在夏季；地震、暴雨及台风引发的涉旅自然灾害造成的伤亡严重；涉旅自然灾害具有多发性与多样性。二是涉旅食物中毒和疫情事件影响大，安全形势依然严峻。食物中毒事件数量、等级和程度有较大幅度上升；境外传染病疫情问题更加突出，并对境内游客产生较大影响；涉旅其他公共卫生事件频率与数量也大幅度增加；国际旅游活动频繁造成境内游客遭遇境外传染病疫情概率增加。三是涉旅社会安全事件增多，类型不仅多样，且覆盖地域广泛、安全事件网络舆情影响严重，安全形势不容乐观。

二、旅游安全相关规定

（一）国际旅游组织关于旅游安全问题的倡议②

1985年9月17日，世界旅游组织发布《旅游权利法案和旅游者守则》，其中"旅游权利法案"第四条指出，各国应通过采取预防和保护措施，确保旅游者人身和财产的安全，提供最佳卫生条件和健康服务条件以及预防传染病和事故的条件；在"旅游者守则"第十三条指出，在进入旅游景区、旅游地时以及在过境地和在某地停留时，旅游者

---

① 主要参考：皮常玲，郑向敏.关注安全与风险，共建共治共享旅游安全保障网——2017—2018年中国旅游安全形势分析与展望［J］.华侨大学学报（哲学社会科学版），2018（2）.
② 主要参考：魏小安，曾博伟.旅游政策与法规［M］.北京：北京师范大学出版社，2009.

应能获得人身和财产安全以及令人满意的公共卫生，尤其是住宿、食品和交通等方面，并提供关于如何有效地预防传染病和事故的信息以及随时使用健康服务设施。

1989年4月，各国议会联盟和世界旅游组织联合发布的《海牙旅游宣言》确立了十大原则，其中第七项就是有关"旅游安全"的原则，该原则指出，"旅游者的安全和保护及对他们人格的尊重是发展旅游的先决条件"。《海牙宣言》还建议，各国应指定一个中央专门机构，负责促进和实施作为国家政策一部分的旅游者保护与安全方面的预防性措施。

世界旅游组织于1994年召开首届世界旅游安全最高会议，标志着"旅游安全"获得全球性的政府关注。后来，在世界旅游组织的《旅游业危机管理指南》中进一步指出，各国应在危机之前"评估安全系统"，旅游管理部门应与其他负责安全事务的政府部门保持联系，应该参与制定安全处理程序，指定国家旅游安全联络员，培训当地负责安全事务的工作人员，建立旅游警察和紧急呼叫中心；在危机之中要做好"安全保障工作"，包括设立热线、跟踪了解为提高安全而正采取的措施、协助安全部门解决媒体的进入问题、加强内部沟通；在危机之后，则要着眼于"增强未来的安全性"，包括评估安全程序、致力于提高服务和设施的质量。

（二）中国关于旅游安全问题的规定

中国在发展旅游业伊始，就注意到旅游活动中存在着的安全问题，并颁布了大量规章制度，希望借此保障旅游者安全、妥善处理旅游安全问题。1987年9月，国家旅游局和公安部联合下发《关于加强旅游安全保卫工作的通知》，并于次年再次下发了《关于进一步加强旅游安全保卫工作的通知》。1990年2月国家旅游局发布《旅游安全管理暂行办法》，明确了旅游安全管理"安全第一、预防为主"的方针，提出了"遵循统一指导、分级管理、以基层为主"的原则，并对安全管理、事故处理、奖励与惩罚做出明确规定。1993年4月，国家旅游局发布《重大旅游安全事故报告制度实行办法》《重大旅游安全事故处理程序实行办法》。1994年1月，国家旅游局又颁布了《旅游安全管理暂行办法实施细则》。

2005年，国家旅游局专门制定《旅游突发公共事件应急预案》，明确了"以人为本、救援第一；属地救护，就近处置；及时报告，信息畅通"的原则，要求建立健全旅游行业警告、警示通报机制，制定了各种突发公共事件下的救援机制和响应程序。2006年，国家旅游局和外交部联合发布了《中国公民出境旅游突发事件应急预案》，并专门制定《出境旅游团队安全保障工作方案》。

2013年正式出台的《旅游法》对旅游安全相关问题做出了详细规定，这意味着旅游安全在国家法律层面得到了确认，具体见表6-1。

表 6-1 《旅游法》中旅游安全相关规定

条款	内容
第七十六条	县级以上人民政府统一负责旅游安全工作。县级以上人民政府有关部门依照法律、法规履行旅游安全监管职责
第七十七条	国家建立旅游目的地安全风险提示制度。旅游目的地安全风险提示的级别划分和实施程序，由国务院旅游主管部门会同有关部门制定 县级以上人民政府及其有关部门应当将旅游安全作为突发事件监测和评估的重要内容
第七十八条	县级以上人民政府应当依法将旅游应急管理纳入政府应急管理体系，制定应急预案，建立旅游突发事件应对机制 突发事件发生后，当地人民政府及其有关部门和机构应当采取措施开展救援，并协助旅游者返回出发地或者旅游者指定的合理地点
第七十九条	旅游经营者应当严格执行安全生产管理和消防安全管理的法律、法规和国家标准、行业标准，具备相应的安全生产条件，制定旅游者安全保护制度和应急预案 旅游经营者应当对直接为旅游者提供服务的从业人员开展经常性应急救助技能培训，对提供的产品和服务进行安全检验、监测和评估，采取必要措施防止危害发生 旅游经营者组织、接待老年人、未成年人、残疾人等旅游者，应当采取相应的安全保障措施
第八十条	旅游经营者应当就旅游活动中的下列事项，以明示的方式事先向旅游者作出说明或者警示： （一）正确使用相关设施、设备的方法 （二）必要的安全防范和应急措施 （三）未向旅游者开放的经营、服务场所和设施、设备 （四）不适宜参加相关活动的群体 （五）可能危及旅游者人身、财产安全的其他情形
第八十一条	突发事件或者旅游安全事故发生后，旅游经营者应当立即采取必要的救助和处置措施，依法履行报告义务，并对旅游者作出妥善安排
第八十二条	旅游者在人身、财产安全遇有危险时，有权请求旅游经营者、当地政府和相关机构进行及时救助 中国出境旅游者在境外陷于困境时，有权请求我国驻当地机构在其职责范围内给予协助和保护 旅游者接受相关组织或者机构的救助后，应当支付应由个人承担的费用

　　2016 年 9 月，国家旅游局发布《旅游安全管理办法》，明确要求旅游经营者的安全生产、旅游主管部门的安全监督管理，以及旅游突发事件的应对，应当遵守有关法律、法规和本办法的规定，并对旅游经营安全、旅游风险提示、旅游安全管理等一系列重大问题进行了详细的规定。之后，2017 年 1 月，针对旅游安全事故数量上升的苗头，国家旅游局又专门下发《关于进一步加强旅游安全工作的通知》，要求"提高认识，严格落实安全责任""加强督促，切实增强旅游安全工作成效""强化值守，提高应急处置工作水平""细化服务，提醒游客出行强化安全意识"。

　　邹永广通过研究[①]，搜集到 1986—2016 年中国旅游安全政策 1916 件，其中，国家层面的旅游安全政策 182 件，包括旅游安全法规 31 件，占总数的 17.0%；旅游安全预

---

① 邹永广.意识与应景：中国旅游安全政策演进特征研究［J］.旅游学刊，2018（6）.

警 73 件，占总数的 40.1%；旅游安全管控 57 件，占总数的 31.3%；旅游应急管理 11 件，占总数的 6.0%；旅游安全保障 10 件，占总数的 5.6%。地方层面的旅游安全政策 1734 件，包括旅游安全法规 624 件，占总数的 36.0%；旅游安全预警 634 件，占总数的 36.6%；旅游安全管控 418 件，占总数的 24.1%；旅游应急管理 27 件，占总数的 1.5%；旅游安全保障 31 件，占总数的 1.8%（见表 6-2）。

表 6-2　1985—2016 年中国旅游安全政策的结构分布（件）

国家层面的旅游安全政策		地方层面的旅游安全政策	
旅游安全法规（31）	安全制度建设（25）	旅游安全法规（624）	安全制度建设（577）
	安全组织建设（6）		安全组织建设（47）
旅游安全预警（73）	重要时段预警（53）	旅游安全预警（634）	重要时段预警（443）
	重点领域与环节（8）		重点领域与环节（8）
	特殊时期预警（12）		特殊时期预警（183）
旅游安全管控（57）	安全教育与培训（2）	旅游安全管控（418）	安全教育与培训（26）
	安全生产与检查（23）		安全生产与检查（260）
	安全监督与整顿（12）		安全监督与整顿（119）
	事故报告与控制（20）		事故报告与控制（13）
旅游应急管理（11）	应急预案（5）	旅游应急管理（27）	应急预案（17）
	应急救援（0）		应急救援（5）
	应急恢复（6）		应急恢复（5）
旅游安全保障（10）	旅游保险（8）	旅游安全保障（31）	旅游保险（29）
	其他保障（2）		其他保障（2）

三、旅游安全供给模式

旅游安全供给是一个复杂的系统，政府需要在旅游安全供给方面扮演关键角色，但同时还需要调动社会团体、企业、非营利性组织等公益和商业的社会力量共同推进，形成合力，才能取得好的效果。张丹、谢朝武对相关模式进行了研究[1]，具体见表 6-3。

---

① 张丹，谢朝武.我国旅游者公共安全服务：体系建设与供给模式研究［J］.旅游学刊，2015（9）.

表 6-3　旅游者公共安全服务供给机制

供给模式	内涵与特点	供给内容
政府主导市场型（G-M）	在政府发挥主导作用下，通过外包、授权、补贴等方式充分发挥市场的有效供给	安全信息咨询（政府信息管制下的市场供给）、应急响应服务、旅游保险建设（散客市场）
政府主导社会型（G-S）	政府通过为公益性社会组织提供制度保障和资金支持，以低成本、高效率地解决政府与市场所不能解决的难题	应急响应服务、公共安全预案、公共赔偿
市场主导政府监管型（M-G）	政府将部分非公共服务让渡给营利性企业生产供给，政府进行市场监督规范	设施安全防范、旅游保险引导、旅游保险建设（团队市场）
政府中心型（G-G）	对于完全公共的基础设施，需承担大量资金以及公共性强的服务项目，由政府垄断供给，市场和社会只起到适当补充作用	安全信息披露、旅游安全培训、安全风险监控、应急医疗担保（散客旅游）、安全担保服务（团队旅游）、公共赔偿、评估评价服务
市场中心型（M-M）	对于涉及私有的服务项目部分可引入竞争机制，让市场发挥主导作用，以起到相互牵制、提高服务质量的作用	旅游保险引导
社会中心型（S-S）	对于政府和市场都难以有效供给的部分服务项目，通过制度规范外包给社会公益组织提供	灾后心理干预、应急救援
多元化供给型（G-M-S）	对于应急救援等公共性强的服务项目需要多方主体的无缝合作才能提高服务效率和质量	安全信息警示、安全信息咨询、完善公共设施、安全知识教育、应急处理服务、旅游保险引导、旅游救援协调、旅游救援联络、旅游救援实施、法律服务

第二节　旅游安全风险防范

一、旅游安全风险类型

区分旅游安全风险的类型，是旅游安全风险防范的重要前提。一般而言，旅游安全风险主要涉及以下几类。

（一）由于自然灾害带来的风险

既包括可能发生的台风、暴雨（雪）、寒潮、大风、低温、高温、雷电、大雾、霾等气象灾害，又包括因气象因素引发的山洪、泥石流、崩塌、山体滑坡等地质灾害。以暴雨为例，不同的雨量意味着不同的风险（见表 6-4）。

表 6-4　暴雨分级

降雨强度	12 小时降雨量（毫米）	24 小时降雨量（毫米）	现象描述
小雨	＜ 5	＜ 10	雨能使地面潮湿，但不泥泞
中雨	5~14.9	10~24.9	雨降到屋顶上有渐声，凹地积水
大雨	15~29.9	25~49.9	降水如倾盆，落地四溅，平地积水
暴雨	30~69.9	50~99.9	降雨比大雨猛，能造成山洪暴发
大暴雨	70~139.9	100~249.9	降雨比暴雨大，或时间长，造成洪涝灾害
特大暴雨	≥ 40	≥ 250	降雨比大暴雨大，造成洪涝灾害

比如，2015 年 3 月 19 日广西桂林市叠彩山发生山石坠落事件，落石击中正从游船登上码头的多名游客，造成 7 名游客死亡、25 名游客不同程度受伤。经广西地质环境监测总站专家组调查鉴定，这是一起自然突发性崩塌地质灾害。事故发生后，国家旅游局立即启动应急预案，督促桂林市旅游部门配合做好对受伤游客的救治工作，安抚受伤游客和死者家属情绪，配合当地政府有关部门开展善后处置工作；同时立即发布旅游安全提示，提醒广大游客密切关注天气变化，注意防范北方地区因天气转暖、开春化冻引发的安全事故，南方地区因强降雨可能引发的地质灾害、交通事故等；并提醒游客行前关注旅游、气象、地质、交通、卫生等有关部门发布的出行提示，了解目的地安全信息。

（二）公共卫生事件产生的风险

主要包括可能发生的突发性传染病疫情、群体性不明原因疾病、食品安全以及其他影响旅游者健康和生命安全的公共卫生事故。比如，根据国家《突发公共卫生事件分级标准》，按照突发公共卫生事件性质、危害程度、涉及范围，将突发公共卫生事件划分为特别重大（Ⅰ级）、重大（Ⅱ级）、较大（Ⅲ级）和一般（Ⅳ级）四级（见表 6-5）。

表 6-5　突发公共卫生事件分级

分级	具体的分级指标
特别重大	（1）肺鼠疫、肺炭疽在大、中城市发生并有扩散趋势，或肺鼠疫、肺炭疽疫情波及 2 个以上省份，并有进一步扩散趋势 （2）发生传染性非典型肺炎、人感染高致病性禽流感病例，并有扩散趋势 （3）涉及多个省份的群体性不明原因疾病，并有扩散趋势 （4）发生新传染病或我国尚未发现的传染病发生或传入，并有扩散趋势，或发现我国已消灭的传染病重新流行 （5）发生烈性病菌株、毒株、致病因子等丢失事件 （6）周边以及与我国通航的国家和地区发生特大传染病疫情，并出现输入性病例，严重危及我国公共卫生安全的事件 （7）国务院卫生行政部门认定的其他特别重大突发公共卫生事件

分级	具体的分级指标
重大	（1）在一个县（市）行政区域内，一个平均潜伏期内（6天）发生5例以上肺鼠疫、肺炭疽病例，或者相关联的疫情波及2个以上的县（市） （2）发生传染性非典型肺炎、人感染高致病性禽流感疑似病例 （3）腺鼠疫发生流行，在一个市（地）行政区域内，一个平均潜伏期内多点连续发病20例以上，或流行范围波及2个以上市（地） （4）霍乱在一个市（地）行政区域内流行，1周内发病30例以上，或波及2个以上市（地），有扩散趋势 （5）乙类、丙类传染病波及2个以上县（市），1周内发病水平超过前5年同期平均发病水平2倍以上 （6）我国尚未发现的传染病发生或传入，尚未造成扩散 （7）发生群体性不明原因疾病，扩散到县（市）以外的地区 （8）发生重大医源性感染事件 （9）预防接种或群体性预防性服药出现人员死亡 （10）一次食物中毒人数超过100人并出现死亡病例，或出现10例以上死亡病例 （11）一次发生急性职业中毒50人以上，或死亡5人以上 （12）境内外隐匿运输、邮寄烈性生物病原体、生物毒素造成我境内人员感染或死亡的 （13）省级以上人民政府卫生行政部门认定的其他重大突发公共卫生事件
较大	（1）发生肺鼠疫、肺炭疽病例，一个平均潜伏期内病例数未超过5例，流行范围在一个县（市）行政区域以内 （2）腺鼠疫发生流行，在一个县（市）行政区域内，一个平均潜伏期内连续发病10例以上，或波及2个以上县（市） （3）霍乱在一个县（市）行政区域内发生，1周内发病10~29例或波及2个以上县（市），或市（地）级以上城市的市区首次发生 （4）一周内在一个县（市）行政区域内，乙、丙类传染病发病水平超过前5年同期平均发病水平1倍以上 （5）在一个县（市）行政区域内发现群体性不明原因疾病 （6）一次食物中毒人数超过100人，或出现死亡病例 （7）预防接种或群体性预防性服药出现群体心因性反应或不良反应 （8）一次发生急性职业中毒10~49人，或死亡4人以下 （9）市（地）级以上人民政府卫生行政部门认定的其他较大突发公共卫生事件
一般	（1）腺鼠疫在一个县（市）行政区域内发生，一个平均潜伏期内病例数未超过10例 （2）霍乱在一个县（市）行政区域内发生，1周内发病9例以下 （3）一次食物中毒人数30~99人，未出现死亡病例 （4）一次发生急性职业中毒9人以下，未出现死亡病例 （5）县级以上人民政府卫生行政部门认定的其他一般突发公共卫生事件

政府会根据突发公共卫生事件，确定相应的响应级别和应对措施。比如，新冠疫情发生以来，一些发生疫情的地方启动一级响应后，各级人民政府会组织协调有关部门参与突发公共卫生事件的处理，划定控制区域，疫情控制措施，如限制集市、集会等人群聚集活动，实施流动人口管理，开展交通卫生检疫等。同样，旅游行政部门也会根据疫情发生的情况，启动旅游相关的安全措施。2021年8月，文化和旅游部办公厅在《关于积极应对新冠肺炎疫情进一步加强跨省旅游管理工作的通知》中就要求对出现中高风险地区的省（区、市），立即暂停旅行社及在线旅游企业经营该省（区、市）跨省团队

旅游及"机票＋酒店"业务。省（区、市）内无中高风险地区后，可恢复旅行社及在线旅游企业经营该省（区、市）跨省团队旅游及"机票＋酒店"业务。

（三）社会安全事件引发的风险

主要包括在旅游区、旅游节庆活动场所或者其他旅游者集中区，因超载或人流密集可能引发的踩踏、挤压等群体性安全事故。比如，2014年12月31日，大量游客和市民聚集在上海外滩参加新年倒计时活动，上海市黄浦区外滩陈毅广场东南角通往黄浦江观景平台的人行通道阶梯处底部突发有人失衡跌倒，继而引发多人摔倒、叠压，致使拥挤踩踏事件发生，造成36人死亡、49人受伤。事后，根据重大节假日安全形势和旅游业特点，国家旅游局向各地旅游部门下发《关于做好节日期间旅游安全工作的紧急通知》，明确要求各级旅游部门进一步落实安全责任，并从上海外滩事故及以往类似事故中汲取教训，举一反三，结合旅游工作特点，深入分析本地区旅游安全形势，进一步落实安全责任，切实把领导责任、部门分工责任和企业主体责任落到实处，同时要积极完善安全制度与应急预案，加强重点部位的隐患排查。

（四）旅游活动本身造成的风险

主要包括旅游者在吃、住、行、游、购、娱等各个环节体验过程中可能发生的旅游交通、旅游住宿安全事故以及特种旅游项目和旅游设备设施等安全生产事故等。比如，2015年4月6日，一旅游客车在大理驶往昆明途中，车辆擦刮右侧护栏后翻出有效路面，共造成8人死亡、28人不同程度受伤。该团系团队和散客拼团，其中团队客人30人，组团社为四川某国际旅行社。事故发生后，国家旅游局立即与地方旅游部门取得联系，要求全力协调做好人员救治和死伤人员的情况排查等工作。云南省和楚雄州迅速成立事故处置工作领导小组，积极开展事故的应急处置工作。事故发生后，旅行社责任险全国统保示范项目立即为该旅行社垫付100万元用于人员救助，同时协调中国人民保险集团股份有限公司（承运人责任险）预付500万元，车方垫付130万元，积极做好善后处置工作。

二、旅游安全风险提示

（一）旅游安全风险提示的级别

由于不同类型的旅游安全风险对应不同的级别，因此有必要对旅游安全确定相应的级别，以便更为精准地开展旅游安全风险提示。2016年9月国家旅游局发布的《旅游安全管理办法》中明确要求，应建立旅游目的地安全风险提示制度，同时提出根据可能对旅游者造成的危害程度、紧急程度和发展态势，风险提示级别分为一级（特别严重）、二级（严重）、三级（较重）和四级（一般），分别用红色、橙色、黄色和蓝色标示。风险提示级别的划分标准，由国家旅游局会同外交、卫生、公安、国土、交通、气象、地震和海洋等有关部门制定或者确定。由于旅游风险提示级别的划分标准还没有出台，因此在现实工作中，主要还是根据自然灾害和公共卫生相关安全级别来指导旅游安全的风险提示工作。

（二）旅游安全风险提示的主体

旅游安全风险提示是一个完整的体系，需要分级分类确定各级旅游行政部门和旅游企事业单位的风险提示责任。大体而言，国家旅游行政部门应该是对全国性或者重大区域性的旅游安全风险进行宏观的总体性提示，比如在节假日出游高峰时期或者自然灾害频发、公共卫生疫情蔓延的时候，国家旅游行政部门一般会向旅游者发出相关安全风险提示。此外，国家旅游行政部门还应该负责发布境外旅游目的地的安全风险，以帮助中国的出境旅游者准确地识别旅游险安全风险。比如，2020 年，针对海外新冠疫情，文化和旅游部会提醒中国游客，及时关注境外疫情形势，切实提高安全防范意识，充分评估出国旅游引发的感染风险，暂勿前往高风险国家旅游。

对县一级旅游行政部门而言，其主要职责应该是联合本区域内的安全管理部门，对辖区内的旅游线路、旅游景区以及其他游客集散场所进行旅游安全风险评估和监测预警，并适时发布旅游安全风险信息。

对旅游企业而言，旅游行政部门应该要求其对经营业务范围内和经营场所进行的旅游活动进行安全风险提示。这其中比较特殊的是旅行社和旅游景区。旅行社需要根据不同的旅游线路和团队游客特点展开有针对性的安全风险提示工作，对高海拔等特定区域不适宜参加的旅游活动进行安全风险提示。比如，对旅游团队中的老年人或者患有某些疾病的游客进行有针对性的风险提示。旅游景区则应发布景区最大承载量警示信息，做好景区容量管控和重点地段的安全提示工作；对特种旅游项目和特种旅游设备设施，做好相关旅游设施、设备使用过程中的安全风险提示工作；对旅游区内其他未开放的经营、服务场所和设施、设备存在的安全风险也需要进行风险提示。

（三）旅游安全风险提示的要求

2016 年 9 月国家旅游局发布的《旅游安全管理办法》提出，风险提示信息应当包括风险类别、提示级别、可能影响的区域、起始时间、注意事项、应采取的措施和发布机关等内容。同时要求，一级、二级风险的结束时间能够与风险提示信息内容同时发布的，应当同时发布；无法同时发布的，待风险消失后通过原渠道补充发布。三级、四级风险提示可以不发布风险结束时间，待风险消失后自然结束。

对旅游行政部门具有直接管辖权的旅行社，《旅游安全管理办法》要求风险提示发布后，旅行社应当根据风险级别采取下列措施：四级风险的，加强对旅游者的提示；三级风险的，采取必要的安全防范措施；二级风险的，停止组团或者带团前往风险区域；已在风险区域的，调整或者中止行程；一级风险的，停止组团或者带团前往风险区域，组织已在风险区域的旅游者撤离。并要求其他旅游经营者应当根据风险提示的级别，加强对旅游者的风险提示，采取相应的安全防范措施，妥善安置旅游者，并根据政府或者有关部门的要求，暂停或者关闭易受风险危害的旅游项目或者场所。

在提示发布渠道上，《旅游安全管理办法》要求风险提示信息应当通过官方网站、手机短信及公众易查阅的媒体渠道对外发布，一级、二级风险提示应同时通报有关媒体。

三、旅游安全教育

旅游安全风险防范的关键在人。降低旅游安全风险，一方面需要加强对游客的安全教育，帮助其提高旅游安全意识，具备一定的安全救生技能；另一方面，还需要加强对旅游从业人员的安全教育，使其具备一定的安全救援能力和处置旅游安全事故的基本技能。

（一）对游客的安全教育

对公民的安全教育是需要全社会关注的事情，如教育部门有必要对学生开展安全方面的常规教育。对旅游行政部门来说，需要在公民安全素质普遍提高的基础上，重点关注与旅游活动自身特征相关的安全教育。比如，可以通过安全生产月、旅游保险宣传周等活动，在游客聚集场所采取播放安全公益广告、免费发放旅游安全宣传材料、组织典型案例点评、开展旅游安全主题演讲等多种形式广泛开展旅游安全宣传工作，提高游客防范意识和自救互救能力。同时在旅游者参加旅游活动时，要求旅游企业通过行前说明会、发放安全须知、播放安全公益宣传片等，对游客开展安全教育，不断提高游客安全意识和安全技能。

（二）对旅游从业人员的安全教育

旅游从业人员既是旅游安全风险的第一提示人，又是旅游安全事故发生后的第一救助人。这就要求旅游行政部门加强对旅游企事业单位的指导、督促和检查，帮助其落实好对旅游从业人员的安全教育责任。具体来说，需要支持旅游企事业单位建立专门的旅游安全队伍，同时对各级从业人员广泛开展安全方面的培训，特别要加强对旅游业从业队伍中关键环节，诸如安保、设施设备操作、工程维修等专业技术人员的安全培训和教育。此外，还要加强一线从业人员的旅游安全知识和应急技能培训。比如，可以在导游队伍中培养交通安全志愿者，将交通安全的知识教育纳入导游年审、培训的必修科目，提高行业人员基本安全素质。

案例 6-1

陕西省旅游部门 2016 年在旅游安全教育方面的实践

一是认真开展旅游"安全生产月"活动。根据国家旅游局的要求，按照"弘扬安全文化，普及安全知识"主题思想，要求各市区旅游局、各旅游企业在活动月期间积极营造活动氛围，大力开展宣传教育活动。组织旅游企业广泛开展应急演练，同时组织开展旅游安全大检查。在陕西省安全咨询日期间，陕西省旅游局在西安大雁塔开元广场开展了旅游安全宣传咨询日活动，制作了 10 块旅游安全宣传展板，向市民发放《文明旅游出行指南》《旅游安全手册》等宣传册 2000 余册，并在宝鸡法门寺景区举办全省旅游安全事故应急处置演练活动。"安全生产月"活动的开展，增强了旅游经营者和旅游者的安全意识，使广大市民对文明出行、安全出行的认识大大提高，受到市民的广泛好评。

二是各市区旅游局和旅游企业积极开展安全生产宣传咨询活动。各市区旅游局、旅游企业结合自身实际开展宣传活动，一些旅行社门市部向游客主动发放有关旅游安全小常识、旅游服务保障小手册等；一些旅行社充分利用微博、微信、手机等新媒体平台开展形式多样的旅游安全宣传活动。

三是组织开展各类安全教育培训活动。陕西省旅游局结合旅游安全形势和全国旅游安全培训班的安全工作要求，专门召开全省旅游安全工作会议并举办培训班，邀请知名旅游安全专家授课；还先后组织出境旅游组团社、高 A 级旅游景区、高星级旅游饭店安全知识讲座以及出境领队人员安全讲座和户外急救知识讲座等培训，通过授课老师对案例的讲解和安全防范知识的讲授，增强旅游企业及从业人员的安全意识和责任意识。

四是通过典型案例开展安全教育。针对 2015 年陕西省旅游团队游客在泰国发生的 3 人死亡、3 人重伤的交通事故，陕西省旅游局除召开全省组团社紧急会议，对事故情况进行通报之外，还以具体案例教育各组团社，强化其旅游安全意识。此外，陕西省旅游局针对赴台团队旅游事故多发的特征，先后 4 次召开赴台组团社旅游安全管理座谈交流会，通过交流提高旅行社的旅游安全实际处理能力。

第三节　旅游安全管理

旅游安全管理主要涉及旅游安全管理职责、重点环节旅游安全管理、旅游安全检查和执法等内容。

一、旅游安全管理职责

加强旅游安全管理，首先需要厘清旅游安全管理的职责。一方面，旅游安全是社会安全的一部分，旅游安全尽管有一定的特殊性，但其并不能脱离整个社会安全管理体系；另一方面，旅游安全主要是旅游者的安全，旅游者活动面广、链条长，单靠少数几个部门，难以对旅游安全形成有效保障。因此只有确定了旅游安全中的主责单位，才能够各司其职，有条不紊地进行旅游安全管理。

（一）与旅游安全相关管理职责的规定

与旅游安全相关的管理职责划分在多个国家法律中都有规定。《安全生产法》第九条第二款规定，国务院有关部门依照本法和其他有关法律、行政法规的规定，在各自的职责范围内对有关行业、领域的安全生产工作实施监督管理；县级以上地方各级人民政府有关部门依照本法和其他有关法律、法规的规定，在各自的职责范围内对有关行业、领域的安全生产工作实施监督管理。第六十条规定，负有安全生产监督管理职责的部门依照有关法律、法规的规定，对涉及安全生产的事项需要审查批准（包括批准、核准、许可、注册、认证、颁发证照等，下同）或者验收的，必须严格依照有关法律、法规和国家标准或者行业标准规定的安全生产条件和程序进行审查；不符合有关法律、法规和国家标准或者行业标准规定的安全生产条件的，不得批准或者验收通过。对未依法取得批准或者验收合格的单位擅自从事有关活动的，负责行政审批的部门发现或者接到举报后应当立即予以取缔，并依法予以处理。对已经依法取得批准的单位，负责行政审批的部门发现其不再具备安全生产条件的，应当撤销原批准。

《突发事件应对法》第四条规定，国家建立统一领导、综合协调、分类管理、分级负责、属地管理为主的应急管理体制。第七条规定，县级人民政府对本行政区域内突发事件的应对工作负责；涉及两个以上行政区域的，由有关行政区域共同的上一级人民政府负责，或者由各有关行政区域的上一级人民政府共同负责。

《旅游法》第七十六条规定，县级以上人民政府统一负责旅游安全工作。县级以上人民政府有关部门依照法律、法规履行旅游安全监管职责。第七十八条规定，县级以上人民政府应当依法将旅游应急管理纳入政府应急管理体系，制定应急预案，建立旅游突发事件应对机制。

除了法律之外，国务院制定的一些文件中也对安全管理职责提出了要求。比如，2004年国务院出台的《关于进一步加强安全生产工作的决定》就提出建立"政府统一领导、部门依法监管、企业全面负责、群众参与监督、全社会广泛支持"的安全生产工作格局。2020年12月，国务院安全生产委员会发布的《国务院安全生产委员会成员单位安全生产工作任务分工》明确提出，严格落实"党政同责、一岗双责、齐抓共管、失职追责"和"管行业必须管安全、管业务必须管安全、管生产经营必须管安全"的原则。并要求国务院应急管理部门依法对全国安全生产工作实施综合监督管理，承担职责范围内行业领域安全生产监管执法工作；负有安全生产监督管理职责的有关部门在各自职责范围内，对有关行业领域的安全生产工作实施监督管理；负有行业领域管理职责的国务院有关部门要将安全生产工作作为行业领域管理工作的重要内容，切实承担起安全管理的职责，制定实施有利于安全生产的法规标准、政策措施，指导、检查和督促企事业单位加强安全防范；其他有关部门结合本部门工作职责，为安全生产工作提供支持保障。

依照上述规定，就旅游安全职责而言，旅游相关企业负有主体责任，旅游企业的法定代表人应该成为安全生产第一责任人；县级以上人民政府主要履行旅游安全的属地管理职责，全面负责辖区内的旅游安全管理工作；旅游行政部门一方面按照"谁审批谁负责""谁主管谁负责"的原则，具体牵头抓好旅行社的安全管理；另一方面从完善旅游行业安全管理的角度，推动和配合相关部门开展安全管理；与旅游安全相关的行政部门则主要从各自的职责出发，具体负责相关领域的安全管理。

（二）涉旅部门安全管理职责的划分

旅游行政部门是旅游行业发展的主管部门，但是旅游业与一般产业不同，综合性强、牵涉面广，因此旅游安全管理仅仅靠旅游行政部门远远不够，需要各个部门有效履行各自的安全管理职责，才能有效保障游客安全。以下依据 2020 年 12 月发布的《国务院安全生产委员会成员单位安全生产工作任务分工》，对相关部门的涉旅安全管理职责做一梳理。

1. 文化和旅游部门

（1）负责旅游安全监督管理工作，在职责范围内依法对旅游行业安全生产工作实施监督管理，拟定旅游行业有关安全生产政策，组织制定旅游行业突发事件应急预案，加强应急管理。

（2）会同国家有关部门对旅游安全实行综合治理，配合有关部门加强旅游客运安全管理。指导地方对旅行社企业安全生产工作进行监督检查，推动协调相关部门加强对自助游、自驾游等新兴业态的安全监管，依法指导景区建立具备开放的安全条件。配合有关部门组织开展景区内游乐园安全隐患排查整治。

（3）负责全国旅游安全管理的宣传、教育、培训工作。加强对有关安全生产法律法规和安全生产知识的宣传，配合有关部门共同开展安全生产重大宣传活动。

（4）负责旅游行业安全生产统计分析，依法参加有关事故的调查处理，按照职责分工对事故发生单位落实防范和整改措施的情况进行监督检查。

2. 应急管理部门

（1）负责安全生产综合监督管理工作，指导协调、监督检查旅游行政部门以及下级人民政府安全生产工作。

（2）组织安全生产大检查和专项督查，指导协调和监督旅游主管部门安全生产行政执法工作。

（3）监督检查旅游企业安全生产标准化建设，旅游安全预防控制体系建设工作。

（4）根据本级人民政府授权，依法组织旅游安全事故调查处理和办理结案工作，监督事故查处和责任追究落实情况。

（5）指导各地区、旅游部门应对旅游安全生产类突发事件，组织指挥和协调旅游安全事故应急救援工作，健全完善旅游安全应急救援体系。

3. 教育部门

加强研学旅行等校外社会实践活动的安全管理。

4. 公安部门

（1）负责旅游经营场所治安管理，依法查处涉旅刑事案件和治安案件。

（2）与旅游相关的大型群众性活动的安全管理。

（3）负责对旅游经营场所的防火工作。

（4）预防和处理涉旅道路交通事故，维护旅游景区道路交通秩序以及涉旅机动车辆、驾驶人管理工作。

5. 自然资源部门

（1）负责地质公园的安全监管工作。

（2）负责风景名胜区的安全监管工作，会同文物部门负责历史文化名城、名镇、名村的安全监管工作。

（3）开展涉旅海洋预警监测、灾害预防、风险评估和隐患排查治理；参与海洋旅游应急救援工作。

6. 住建部门

对涉旅建设工程安全生产实施监督管理，依法查处相关违法违规行为。

7. 交通运输部门

（1）负责涉旅公路、水路安全生产和应急管理，承担涉旅公路、水路突发事件处置的组织协调工作。

（2）负责涉旅水上交通安全监督管理，承担旅游景区及涉旅水上交通管制、船舶及相关水上设施检验、登记和水上消防、航海保障、救助打捞、通信导航、船舶保安、港口设施保安等工作，负责涉旅水上交通安全事故应急处置。

（3）负责涉旅道路运输安全管理，承担涉旅道路交通运输线路、营运车辆、枢纽、运输场站等安全管理工作，指导旅游景区加强道路交通安全设施建设。

（4）指导涉旅运输工具的安全管理和从业人员资格认定。

（5）指导旅游相关交通运输企业安全评估、安全生产标准化建设和从业人员的安全生产教育培训工作。

8. 水利部门

对水利旅游风景区的安全工作进行管理。

9. 商务部门

配合有关部门做好商贸服务业（含餐饮业、住宿业）安全生产管理工作。

10. 卫生健康部门

（1）负责旅游经营单位卫生监督检查。

（2）协调指导涉旅生产安全事故的医疗卫生救援。

11. 市场监管部门

（1）负责旅游经营单位特种设备安全监察、监督工作。

（2）为小型游乐设施安全管理提供指导和服务。

（3）依法组织或参加涉旅特种设备事故的调查处理，按照职责分工对事故发生单位落实防范和整改措施的情况进行监督检查。

12. 广电部门

（1）指导协调广播电视等媒体发布旅游安全预警信息。

（2）配合有关部门开展旅游安全生产宣传活动。

13. 体育部门

（1）负责与旅游经营场所内公共体育设施安全运行的监督管理。

（2）监督指导与体育旅游相关的滑雪、潜水、攀岩等高危险性体育项目、有关重要体育赛事和活动。

14. 气象部门

（1）建立健全气象灾害监测预报预警联动机制。

（2）及时向旅游区和旅游部门提供气象灾害监测、预报、预警、气象等灾害风险评估等信息。

（3）为旅游区和旅游部门发布各类突发事件预警信息提供平台。

（4）为旅游安全事故应急救援提供气象服务保障。

15. 林草部门

负责指导与旅游相关的林业、草原及以国家公园为主体的各类自然保护地等相关单位安全监督管理工作。

16. 铁路部门

（1）承担涉旅铁路安全生产监督管理。

（2）依法组织或参加涉旅铁路生产安全事故的应急救援和调查处理。

17. 民航部门

（1）承担涉旅民航飞行安全和地面安全监管责任。

（2）负责涉旅民用航空器运营人资格、航空人员资格和民用航空产品的审定和监督检查。

（3）依法组织或参加涉旅民航事故的调查处理。

18. 文物部门

组织与旅游相关的博物馆安全监督管理工作。

二、重点环节旅游安全管理

旅游部门和与旅游相关的部门应该积极履行安全监管职责，督促旅游经营者树立安全生产意识，贯彻落实国家安全生产的法律法规，承担并落实安全生产的主体责任，建立健全安全生产管理机制。同时在从业人员安全资质、旅游产品安全监测、旅游经营者安全生产条件等方面加强监管。

（一）旅游餐饮领域

重点是对旅游餐饮服务许可方面的管理工作，同时要加强食品安全操作规范的管理，以及要重点防范旅游过程中食物中毒等问题。相关部门尤其要对旅游区内的餐饮场所食品安全管理加强监督指导。

（二）旅游住宿领域

公安部门应该按照《中华人民共和国消防法》和《旅馆业治安管理办法》的规定，加强旅游住宿场所的消防管理和治安管理，特别要加强住宿登记方面的管理，减少住宿领域的治安事件。旅游部门应该配合有关部门加强对星级饭店、民宿等的安全指导，对不符合安全要求的星级饭店、民宿等不予评定相应等级。

（三）旅游交通领域

交通领域是旅游安全事故的高发领域，也是旅游安全管理的重点领域。对旅游交通领域的安全管理，关键是要执行好 2021 年 1 月交通运输部等 6 个部门发布的《关于进一步加强和改进旅游客运安全管理工作的指导意见》。主要有：一是规范开展市场准入。规范道路客运市场主体登记管理；规范旅游客运许可管理，规范旅游客运企业、旅游包车企业及旅游客运、旅游包车市场准入；规范客车使用性质登记管理，建立客运企业和车辆信息比对核查机制，共享道路客运经营资质、车辆使用性质信息。二是强化事中事后监管。严格旅游包车和团组监管，全面推行旅行社用车"五不租"制度（即不租用未取得相应客运经营许可的经营者车辆、未持有效道路运输证的车辆、未安装卫星定位装置的车辆、未投保承运人责任险的车辆、未签订包车合同的车辆）；强化节假日、旅游旺季等重点时段，旅游集散中心、旅游景区等重点区域的旅游客运监督管理，加强执法协作和违法行为移送，从严查处各类违法行为；打击旅游客运非法营运；严格旅游客运车辆全周期管理，督促旅游包车企业严格执行客车强制报废标准规定；严肃安全生产事故调查和隐患治理。三是强化企业主体责任落实。规范旅行社安全管理，各地文化和旅游部门要督促旅行社建立健全安全管理制度和应急预案，完善岗位安全生产责任、安全事故报告和处理等制度，在旅游合同、宣传材料、行前说明会、行程途中对游客开展经常性的安全提醒；规范旅游包车企业安全管理，在制订运输计划时严格遵守驾驶员配备、驾驶时间和休息时间等规定，保障驾驶员充足休息；强化游客出行安全告知；加强从业人员队伍建设，督促旅游包车企业、客运站经营者、旅行社等加强旅游包车驾驶员、安检人员、导游等关键岗位从业人员聘用管理和教育培训，对违法违规从业、安全隐患突出的从业人员，依法依规开展脱岗培训或者调离关键岗位。

（四）旅游景区、旅游度假区等旅游区领域

要督促旅游景区和旅游度假区等旅游区设立安全保卫机构，配备相应的安全保卫人员，设置必要的安全设施并建立相关安全制度，进行安全风险评估，满足安全生产和消防安全条件。要督促旅游区建立安全风险监测、评估、预警。在疫情防控阶段和节假日等特殊时段，要监督旅游区制订旅游者流量控制方案，做好旅游容量监控和预警工作，做好"大客流"的预防和处置工作；督促旅游景区设置安全解说系统，开展安全风险提示。

（五）旅游购物领域

要加强旅游购物场所防火、防盗、防拥挤踩踏的安全监管，督促旅游购物企业完善安全监管制度，配备必要的安全设施设备，设置防拥挤踩踏缓冲区，加强安全应急预案演练及安全隐患排查治理。

（六）旅游娱乐领域

加强旅游娱乐场所的治安、消防等安全监管，特别是要做好旅游娱乐场所的防火工作。对相关娱乐项目安全进行评估，指导游客选择安全可靠的娱乐场所和项目。

（七）旅行社领域

指导旅行社设计安全的旅游线路产品和服务。督促旅行社对不适合参加旅游活动的情形、安全注意事项等情况向旅游者进行说明。督促旅行社加强风险评估、提示和防控，加强对突发事件的处置管理。督促旅行社履行安全保障义务，选用合法经营的有安

全保障能力的旅游交通工具。

（八）高风险项目和特种设备领域

高风险项目主要出现在体育旅游领域，旅游部门要配合体育等相关部门制定高风险项目的管理办法和安全服务标准。此外，旅游区客运索道、大型游乐设施也是旅游安全事故发生较多的领域，旅游部门要协助主管部门加强对旅游场所大型游乐设施、客运索道、旅游观光车、电梯等特种设备的安全检查，督促运营使用单位加强安全管理和设备检查及维护保养，做好特种设备检验及作业人员考核工作，对特种设备违法违规行为依法严肃查处。

三、旅游安全检查与执法

（一）旅游安全检查

旅游安全检查既是旅游安全管理的重要内容，又是防范旅游安全风险发生的重要手段，要通过专项督查、暗访暗查、联合督查等方式开展旅游安全检查。做好旅游安全检查，首先要做好日常监督检查和节假日前的检查工作，使旅游安全检查工作制度化。比如，济南市就建立了旅游安全双随机检查制度。每年节假日前随机抽取被检查单位和随机抽取检查人员，重点对旅游景区、旅行社、旅游饭店进行安全隐患排查。与此同时，建立县（区）旅游安全监管网，实现全覆盖。在山西省，2014 年各级旅游行政部门就开展旅游安全检查 1075 次，出动检查人员 3901 人次，检查旅游企业 1619 家次，其中包括旅行社（含分社、服务网点）、星级饭店和 A 级旅游景区。各级旅游行政部门通报批评和限期整改的旅游企业 14 家，行政处罚 12 家，处罚金额 22.5 万元，查找各类安全隐患问题 816 条，整改 816 条，整改率达到 100%。同时，要完善旅游安全检查的程序。比如，安徽省旅游部门就专门编写了《安徽省旅游行业安全检查工作手册》，内容有旅游安全检查工作流程、勤政廉政纪律等，对旅游星级饭店、A 级旅游景区、旅行社、星级农家乐等涉旅游业的安全检查工作提出了具体要求，并制定了相关的检查督查表格，旅行社、星级饭店、A 级旅游景区旅游安全检（督）查情况登记表，检查表格一式三份，督查组、被查市（县）旅游局、被检查单位各一份，作为旅游安全检查的台账留存，也作为跟踪督办的依据。此外，鉴于旅游安全检查涉及众多部门，因此要加强相关部门的配合，通过部门联合检查等方式来提高检查的效率。

（二）严格旅游安全执法

相关安全法律对一些安全违法行为需要承担的法律责任提出了要求。如《安全生产法》第九十五条规定，生产经营单位的主要负责人未履行本法规定的安全生产管理职责，导致发生生产安全事故的，由应急管理部门依照下列规定处以罚款：发生一般事故的，处上一年年收入百分之四十的罚款；发生较大事故的，处上一年年收入百分之六十的罚款；发生重大事故的，处上一年年收入百分之八十的罚款；发生特别重大事故的，处上一年年收入百分之一百的罚款。

2017 年国家旅游局出台的《旅游安全管理办法》也明确要求，旅游经营者及其主要负责人、旅游从业人员违反法律、法规有关安全生产和突发事件应对规定的，依照相关法律、法规处理；该管理办法还对旅行社违反相关规定应该处以的罚款进行了规定，比如第三十五条提出对旅行社不按要求制作安全信息卡，未将安全信息卡交由旅游者，或者未告知旅游者相关信息的，由旅游主管部门给予警告，可并处 2000 元以下罚款；情节严重的，处 2000 元以上 10000 元以下罚款。此外，在第三十七条中还规定，"按照旅游业国家标准、行业标准评定的旅游经营者违反本办法规定的，由旅游主管部门建议评定组织依据相关标准作出处理"。各级旅游部门和相关部门要加大力度，打击旅游经营者违反安全生产法律、法规、规章的旅游经营行为，切实提升旅游安全执法效能，为游客出游提供强有力的安全保障。

第四节　旅游安全应急和救援

一、旅游安全应急体系

在中国应急管理实践中，逐步形成了"一案三制"的应急管理体系。"一案"指的是应急预案，"三制"分别指的是应急管理体制、机制和法制。同样对旅游安全而言，重点也是要建立与旅游业产业特性相适应的"一案三制"应急管理体系。

（一）旅游应急预案

要努力建立起"纵向到底，横向到边"的预案体系。所谓"纵向到底"，就是从国家到省、市、县旅游部门都要制定应急预案，不可断层；所谓"横向到边"，就是所有相关部门都要制定预案，不可或缺，相关预案之间要做到互相衔接、逐级细化。要加强旅游应急演练，当前不少地方和企业虽然也开展一些旅游安全应急演练，但是"走过场""摆样子"的情况很普遍，因此要研究制定旅游突发事件应急演练管理办法，构建贴近实际、贴近实战的应急演练长效机制，同时要对应急预案及演练情况进行评估，及时修订应急预案，让应急演练真正收到实效。

（二）旅游应急体制

首先是要配备旅游应急管理机构的人员，要有专职工作人员负责旅游安全工作；员工数量较少的旅游企业，也应该明确负责安全的员工。要完善应急指挥和保障体系，明确旅游安全相关部门及救援机构应急管理责任，在各自范围内做好应急救援指挥、行动。要完善旅游应急救援队伍体系，推动国家专业旅游应急救援队伍建设，在政府应急救援力量不足的情况下，要推动建立市场化的应急救援服务新模式，要推动重点旅游景区建立相应的应急救援队伍，2014年国务院发布的《关于促进旅游业改革发展的若干意见》就提出，重点景区要配备专业的医疗和救援队伍，有条件的可纳入国家应急救援基地统筹建设。

（三）旅游应急机制

要加快建立政府统一领导的现场救援指挥机制。要规范预防预备、监测预警、信息报告、应急响应、处置救援和恢复重建等旅游突发事件应急救援工作程序，形成科学合理的应对机制。在信息社会，还特别需要建立良好的旅游安全舆情发布机制，要及时、主动、客观、公正地向社会发布重大旅游安全事故及其处理的信息，正确引导社会舆论。此外，还需要建立完善应急救援服务协议管理方面的机制，要探索制定旅游突发事件应急救援有偿服务收费办法或管理规定，进一步规范救援服务收费。

（四）旅游应急法制

要把旅游应急管理工作建设纳入法制轨道，按照有关的法律、法规来建立健全预案体系，依法实施应急处置工作，把法治精神贯穿于应急管理工作的全过程。除了要落实好《安全生产法》《突发事件应对法》《企业安全生产应急管理九条规定》等应急管理方面的法律法规之外，还要落实好《旅游法》《旅游安全管理办法》中涉及旅游应急管理的规定。此外，还要通过部门规章、规范性文件等方式进一步完善旅游应急管理法制体系，并在相关法律的制修订中体现旅游应急管理的要求。

二、旅游安全救援[①]

（一）旅游安全救援类型

旅游救援体系包含旅游搜救和旅行援助等多种不同类型的专业服务，在实践中还没有一种实体机构能够完全包含与旅游救援相关的所有业务。根据性质的不同，中国的旅

---

① 主要参考：谢朝武.我国旅游救援体系发展及推进策略研究［J］.西南民族大学学报（人文社科版），2010（11）.

游救援包括公共救援、公益救援和商业救援三种结构性分类：公共救援是以政府为发起主体并面向任何公众旅游者所提供的救援服务；公益救援是以民间公益机构为发起主体并面向任何公众旅游者所提供的救援服务；商业救援则是以商业性旅行援助机构为发起主体并主要面向本机构会员所提供的救援服务。通常，公共救援和公益救援以提供旅游搜救服务为主，商业救援则以提供范围广泛的旅行援助服务为主，成熟的旅行援助公司通常提供包括旅行支援、道路救援、紧急医疗和事故处理在内的各种安全救助服务。

在中国，公共性旅游救援一般是地方应急管理系统的构成部分，通常由地方的公安消防部门成立应急救援指挥中心，并通过地方的应急管理机制来调动公共资源，以实施和完成对旅游者的搜救行动。公益性旅游救援主要是公益性民间救援机构所提供的自发性、互助性救援，它通过募捐来提供资金、依靠志愿者的自发行为来提供服务。商业性旅游救援主要通过保险机制来为救援行为提供经费基础，旅行援助公司通过雇用相关医疗机构、交通机构、维修机构等服务代理机构来发展救援网络，最终通过调度救援网络中的商业机构实施救援行为。

（二）主要旅游救援机构的发展历程

1. 中国公共性旅游救援机构的发展历程

在 1999 年推行黄金周旅游以前，中国一直致力于发展以包价旅游为产品形式的观光旅游产品，旅游规模不大、安全事故不多、旅游者的风险意识也并不强烈。在这一阶段，旅游者的搜救、安全救助等旅游救援任务基本上依靠公安消防、武警部队、公立医院等公共机构来承担。2000 年以后，伴随国内旅游业飞速发展，不断增加的旅游安全事故使许多旅游大省认识到建立旅游救援体系的重要性。2001 年，云南省政府主持成立了云南迅协旅游救援中心，中心实行"企业化运作、政府扶持"的运作机制。但由于国内游客的旅游保险机制没有跟上，在相当长的时期内这一机构的救援业务基本上处于萎缩停滞状态。2009 年年底，国家旅游局开始推行旅行社责任保险全国统保机制，将旅游交通事故、食物中毒等以往界定困难的责任明确列入保障范围，该机制还采取法定基本险加附加险的形式，为有额外风险管控需求的旅行社提供 5 种附加险，其中紧急救援费用险、旅程延误险、旅行取消险等都可供旅行社选择。这意味着，国内旅游者将可利用紧急救援费用险来规避旅游安全风险。2009 年 11 月，云南省依托这一机制创造性地推出了旅游安全组合保险，同时于 2010 年 7 月正式成立了云南途安旅游安全保障救援中心，建立起为赴云南旅游者提供紧急救助和保险赔付的机制。2011 年，黄山风景区投资 3.6 亿元，建设"黄山风景区旅游安全应急救援基地"。

2. 中国公益性旅游救援机构的发展历程

中国公益性旅游救援机构主要以提供应急搜救服务为主。2000 年以后，旅游安全事故呈频繁状态，这一阶段中国旅游者安全风险意识并不强，购买旅游保险的意识非常弱，因此面向国内游客的商业性救援机构基本没有发展的空间。而传统的以公安消防为主体的公共救援组织资源不足、特殊情形下的救援经验不足，无法应对日益增加的野外探险事故。这种现状催生了各类以搜救为任务目标的民间互助救援机构的发展。2006年至 2010 年是我国山地探险旅游迅猛发展的 5 年，同样也是我国民间探险救援需求不断扩大、探险救援机构不断壮大的 5 年。比如，2006 年，新疆山友户外运动救援队成立。2007 年 11 月，以北京市登山协会山岳救援队为前身的直属民政部紧急救援促进中心的中国山岳救援队正式成立。2008 年，隶属于深圳登山协会的深圳山地救援队成立。2008 年 11 月，北京绿野援救队与北京红十字基金会合作，共同发起成立一支由民间专业人士组成的紧急救援民间公益机构———北京蓝天志愿救援队，并将其纳入了北京应急反应系统。此后，北京蓝天志愿救援队建立了中国紧急救援联盟网站，并以联盟的形式在全国各地发展分队，目前已经发展了近 20 个区域性、松散性的救援队伍。在这一时期，各地不断有区域性的民间互助救援机构和救援联盟的出现，如成立于 2009 年 8 月的河南户外救援联盟、成立于 2009 年 9 月的湖北户外救援联盟等。由于业务专一，部分民间救援机构所表现的专业能力甚至比公立消防机构还要强，因此不少民间救援队伍，如北京蓝天救援队、重庆奥特多救援队、深圳山地救援队等都被纳入了当地政府的应急体系，成为政府公共救援的重要辅助体系。

3. 中国商业性旅游救援机构的发展历程

商业性旅行援助机构在我国的发展主要经历了三个阶段，即引入探索期、规模扩展期和规范发展期。2000 年以前是旅行援助机构的引入探索期，这一时期的旅行援助服务主要是面向来华的海外旅游者和港澳台旅游者。早在 1989 年，国际 SOS 的前身亚洲紧急救援中心（AEA）就在北京设立了代表处，开始从事现场医疗救援和紧急医疗专业等相关业务。法国优普环球援助公司也于同年在北京设立了代表处。1991 年，中国国际旅行社旅游救援中心成立，并以发展救援代理业务为主的方式向境外救援公司和国内外的保险公司提供代理服务，目前在全国有 120 多家分支机构。1995 年，北京国际 SOS 救援中心正式建立，法国安盛援助则于当年在北京设立了办事处。在国际救援机构不断探索我国旅游救援市场并积极寻求发展时，面向国内游客的旅行援助服务一直处于空白状态。2000 年至 2009 年是旅行援助机构的规模扩张期。我国入世后开始放开国外资本在我国设立旅游救援机构的限制，因此外资独资的旅行援助机构开始在我国进行市场扩张。2003 年，蒙迪艾尔救援集团获得外商独资企业经营许可，北京蒙迪艾尔旅行援助服务有限公司在北京成立。2004 年，欧乐旅行援助（北京）有限公司在北京成立。2005 年，法国优普旅行援助公司和安盛旅行援助公司服务都分别在北京设立独资公司，同时都于 2006 年在上海开设分公司。由于内资机构的严重缺乏，外资旅行援助机构在我国获得了迅速的规模扩张，同时也抢占了大部分商业救援市场。2010 年以后逐步进入旅行援助机构的规范发展期。随着中国旅游者保险意识的增强以及保险机构的积极推动，中国的商业旅游救援有望出现大的发展。比如，诚泰财险开发了旅游应急救援费用保险，地方政府、各级文化和旅游局或承担旅游应急救援职责的相关部门和单位可作为投保人，为其职责管辖内的因旅行者突发事件需要应急救援而应承担的救援人员人工费用、调用和租赁救援设备产生的费用支出等提供保险保障。太平洋保险推出的乐游人生·境内旅游救援保险分为尊贵版和精英版，承保年龄从 0 至 70 周岁，保险期限在 1 天至 1 年区间自由定制，根据"境内意外伤害保险责任""境内意外伤害医疗保险责任""境内紧急救援保险责任"分项保险金额不同，可差异化按需分为四项计划进行投保。2017 年，在贵州旅发委的指导和支持下，贵州江泰全域旅游安全保障服务中心（江泰保险经纪股份有限公司全资发起的法人机构）、江泰救援服务有限公司开展贵州"大救星"救援服务体系建设工作，通过整合贵州、全国及全球救援服务资源，为贵州省旅游安全构建线上线下相结合的救援服务体系。

案例 6-2

旅游安全救援是否该收费 [①]

2021 年 6 月 11 日，黄山市文化和旅游局就《黄山市山岳型景区有偿救援指导意见》征求意见，其初衷是"维护景区正常游览秩序，使旅游者在遇险时获得及时有效救援，提高公共救援资源利用效率"。征求意见稿称，本指导意见所称有偿救援是指旅游者不遵守黄山市旅游景区游览规定，擅自进入未开发、未开放区域陷入困顿或危险状态，属地政府完成救援后，由旅游活动组织者及被救助人承担相应救援费用的活动。旅游者在黄山风景名胜区、牯牛降景区等山岳型景区游览，陷入困顿或危险状态的，属地政府应当组织实施救援。同时强调，有偿救援应当遵循"生命至上、安全第一"的理念，坚持先救援后追偿原则、有偿救援与公共救援相结合原则、教育与警示相结合原则。2018年时《黄山风景名胜区有偿救援实施办法》就已开始实施，2019 年 6 月初，黄山风景区对一名擅自进入景区未开发开放区域被困的游客进行了救援。之后，黄山风景区管委会要求王某某承担部分救援费用，这次救援也因此成为《黄山风景名胜区有偿救援实施办法》实施以来的首例有偿救援行动。

对《黄山市山岳型景区有偿救援指导意见》，专家和社会舆论有不同的意见。

支持的意见主要有：

多数网友支持有偿救援，网友们表示，违规冒险理当依法依规承担相应责任，而做出合理补偿是其中应有之义。一位网友说，"付出代价才能让某些心安理得挥霍公共救援资源的人三思而后行"。微博上一项投票显示，近 7000 名参与者中，92.67% 的人表

---

① 根据《环球时报》、澎湃新闻等媒体报道整理。

态支持，其中超过 1/4 的网友"建议全国推广"。

黄山风景区党工委委员、管委会副主任程光华表示："实施有偿救援不是为了'收钱'，更重要的目的是有效遏制擅自进入景区未开发开放区域的旅游或探险行为，更好地维护游客生命财产安全和景区生态资源安全，将有限的救援力量和资金投入到正规游览线路的保障中。"

中国政法大学民商经济法学院副教授王雷表示："'驴友'接受救援时须支付应由个人承担的相应费用，符合民法权利、义务与责任相协调统一的法治原则，可起到一定的震慑警示作用。"他认为，"驴友"的某些不负责任的行为，可能导致公共救援资源的无底线支出；政府需要把更多的资源和精力投放到其他公共领域。

反对的意见主要有：

部分网友担忧，收费会扭曲救援行动的人道主义底色。有网友提出，收费会不会对无偿救援项目产生不利影响？景区会不会因此放松安全方面的管理？还有人担心，部分遇险人员可能担心承担巨额救援费用，不愿或延迟报警，从而导致不该发生的悲剧出现。

绿野救援队创始人吕忠洪认为，不仅要依靠政府来规范，商业公司也可以与民间救援力量发展合作，如保险公司推出户外险等，"驴友"外出可以买一张救援卡，到哪里都可以随时呼叫救援服务。

中国政法大学民商经济法学院副教授申海恩则认为，有偿救援是指，在个人应该承担的费用之外，要对救援行为本身支付报酬。旅游者违反相关规定，进入禁止游览区域，应按照相关规定由其承担法律责任，这些法律责任包括批评教育、治安管理处罚甚至承担刑事责任；但法律法规关于违规旅游的法律后果中，并不包括有偿救援。申海恩还认为，有偿救援不应成为遏制违规旅游的手段，通过有偿救援遏制违规旅游，是舍本逐末，也与有偿救援的法律性质不合；应急救援的价值就在于救援本身，对所救助的对象不做任何道德上的评价。申海恩还提出，公共救援因由国家财政支持，属于无偿救援，只有公共救援之外的应急救援才可以实施有偿收费。但应当注意的是，一方面，公共部门如消防、武警等不能实施有偿救援；另一方面，公共救援也可以和非公共机构的第三方救援联合救援，非公共机构的救援可以采取有偿，公共救援依然要坚持无偿救援。属于公共救援范围内的，必须按照法律法规提供公共救援，不得推诿，否则要追究相应的法律责任。

第五节　旅游安全事后救济和保险

只要开展旅游活动，就不可避免会产生安全问题。旅游安全风险防范和旅游安全管理只能降低旅游安全事故的概率，旅游安全应急救援只能减少旅游安全事故造成的损失。因此，在旅游安全事故发生后，就会涉及事后的救济以及保险等问题。

一、旅游安全事后救济[①]

旅游安全事后救济主要是对旅游事故受害人即旅游者的救济，这种救济或赔偿应当及时、适当。

（一）国外旅游安全事后救济模式

从各国立法看，事后救济机制主要有三种模式：一是新西兰式，由政府赔偿。一旦发生事故，包括旅游事故，不问事故的当事人有无过错，对于旅游者的损害，统一由中央事故赔偿基金赔偿，实行政府埋单的无过错责任。无论是作为受害人的旅游者，还是加害人的其他旅游业者，都不会因事故使其生活或经济造成影响。二是美国式，各负其责，即谁造成旅游事故，谁赔偿旅游者。政府对于旅游者权益保障不特别加以干预，立法不直接规定旅游事故的责任承担者，而是由市场根据其自身的运行规则，决定旅游事故的事后救济及责任承担者问题，这是一种市场取向模式。因此，发生旅游事故时，根据当事人合同约定，确定当事各方对受害人的赔偿责任。基于侵权法规则，一般不是由旅行社承担责任，而是由其他旅游供应商承担。如果是旅游交通事故，由旅游交通企业对旅游者承担赔偿责任，由于交通企业都投保强制性交通事故第三方责任险，最终赔偿的是保险公司。三是欧盟式，旅游组织人赔偿。对于包价旅游中发生的旅游事故，基于旅游者与旅行组织人之间的包价旅游合同，由旅游组织人承担严格责任，而不问造成该旅游事故的具体责任人是谁，这是一种权利取向模式。欧盟通过《包价旅游指令》等特别立法对旅游者权益问题实现积极干预，强调旅行社既是包价旅游产品的打包者，也必然是旅游事故责任的打包者，从而保障旅游者权益。

（二）中国旅游安全事后救济模式

从中国现行立法看，旅游事故的救济机制重在强化旅行社责任以保障旅游者权益。发生旅游事故时，绝大多数情况下，要由组团旅行社对旅游者承担赔偿责任，无论旅游

---

① 　主要参考：汪传才. 旅游安全：一项永恒而又亟待深入的研究课题［J］. 旅游学刊，2010（3）.

事故是由旅行社自身、地接社或其他旅游供应商所致，这与欧盟立法颇为相似。旅游实务证明，尽管立法的出发点是好的，但实效效果差不多相反。一旦发现旅游事故，尤其是导致众多旅游者死伤的重大旅游事故，对于绝大多数的中小旅行社来说，出路就是破产还债，关门倒闭了之。而且，由于我国旅行社规模大多不大，偿债能力有限，旅游者实际上可能得不到赔偿或足额赔偿，更因为旅行社责任保险和旅行社质量保证金作用有限，此时除非政府出手施救，旅游者权益受损将是必然的。结果是，这种机制既使旅行社面临极大的法律风险，是旅行社所不能承受之重；又不能真正切实地保障旅游者权益，是旅游者所不能承受之重。显然，无论是旅行社的经营安全，还是旅游者的人身安全，立法促进的两大目标都可能无法如期实现。因此，立足实际，有必要进一步完善中国的旅游安全事后救济体系。

二、旅游保险

从严格意义上讲，由保险企业和旅游者签订的纯粹商业化的旅游保险，不宜纳入旅游公共服务的范畴。但考虑到不少旅游保险的推进需要政府的统筹，此外，在实际工作中，这也成为旅游行政部门在履行公共服务职能时的一项重要工作，因此，也将其纳入旅游公共服务体系予以讨论。

（一）旅游保险的界定与种类[①]

对于旅游保险，国内外诸多学者对其进行了多方面的分析，目前还没有形成一个官方的定义。从广义的视角看，旅游保险是指包括旅行社责任保险和旅游意外伤害保险在内的强制和自愿的旅游保险。旅行社责任保险属于责任保险范畴，针对由旅行社责任所导致的人员伤亡及财产损失进行理赔，基于旅行社责任是政府为了保障旅游者及旅行社的权益，促进旅游行业的可持续健康发展，通过立法的形式强制规定旅行社必须进行投保，从法律意义上而言，属于强制性的范畴。而狭义的旅游保险是指在旅游过程中受到意外伤害的保险，对在合同约定期间内遭受意外所造成的伤害进行理赔，对于此类保险，旅行社仅仅是从形式上进行简单的推荐，并没有强制性的购买。因而，通常所指的旅游保险就是指狭义的旅游保险，即旅游意外伤害保险。此处按照广义的视角将旅游保险分为两类：

1. 旅行社责任险

为了保障旅游者和旅行社的合法权益，促进旅游业的健康发展，根据《旅行社管理条例》和《中华人民共和国保险法》的有关规定，制定了《旅行社责任险投保办法》。该办法规定：旅行社从事旅游业务经营活动，必须投保旅行社责任保险。内容涉及：旅

---

① 主要参考：夏晶的硕士论文《中国旅游保险发展探析》。

游者人身伤亡赔偿责任；旅游者因治疗支出的交通、医药费赔偿责任；旅游者死亡处理和遗体遣返费用赔偿责任；对旅游者必要的施救费用，包括必要时近亲属探望需支出的合理的交通、食宿费用；随行未成年人的送返费用，旅行社人员和医护人员前往处理的交通、食宿费用；出行延迟需支出的合理费用等赔偿责任；旅游者行李物品的丢失、损坏或被盗所引起的赔偿责任；由于旅行社责任争议引起的诉讼费用；旅行社与保险公司约定的其他赔偿责任。旅行社责任险具有强制性，涉及的内容大多为责任重、概率小的状况，通常提供的都是属于旅游活动中最基本的保障，不能覆盖旅游活动中全部保障需要。

2. 旅游意外险

旅游意外险所提供的保障涉及意外险、人身意外伤害险、住宿人身保险、旅游救助险，其中前三项为基础保险，是对旅游活动保障进一步延伸。

旅游意外险的保障范围基于各保险公司具体的产品类型不同存在差异性。这一保障范围涉及人身伤亡、意外医疗、境内紧急救援以及行李、证件损失等。随着旅游保险产品的增加，其保障范围也不断扩大，如航班延误（4小时及以上）。近年来，随着旅游项目的拓展，旅游保险产品也在不断丰富。以中国人民财产股份有限公司的"e 神州自驾游境内旅游保险"为例，该险种主要针对境内自驾旅游的人士，在保险期内为其提供保障。

（1）旅游意外伤害险。定义的基础内容是人身意外伤害，指的是被保险人在合同约定期间，在旅游或出差的过程中因意外导致伤亡或保障范围内的其他项目，保险人需要承担的保险责任，这里所提到的意外事故构成需要具备下述条件：意外发生的，被保险人没有提前预知或者非故意发生的事故；外来原因导致的被保险人身体外部原因发生的事故；突然发生的，即事故的原因与伤害的结果之间具有直接的关系，并在瞬间造成伤害，来不及预防；相较传统意外险保障单一且保障时间长的特点，旅游意外伤害险大多时效性较强，一般与出行时间对应。

（2）旅游人身意外伤害保险。旅游人身意外伤害保险指合同约定期间内因发生意外因此导致被保险人出现各种受伤甚至于死亡过程中的医疗费用，保险公司按照约定对其进行理赔的一种服务保障项目。

（3）住宿游客人身保险。伴随着保险行业的逐步发展，国内各大公司已经开发住宿旅游人身保险这一品种，设置保费为1元，从住宿之日0时开始计算，期限为15天，期满可自动续保，每次可投保多份保险，责任涉及以下几个方面：一为住宿旅客保险金5000元；二为住宿旅客见义勇为保险金1万元；三为旅客随身物品遭意外丢失损失补偿金200元。在合同约定的保险期内，旅客因意外或为保护自身或他人生命财产权所导致的伤亡或身体机能丧失，抑或者所携带的商品遭到盗窃、抢劫而丢失，保险公司按照不同的标准给予赔付。

（4）旅游救助保险。旅游救助险是当前保险公司与国际各大救援中心合作所推出的一个新的险种，这一保险对于出国游的游客来讲是较为合适的，无论身处哪个地区，只要发生意外引起纠纷便可以及时拨打电话，获得无偿的救助。打破空间和时间的局限性也是这一保险的突出特色，在传统的保险中理赔一般是发生在事后，但在这一新型险种之中能够为客户提供最及时有效的帮助。例如，在长假期间旅客如果安排自驾游旅行，不幸遭遇意外或车子出现任何问题不能正常运行，及时通知保险公司处理，不会耽误太多的时间，扰乱自己出游的计划。

（5）其他相关保险。交通意外险，以被保险人的身体作为标的，以被保险人在乘坐交通工具期间遭受的各种伤亡及费用支出进行理赔。在航空保险中，意外险是最为常见的险种，保额最高达到200万元，具体的保障日期是从意外伤害发生即日起180天以内。

（二）中国旅游保险发展阶段[①]

1. 入境旅游保险为主阶段（1978—1995年）

我国旅游市场的发展是从入境旅游开始起步的。在入境旅游市场迅速发展的同时，旅游安全事故也不容乐观，其中尤以1994年的千岛湖事件影响最大，游船上32人全部遇难，其中24名为台胞游客，浙江省政府花费几千万元才最终了结该案。正是基于旅游安全对于旅游发展的重要性，同时考虑到入境旅游安全的敏感性，我国旅游保险的发展是以入境旅游保险为切入点开始发展的。同时也正是由于这个原因，在国民经济各行业中，旅游保险成为起步最早、意识领先的行业保险之一，同时也为后来成为具有较高开放程度的行业保险之一奠定了基础。期间出台了三项旅游保险相关的重要政策制度：

（1）1990年2月7日，国家旅游局和中国人民保险公司共同发布了《关于旅行社接待的海外旅游者在华旅游期间统一实行旅游意外保险的通知》，该通知指出，在保险有效期内，凡由我国旅行社外联组织接待的海外旅游者……均为保险对象；国家旅游局禁止我国所有旅行社直接在海外为来华旅游者保险。

（2）1990年2月20日，国家旅游局制定《旅游安全管理暂行办法》，并规定旅游安全管理机构要督促、检查旅游企、事业单位落实有关旅游者人身、财物安全的保险制度，对于外国旅游者的赔偿，按照国家有关保险规定妥善处理。

（3）1994年1月22日，国家旅游局颁布的《旅游安全管理暂行办法实施细则》再次重申旅游企业要负责为旅游者投保，开展登山、汽车、狩猎、探险等特殊旅游项目时，要事先制定周密的安全保护预案和急救措施，重要团队需按规定报有关部门审批。

2. 法定旅游保险起步阶段（1996—2002年）

1996年10月15日，国务院颁布的《旅行社管理条例》第三章第二十二条规定，

---

① 本部分前三个阶段表述主要参考：魏小安，曾博伟. 旅游政策与法规［M］. 北京：北京师范大学出版社，2009.

旅行社组织旅游，应当为旅游者办理旅游意外保险，并保证所提供的服务符合保障旅游者人身、财物安全的要求；对可能危及旅游者人身、财物安全的事宜，应当向旅游者做出真实的说明和明确的警示，并采取防止危害发生的措施。第一次把旅游保险列入旅行社管理范畴，确立了法定旅游保险的基调。

1997年9月1日开始施行国家旅游局颁布的《旅行社办理旅游意外保险暂行规定》，进一步明确了旅游意外保险的法定保险性质，对旅游意外保险的赔偿范围、投保手续、管理手段等做出相应规定。

1999年，中国人寿在国内首次推出《旅游意外保险条款》，其他各家保险公司纷纷效仿，旅游保险渐成规模。

2001年9月1日，国家旅游局颁布了《旅行社投保旅行社责任保险规定》，规定"旅行社从事旅游业务经营活动，必须投保旅行社责任保险"，以旅行社责任险法定保险代替了旅游意外保险法定保险。

2001年12月26日，国家旅游局颁布《旅行社管理条例实施细则》，第五十一条规定，旅行社从事旅游业务经营活动，必须投保旅行社责任保险。旅行社在与旅游者订立旅游合同时，应当推荐旅游者购买相关的旅游者个人保险。

此外，作为旅游保险的重要组成部分，航空意外险在1997—2002年使用全国统颁条款，并在全国大部分地区实行寿险公司"共保"。

3. 旅游保险体系形成阶段（2003—2011年）

在这个阶段，财产保险公司的加入加快了旅游保险的发展。2002年12月30日，中国保监会颁布《关于加强航空意外保险管理有关问题的通知》，2003年3月1日起正式废除原航意险统颁条款，各保险公司自行开发航意险产品。

2003年1月1日起实施的新修订的《保险法》规定，财产保险公司可以经营意外伤害保险业务。自此，旅游保险市场进行了重新洗牌，竞争格局发生巨大变化：市场主体迅速增加，产品不断丰富，紧急救援等高附加值产品开始出现。旅游保险产品框架体系逐渐构建起来。

2006年6月18日，中国保监会和国家旅游局联合下发了《关于进一步做好旅游保险工作的意见》，提出要创新旅游保险工作机制，建立"旅保合作"工作制度，探索建立多元化旅游保险纠纷调解机制，鼓励投保方式的创新。要完善旅游保险产品体系，着力完善旅行社责任保险，改进旅游意外伤害保险，大力发展新兴旅游保险和特种旅游保险，积极推进旅游各环节保险。要提高旅游保险服务质量和水平，切实加强事前风险管控，大力推广事中旅游保险紧急救援服务，努力提高事后理赔服务质量和水平，大力推进旅游保险销售模式创新。

2011年1月，国家旅游局和中国保监会出台《旅行社责任保险管理办法》，对涉及的投保、赔偿、监督检查等一系列问题做出了明确规定。这也意味着中国的旅游保险体系初步形成。

4. 旅游保险继续完善阶段（2011 年至今）

进入到 21 世纪第二个十年，政府、社会和保险公司对旅游保险的关注程度也日渐提高，旅游保险也因此不断发展。2016 年国务院发布的《"十三五"旅游业发展规划》也明确提出，深化旅游保险合作机制，完善旅游保险产品，提高保险保障额度，扩大保险覆盖范围，提升保险理赔服务水平。完善旅行社责任保险机制，推动旅游景区、宾馆饭店、旅游大巴及高风险旅游项目旅游责任保险发展。加强与重点出境旅游目的地开展旅游保险合作，建立健全出境旅游保险保障体系。

除了国家层面的重视，旅游企业、保险公司和地方政府也积极推动旅游保险的发展。伴随互联网和移动互联网的发展，适合旅游保险小额、短期的特点，互联网旅游保险得到快速发展。2018 年中国保险行业协会发布《互联网旅游保险市场研究报告》，对 2017 年互联网旅游保险市场特点进行了分析：一是保费规模受旅游淡旺季影响明显。其中 6—10 月旅游险保费占全年旅游险总保费近 50%。二是保险产品受出游天数和距离远近的影响较大。适配境内短期旅游（通常为 2~4 天）和境外周边国家旅游（通常为 6~8 天）或较远境外国家旅游（通常为 13~14 天）的产品较受消费者青睐。三是旅游保险投（承）保时间点呈现一定规律。一天中有三个投保高峰时段，分别出现在午休前、下班前以及晚上睡觉前，有不少客户倾向于在工作期间较为宽松的时间段投保。

2016 年，武汉推出旅游保险网，在全国首创"旅游保险超市"模式，相较于传统旅行社单独向保险企业投保不同，投保者不再面对单一的保险公司、固定的服务和险种，而是可以像"逛超市"一样自由选择保险公司及产品，同时，还为自由行、自驾游等个人游客开通了旅游保险自助。

此外，一些地方政府还探索通过政府为游客购买旅游保险的方式，增强游客对旅游目的地安全保障的信心。比如，2018 年 6 月，武汉市黄陂区政府投入 200 万元为来黄陂旅游的游客集中购买一份意外伤害险，保险范围包括乘坐在黄陂区境内往返的旅游大巴或自驾游车辆，车辆在承保区域内行驶过程中发生了交通事故导致车上游客意外死亡、伤残和意外医疗；游客在承保区域内，发生的意外死亡、伤残和意外医疗；旅行社组织的旅游团游客在承保区域内发生的意外死亡、伤残和意外医疗。

（三）中国旅游保险未来发展方向

尽管中国旅游保险发展取得了显著的进步，但是依然存在不少问题：一是从市场端看，游客风险意识增强，但旅游保险意识不足。二是从企业端看，旅游保险品种较少，且消费者很难理解和区分保险公司设置的旅游保险品种。三是从政府端看，在市场经济条件下，政府对旅游保险市场引导和规范的力量较弱，旅游行政部门和保监会等行政部门的统筹还有待加强。

未来中国旅游保险的发展应该努力的方向主要有：

一是积极培育旅游保险市场。要积极宣传旅游保险，增加公众对旅游保险的认知和了解，进一步消除公众对旅游保险的不信任感。特别要善于利用互联网的渠道，增加对旅游保险的宣传。此外，还可以借鉴香港的经验，探索建立旅游保险代理人（由香港保监部门与旅游部门签订协议扩大中介的服务范围，增设保险代理人资格，鼓励旅行社和职员经过训练合格后登记为保险代理人，获取相应的旅游保险代理资格，但不能从事任何其他保险业务）的制度，扩大专业化的市场推广渠道。

二是积极开发旅游保险险种。进一步突出旅游保险的差异性和针对性，一方面要针对特殊人群的旅游市场开发新的保险品种，如更加关注老年旅游市场、青少年研学旅行市场等；另一方面，要拓展新兴特种旅游产品的保险市场，如滑雪、潜水、滑翔伞、马拉松等体育旅游市场。

三是积极推动参与主体协同。旅游行政部门应加大对提高旅游者风险意识的宣传力度，引导旅行社、互联网旅游企业、旅游住宿企业等市场主体通过旅游保险合理规避运营风险。保险行政部门应规范旅游保险市场秩序，防止旅游保险市场垄断，完善相关政策体系，促进旅游保险市场的持续健康发展。旅游企业应科学评估风险，加大与保险企业的配合，引导游客正确购买旅游保险产品。保险企业应加强旅游保险产品创新，推出更多简便易行的旅游保险产品，同时依托旅游保险产品开发积极做好旅游安全预警、旅游安全救援工作。此外，在旅游保险发展中，还要善于发挥行业协会的作用，不断形成工作的合力。

四是积极完善旅游保险体系。进一步完善旅游保险相关的法律法规；进一步探索建立旅游活动风险分级目录，推动一部分高风险旅游活动强制险的设立。与此同时，要打造旅游保险的专业化人才队伍，通过区块链等新兴技术，增强旅游保险产品的透明度和游客消费的信任度。

第 七 章

旅游惠民服务

【主要内容】

了解旅游惠民服务的主要内容，掌握旅游厕所建设的历程和重点，掌握旅游惠民服务的要点和实践，掌握旅游志愿服务的发展情况。

【引导案例】

山东文化和旅游惠民消费季

2021年4月10日，第五届山东文化和旅游消费季正式启动。活动按照"政策引领、文旅融合、市场运作、普惠大众"的原则，坚持政府力量和市场力量相结合，全面加强文化和旅游及相关消费的深度融合，采取财政直补消费者、商家优惠折扣和金融机构支持等方式，大力开展群众性文化和旅游惠民活动，全民共同参与，共享文化和旅游资源。

在活动内容上，第五届山东文化和旅游惠民消费季定于4月中旬16市同步启动，活动持续到10月，在省市县乡村五级同步开展、协同推进。包括"惠游齐鲁·健康生活""智游齐鲁·云享未来""非遗传承·国潮来袭""红色齐鲁·情系百年""夜游齐鲁·不夜之城""百年献礼·艺动齐鲁""特色展销·品牌山东""文旅IP·创意山东"八大主题活动。

在运行机制上，山东文化和旅游消费季探索建立起促进文化和旅游消费的长效机制，即"政府引导、部门联动、平台支撑、企业让利、金融助力"五位一体。"政府引导"，即全省16市同步启动，省市县三级联动，同步发放惠民消费券，组织开展文旅特色消费活动，营造良好的文化和旅游消费氛围。山东省16市落实文化和旅游惠民财政资金近1.5亿元。"部门联动"，即整合各方资源，形成合力，共同推进消费季活动。山东省文化和旅游厅联合25个省直有关部门（单位）和16市成立了第五届山东文化和旅游惠民消费季组委会，建立部门（单位）各尽其责、社会力量共同参与、专业服务公司具体执行的筹办工作机制。参与消费季活动各方，包括企业商户实体店铺等，统一使用"山东文化和旅游惠民消费季"标识，消费者可以随时随地扫描标识二维码关注了解并参与消费季活动。"平台支撑"，即引进携程、途牛、阿里巴巴旗下淘票票和飞猪等电商平台，完善"山东文化和旅游惠民消费季云平台"消费券发放、消费行为监测、消费数据统计分析等功能，有效监测统计消费行为与消费数据，为消费季活动提供决策依据。"企业让利"，即鼓励更多文旅企业积极开展惠民让利促销活动，吸引社会资本参与，直接让利于民。"金融助力"，即加大惠民惠企力度，联合中国银联山东分公司、工商银行山东省分行等金融机构推进发行好客山东文化旅游主题信用卡。依托金融机构征信系统，全面评估消费季参与企业，给予中小微企业信贷支持，扶持企业发展。

截至7月底，山东省共发放文化和旅游惠民消费券8574.61万元，直接带动消费3.94亿元。其中，山东各市共发放消费券6394.61万元，直接带动消费2.54亿元。省级文化和旅游惠民消费季征集文化和旅游产品33万余件，参与企业12368家。山东省各市开展文化和旅游消费主题活动约6100项，间接带动消费30亿元。

山东举办的文化和旅游惠民消费季属于一种旅游惠民服务，这种惠民形式既体现出旅游公共服务的特征，又在实践中起到促进旅游业发展，带动地方经济的作用。需要说明的是，2018年文化和旅游部门合并之后，旅游惠民消费和文化惠民消费常常联合举行，但这并不影响这类旅游公共服务行为给旅游者带来的好处。

从服务内容看，旅游交通服务、旅游信息服务、旅游安全服务等旅游公共服务也有一定的惠民和便民特征，但本章主要就惠民特征更为明显的旅游惠民消费、旅游厕所和旅游志愿者这三类服务进行阐述。

第一节　旅游惠民消费

旅游惠民消费的体现形式是政府牵头和引导，通过降低旅游消费的价格，一方面让旅游者得到实惠，另一方面扩大旅游消费规模。政府开展旅游惠民消费比较典型的做法主要有：降低景区门票价格，发放旅游消费券和发行旅游惠民卡。

一、优化旅游景区门票价格

旅游景区是吸引旅游者出游的主要动因，旅游景区门票花费在旅游者全部花费中也占有相当的比例。因此，优化旅游景区门票价格往往成为促进旅游惠民消费的主要手段。在具体实践中，主要有两种方式：一种是通过行政力量，要求旅游景区特别是国有旅游景区降低门票价格；一种是旅游目的地政府以旅游惠民和招徕游客为目的，主要通过政府财政补贴的方式，减免旅游景区门票价格。

（一）行政力量降低旅游景区门票价格

一般而言，旅游景区实行政府定价、政府指导价和市场调节价三种价格管理形式，但不管哪种定价模式，都需要接受政府物价部门的管理，特别是一些国有旅游景区的价格更是政府监管的重点。根据张凌云的统计，自1996年起至2019年，国家发改委（包括原国家计委）或联合其他委办局先后共下发的与景区门票价格有关的管理文件达12项之多，具体见表7-1[①]。

表7-1　1996—2019年国家出台景区门票价格管理的相关文件

时间	文件名称	发文单位
1996.12	关于景区甲乙门票价格并轨的通知	国家计委（国家发改委前身）
1999.1	游览参观点门票价格管理办法	国家计委
2000.9	改革国家级特殊游览参观点门票价格管理体制	国家计委
2005.4	进一步规范游览参观点门票价格管理工作	国家发改委
2007.1	进一步做好当前游览参观点门票价格管理工作	国家发改委
2008.4	整顿和规范游览参观点门票价格	国家发改委、财政部、国土资源部、住建部、国家林业局、国家旅游局、国家宗教局、国家文物局
2010.4	关于做好法定节假日期间游览参观点门票和道路客运价格管理工作的通知	国家发改委
2012.9	各省区市降低80家游览参观点门票价格	国家发改委
2012.9	各省区市第二批降低游览参观点门票价格名单	国家发改委
2015.9	关于开展景区门票价格专项整治工作的通知	国家发改委、国家旅游局
2018.6	关于完善国有景区门票价格形成机制，降低重点国有景区门票价格的指导意见	国家发改委
2019.3	关于持续深入推进降低重点国有景区门票价格工作的通知	国家发改委办公厅

除此之外，旅游景区门票价格也成为国务院相关文件和政府工作报告关注的重点。针对旅游景区涨价频繁的现象，2009年12月国务院出台的《关于加快发展旅游业的意见》就提出，景区门票价格调整要提前半年向社会公布，所有旅游收费均应按规定向社会公示。2014年8月国务院出台的《关于促进旅游业改革发展的若干意见》更是专门对"规范景区门票价格"进行部署，明确要求利用风景名胜区、自然保护区、文物保护单位等公共资源建设的景区门票以及景区内另行收费的游览场所、交通工具等项目价格要实行政府定价或者政府指导价，体现公益性，严格控制价格上涨。景区应严格按照规定，对未成年人、在校学生、老人、军人、残疾人等实行门票费用减免。所有景区

---

① 张凌云.景区门票价格与门票经济问题的反思［J］.旅游学刊，2019（7）.

都要在醒目位置公示门票价格、另行收费项目的价格及团体收费价格。要进一步加强价格监管，坚决制止各类变相涨价行为。2015年8月，国务院办公厅发布《关于进一步促进旅游投资和消费的若干意见》提出，深化景区门票价格改革，调整完善价格机制，规范价格行为。2019年8月，国务院办公厅出台的《关于进一步激发文化和旅游消费潜力的意见》要求，继续推动国有景区门票降价。

总体来看，政府的一系列举措，遏制了旅游景区门票上涨的趋势，让旅游景区价格总体呈现出下降趋势，也让多数旅游消费者得到门票下降带来的实惠。以山东为例，2018—2020年，先后出台景区门票降价方案262个，实现国有5A级、4A级旅游景区降价全覆盖，其中泰山、曲阜三孔、天下第一泉、崂山、蓬莱阁等一批国有5A级旅游景区实现了连续降价，平均降幅达50%以上，年减轻游客门票负担5亿元以上。

值得注意的是，不少旅游景区具有准公共物品的特性，由于门票下降带来的游客数量大幅增加，以及对一些旅游景区生态环境造成的破坏等，也成为用行政力量强制降低旅游景区门票价格带来的负面影响。未来如何在考虑旅游景区门票惠民的因素下，制订更为科学的旅游景区门票价格依然是一个需要继续深入研究的问题。

（二）旅游目的地政府减免旅游景区门票价格

从中国的情况看，主要是由中央政府牵头，要求地方政府采取行政措施，强制国有旅游景区降低门票价格。各地主动减免旅游景区门票价格主要是采取政府财政补贴并结合旅游景区让利的方式进行，此外，这种方式大都由旅游目的地政府在市场低谷或者旅游淡季时推出。比如，为促进新冠疫情后旅游消费增长，更多让利旅游消费者，2020年5月，云南省发展和改革委员会印发《关于落实景区门票价格优惠政策有关问题的通知》，要求全省所有实行政府指导价管理的A级及以上旅游景区的门票价格，2020年一律在现行政府制定的指导价基础上优惠50%。2020年7月，山西省政府出台文件决定，2020年下半年全省国有A级以上旅游景区周一至周五工作日期间对全国游客免首道门票，门票减免收入由省级财政补贴20%、市级财政结合当地实际补贴不低于20%。鼓励省内民营A级以上旅游景区参照执行，参与减免首道门票的旅游景区与国有企业享受同等补贴政策。

案例 7-1

全球免费游衢州

自2017年起，衢州开展了"全球免费游衢州"活动。2019年，衢州市人民政府发布了"全球免费游衢州活动方案"。

一是确定免费景区。综合考虑景区产权所属、安全情况、可进入性、代表性以及知名度等因素，确定烂柯山、药王山、天脊龙门、龙游石窟、民居苑、江郎山（不含"郎峰"）、仙霞关（不含"戴笠迷宅"二楼）、廿八都、清漾村、浮盖山、三衢石林、梅树底、根宫佛国（不含"华夏根文化景区"）、钱江源14个景区为"全球免费游衢州"活动参与景区。

二是确定免费时间及免费对象。2019年，除国家法定节假日、双休日外，每逢周一至周五，共计246天，参与景区对全球游客免费开放。2019年11月1日至12月31日，参与景区对衢州市民免费开放。参与景区对特定的新兴客源市场开展阶段性免门票活动。参与景区对全国现役军人、消防指战员、省级以上劳动模范、器官捐献者直系亲属、骨髓捐献者、70周岁以上老年人以及衢州籍残障人士等特殊人群全年免费开放。

三是确定补助办法。其一，由县（市、区）政府对参与景区的门票减收给予相应补助，实行"先预拨后结算""按实核照实算"方式办理；市政府对县（市、区）政府给予相应奖励。由各参与景区所在的县（市、区）政府以各景区2018年度补助额度为基数预拨2019年度补助资金，每半年补助50%，并于当年11月底前全部补助到位。在此基础上，由市政府分别按各景区所在县（市、区）政府补助额的1/3给予奖励，并在当年12月底前奖励到位，奖励资金由市财政局在"大文旅"专项资金中统筹安排。其二，2020年1月至2月，由市文旅局、市财政局联合委托第三方审计机构对各景区2019年度实际门票收入进行审计审核。其三，以经第三方审计机构审计审核后确定的2019年度各参与景区实际门票收入情况，结合2018年度的实际门票补助额，由各参与景区所在的县（市、区）政府核定各参与景区2019年度日均门票收入，并乘以实际免费天数核定实际应补助金额。预拨补助资金与实际应补助资金之间的差额，实行"多退少补"。

二、旅游消费券

旅游消费券是一种对旅游者进行消费的补贴行为，当然在具体操作中，旅游消费券并不特意区分游客或居民，往往是用于消费旅游景区、旅游酒店等旅游相关企业提供的产品和服务。从旅游公共服务角度看，只有政府补贴或政府与企业共同补贴的，才能视作旅游消费券；如果纯粹由旅游企业实施的打折促销活动，不能作为旅游公共服务意义上的旅游消费券。

（一）旅游消费券发放的基本情况

在中国，旅游消费券的大规模发放始于2009年。为应对2008年全球金融危机，扩大旅游消费被作为"扩内需"的重要内容，得到各级政府的高度重视。作为一种既有惠民属性，又能激发消费的重要载体，旅游消费券被众多地方政府所采用。2009年2月

16 日，南京市政府共拿出 2000 万元，通过摇号方式分 4 个月向市民派发南京乡村旅游消费券。2 月 26 日，杭州市正式面向以长三角地区为重点的国内及港澳台旅游市场免费发放总面值为 1.5 亿元的"杭州旅游消费券"；同年 5 月，第二期总额为 1 亿元的旅游消费券发放，发放对象包括英、日、韩等国家。北京在 2009 年春节前启动"北京请您来过年"活动，发放 5 万张免费景区门票，并于同年 4 月再次发放 200 万张免费景区门票。随后，湖南、山东、山西、广州、郑州、武汉、宁波、镇江、湖州等省市也纷纷推出免费旅游消费券。据中国人民银行的调查，截至 2009 年 5 月 31 日，全国各地发放旅游消费券占全国消费券总量的 88%，约 42 亿元人民币。旅游消费券在惠民旅游方面发挥了积极作用，同时也激活了旅游消费市场。

之后，为应对新冠疫情对旅游市场的冲击，国内外不少地方都采取了发放旅游消费券的做法。2020 年 7 月，为扶持遭受疫情打击的国内旅游业，日本政府推出"Go To Travel"补贴活动。通过此项政策，消费者最大能享受旅游费用总额 50% 的折扣优惠，具体为 35% 的旅行相关费用及 15% 的消费券。在国内，虽然旅游消费券规模比 2009 年时缩减不少，同时旅游大多与文化、体育等领域一起发放消费券，但用消费券来推动惠民旅游的做法也很普遍。比如，2020 年 4 月开始，武汉就发送了 5 亿元消费券，其中的文体旅游消费券用于景区、住宿饭店、旅行社、书店、健身场馆、体育培训、体育用品专卖店等消费。2020 年 4 月，温州采取政府适当补贴、旅游目的地让利、景区优惠打折等方式，推出 3000 万元的旅游消费券。2020 年 9 月，成都发放 2 亿元畅游成都旅游消费券，每个消费券包补贴金额 80 元。

（二）旅游消费券发放的主要模式[①]

以 2009 年旅游消费券为例，其发放形式主要有政府发放和政府企业联合发放两种，其中完全靠政府发放的较少，较多是采取后一种方式（见表 7-2）。

表 7-2　旅游消费券发放主要模式

发放类型	发放省市	河南省安阳市	湖南省	河北省石家庄市
政府发放	发放时间	2009 年 3 月	2009 年 4—7 月	2009 年 4 月
	资金来源	市县两级财政	省级财政	市级财政
	发放金额	1000 万元	100 万元	100 万元
	使用范围	安阳市境内 8 个主要景区	3A 级以上旅游景区与四星级以上饭店	8 个重点县的 16 个主要景区

---

① 主要参考：郎贤萍，汪侠 . 旅游消费券发放模式初探［J］. 消费经济，2012（2）.

发放类型	发放省市	浙江省杭州市	江苏省南京市	河南省洛阳市
政府企业联合发放	发放时间	2009 年 2 月	2009 年 2 月	2009 年 3 月
	资金来源	政府承担 50%、商家承担 50%	市级与区县财政承担 80%，消费点承担 20%	政府承担大部分费用，企业自愿报名承担部分费用
	发放金额	1.5 亿元	2000 万元	6520 万元
	使用范围	指定景区、宾馆、餐饮、茶楼、足浴、演出门票、游船船票	指定的 37 个乡村旅游点	指定景区、旅行社、宾馆、酒店

相较政府发放旅游消费券，政府企业联合发放的方式不仅具有政府发放模式的优点，还在降低政府财政支出、发放的可持续性、消费券的推广 3 个方面具有优势。鼓励消费券指定使用商家配合财政投入一定比例的资金，不仅节约了政府开支，而且可以充分发挥财政资金的示范效应，商家参与积极性对消费券的发放与推广也起了较大的作用。因此联合发放模式更加合理，从长远来看，也是可持续的。就缺点而言，也存在着只能在短期内促进旅游经济发展等问题。

（三）旅游消费券发放的对象[①]

以 2009 年旅游消费券为例，各地旅游券发放范围和对象不尽相同，有的仅面向本市居民或专门群体，如学生、农民、老年人等，有的则覆盖了当地和外地市民，甚至把旅游券发放到了海外。

1. 面向当地居民

例如，南京向市民发放的 2000 万元乡村旅游券；牡丹江市向辖下 5 个县（市）的乡镇居民发放的 500 万元旅游券；河北邢台市 400 万元旅游券，市民凭身份证每人限额领取；广东省旅游局等推出的旅游下乡消费补贴券，专门面向中山、肇庆和广州花都区的农民；湖南省"十一"前推出的 100 万元旅游券，限于中华人民共和国成立以来湖南省内 10 月 1 日出生的或名字中含有"建国""国庆"字样的民众。

2. 面向外地居民

发放对象面向外地的主要客源市场，具体情况因主要客源地不同而有所差异。山西旅游券主要面向周边的北京、河北、内蒙古、陕西、天津等 6 个省（市、区）和省外有业务联系的旅行社；河南洛阳旅游券面向省内其他城市、周边城市及长三角、珠三角等区域主要客源城市；海口市旅游券发往岛外，重点面向上海、北京、广州等地；黄山向安徽省周边以南昌、南京、上海、杭州、宁波、郑州、济南、武汉为中心的八大城市群派发"冬游黄山"的旅游券；江苏连云港向西安市民赠送 4000 张旅游消费券。

---

① 主要参考：高舜礼 .2009 年旅游消费券发放纵览与评析（下）[N].中国旅游报，2010-02-10.

3. 面向当地和外地居民

四川成都市发放的熊猫卡（感恩卡），金卡面向省外游客，银卡面向省内游客；上海浦东"迎世博"旅游优惠券，面向上海和江苏、浙江派送；福建泰宁把旅游券印在 5 个城市主流报纸上，"定向发放"福州、厦门、泉州、上海、南昌等城市。

4. 面向境外

杭州市第二期旅游消费券向日本、韩国和英语国家市场各发放 6 万份，主要通过当地旅行社、航空公司和知名网站发放。黑龙江省绥芬河市面向俄罗斯远东地区发放旅游券。湖南长沙市成立了旅游促销团，向港澳等多地现场发放。山东省向台湾省发放旅游券，价值 500 万元新台币。

三、旅游消费一卡通（旅游年票）

旅游消费一卡通或者旅游年票，大多由政府或行业协会推动，整合以旅游景区为主的旅游供应商，以每年固定的费用给游客或者市民提供多次游览多个旅游景区的权利。尽管政府并不在旅游消费一卡通或者旅游年票上投入财政经费，但没有政府的主导推动，具有事业单位属性的国有旅游景区不会有动力参与其中；其他纯市场化的旅游景区也很难协调。因此，这种让旅游者享受了实惠的举措也可以视作一种旅游公共服务。同时，这种方式也有促消费扩内需的作用。比如，2020 年 10 月，国家发改委联合教育部、工信部、财政部、住建部、商务部、文旅部等 13 个部委出台的《近期扩内需促消费的工作方案》中就明确要求，加大旅游年票和一卡通发行力度，鼓励京津冀、长三角、珠三角、粤港澳等著名景区资源丰富的都市圈，增加旅游一卡通和预付式旅游年票发行力度，推出更多价廉景美旅游线路。

一般而言，旅游消费一卡通（旅游年票）主要有三种发行对象：第一种是主要面向辖区居民发放。比如，2020 年，由海南省景区协会、海南畅行游旅游管理有限公司联合发行的"海南旅游年卡"，覆盖海南槟榔谷黎苗文化旅游区、呀诺达雨林文化旅游区、南湾猴岛生态旅游区、陵水椰田古寨景区、文笔峰盘古文化旅游区、三亚大小洞天旅游区等 16 家景区。海南本地居民购买单价 198 元的旅游年卡，便可不限次畅游海南省内 16 家旅游景区。第二种是主要面向外地游客发放。比如，苏州漫游卡是苏州市旅游局、苏州市民卡公司共同管理和发行的一张面向全国游客的一日或多日旅游充值卡，是专门针对外地游客定制的一种优惠卡，实际上也是苏州市民卡 B 卡的升级版，可以在公共交通领域包括公交、地铁、出租等使用漫游卡并享受公交优惠政策。第三种是同时面向本地居民和外地游客发放。如扬州发行的旅游休闲卡，外地游客和本地市民均可办理。已经持有"扬州市社会保障市民卡"的市民可直接选择开通旅游休闲卡 238 元或 298 元年票应用；没有扬州市社会保障市民卡的人群，可选择办理"扬州旅游休闲卡 A 卡"（即 238 元/张的旅游年卡）或"扬州旅游休闲卡 B 卡"（即 298 元/张的旅游年卡）；

两种卡均可在线下通过销售网点购买实体卡或通过网络购买虚拟卡。

案例 7-2

黄山旅游一卡通年票

黄山市旅游一卡通年票由黄山市旅游委员会联合黄山途马旅游公司、黄山市交通银行和黄山市建设银行共同发行，将黄山市本地自愿加盟的旅游景区的门票整合到一张芯片卡上。持卡人凭年票卡和个人身份证明，在有效期内的非节假日期间，可以多次到加盟景区参观游览。黄山市旅游一卡通年票成人卡卡费 200 元。

2018 年 9 月 19 日开始发行的黄山市旅游一卡通年票所含旅游景区共 31 家，包括：黄山风景区、宏村、西递、唐模、潜口民宅、呈坎、徽州古城、棠越牌坊群·鲍家花园、齐云山、太平湖、花山谜窟、翡翠谷、新安江滨水旅游区、雄村、牯牛降、九龙瀑、黄山虎林园、芙蓉谷、打鼓岭、屏山、南屏、赛金花故居、历溪、祥源·祁红产业文化博览园、许村、见明堂民俗博物馆、麟圣凯古文化园、木坑竹海、徽州大峡谷、三溪大峡谷、卢村。上述景区门票挂牌总价 2587 元。

黄山市旅游一卡通年票本着以人为本、旅游惠民的基本原则，在办理人群覆盖面方面较上一年度有扩大。同时，针对老年人和青少年等特殊群体开通了办理优惠卡的政策，规定凡是符合办理条件的 18 周岁（不含）以下，或 60 周岁（含）以上 65 周岁（不含）以下人群均可办理优惠卡，卡费仅需 120 元。

第二节　旅游厕所

旅游厕所看似仅仅是游客旅游过程中无法回避的小环节，但却是严重影响游客体验的大问题，因此也成为改革开放以来旅游公共服务始终关注的大课题。中国旅游业起步之初，厕所问题几乎成了一个挥之不去的阴影。海外旅游者早餐不敢喝饮料，因为不敢上厕所；海外旅行商曾多次提出，如中国的厕所问题不解决，不敢再组团了；马来西亚市场刚开的时候，该国旅行社特意提醒，到中国旅游一定要带伞，因为中国的厕所没有门；一些外国游客更尖锐地指出，在中国找厕所，只需用鼻子就行了。20 世纪 90 年代初，某国外长及夫人在北京十三陵定陵博物馆参观后，专就厕所简陋问题给中国外交部写了一封投诉信。经过改革开放以来 40 多年的发展，中国的旅游厕所规模和条件大幅改善，也成为旅游公共服务领域的重要成就。

一、中国旅游厕所发展简况①

大体而言，中国的旅游厕所发展经历了三个热潮。

（一）第一次热潮

第一次是在改革开放之初，针对境外游客对中国旅游厕所"脏乱差"的反映，开展了旅游景区和重点旅游城市的旅游厕所建设。自1982年1月起，国家旅游局就多次召开会议部署旅游厕所建设工作，并从国家计划安排的旅游投资中挤出资金用于厕所建设，一些重点旅游城市也投入资金建设了一批厕所。尽管这一阶段由于投入有限，但也解决了一些突出的问题，并引起了各级政府对旅游厕所问题的关注，为后续逐步解决旅游厕所问题奠定了基础。

（二）第二次热潮

第二次是20世纪90年代到21世纪初。随着中国旅游业的快速发展以及各级政府财力的增加，中国旅游厕所发展进入到新的阶段。1992年7月25日，国家旅游局、中国石化工业销售公司联合印发《关于在旅游公路沿线加油站设立收费厕所的通知》，立足已有设施，希望缓解旅游途中的"上厕所难"问题。1993年12月，国家旅游局在山西省太原市召开的全国旅游计划工作会议上，率先提出用3年时间大抓全国旅游厕所工程。1994年7月26日，国家旅游局、建设部联合印发《关于解决我国旅游点厕所问题实施意见的通知》，启动了在中国旅游业发展史上有重要影响的"旅游厕所工程"。

除了国家层面的动员和投入，国家旅游局还通过始于1995年的中国优秀旅游城市创建活动，极大推动了旅游城市的厕所建设。在创建中国优秀旅游城市的标准中，"城市的旅游厕所"作为一个大项被予以特别强调，并提出了具体的检查要求。在这一过程中，许多城市都在旅游厕所发展方面做出了显著的成绩。比如，云南省政府拨款5000万元，在4个参与创建的城市中新建了24座厕所；厦门市为4个开放厕所的商场进行文明单位授牌。

这其中，最为突出的是广西桂林。2000年，为了将桂林建设成现代化的国际旅游城市，桂林市委、市政府在全市发动了一场轰轰烈烈的"厕所革命"，投资6000多万元，花了一年多时间，建设、改造公共厕所821座，向游客免费开放。在这场"厕所革命"中，桂林市采取了"以商养厕"的市场运作方式，创新了"政府主导、社会参与"的模式：在规划设计新建和改建街区公厕时充分考虑开发其商业价值，将临街面建成商业门面，背面为公厕；或将一楼建成商业门面，二楼为公厕；对不适于建设商业门

---

① 2005年前旅游厕所发展情况主要参考：魏小安，曾博伟.旅游政策与法规［M］.北京：北京师范大学出版社，2009.

面的地段，将一楼建成公厕，二楼、三楼为住房；对于公厕原地无法规划建设门面或住房的，采取异地补偿的方式予以解决。城区政府将辖区内的街区公厕与相应的商业门面（住房）"捆绑"起来，公开向社会招标，中标者不仅负责公厕与门面（住房）的建设和改造，而且负责公厕建成后的长效管理，并享有公厕和商业门面（住房）的经营管理权50年。市政府对公厕建设和管理给予政策扶持，出台文件减免相关的23项行政事业性等收费；还对街区公厕用水、用电实行优惠政策，单座公厕按每月4吨/蹲位的标准免收水费。通过一系列努力，到20世纪末和21世纪初，中国的旅游厕所取得了根本性的改观。

（三）第三次热潮

第三次是2015年至2018年。在前两次旅游厕所发展热潮基础上，为迎接正在兴起大众旅游时代，解决旅游厕所中出现的新问题，自2015年起，在国家旅游行政部门大力推动下，开启了第三次旅游厕所发展热潮。2015年4月，国家旅游局发布的《全国旅游厕所建设管理三年行动计划》提出：从2015年到2017年，通过政策引导、资金补助、标准规范等方式持续推动，三年内全国共新建、改扩建旅游厕所5.7万座，其中新建3.3万座，改扩建2.4万座，实现"数量充足、干净无味、实用免费、管理有效"的目标。并就旅游厕所的规划和设计、旅游厕所的建设与改造、旅游厕所的管理和维护等问题进行了全面部署。通过三年的建设，中央财政共安排16亿元专项资金用于厕所革命的奖补，带动地方直接投资300多亿元，截至2017年年底，全国共完成建设旅游厕所7万座，超额完成3年5.7万座的计划任务。其间，中共中央总书记、国家主席、中央军委主席习近平两次就"厕所革命"做出重要批示，高度肯定了旅游部门推动"厕所革命"所做的工作。

2017年11月，国家旅游局发布《全国旅游厕所建设管理新三年行动计划（2018—2020）》，提出：按照"全域发展、质量提升、深化改革、创新突破"的基本思路，在巩固提升上一轮厕所革命成果基础上，推广成功经验，深化改革创新，大力推动厕所建设标准化、设施现代化、运营专业化、管理规范化、服务人性化、监督社会化、使用文明化，全面提升厕所建设质量与管理服务质量。从2018年至2020年，全国共新建、改扩建旅游厕所6.4万座。推进厕所在地区间、城乡间、景区内外合理布局，提高厕所建设质量，健全厕所管理体制，推广厕所科技应用，提升厕所文明水平，实现"数量充足、分布合理，管理有效、服务到位，卫生环保、如厕文明"的新三年目标。总体来看，经过几年的努力，中国旅游厕所实现了新的跨越，极大地改善和提升了旅游公共服务的水平。

衡量中国旅游厕所发展成就主要可以从硬件建设、管理服务和资源盘活三个维度进行衡量。

二、旅游厕所硬件建设

旅游厕所硬件建设主要涉及四个方面：数量增加、区域均衡、功能完善和文化特色。

（一）数量增加

在国家层面的大力推动下，各地也出台各种政策来激励旅游厕所的建设。四川成立由副省长挂帅、22个省直部门参与的推进"厕所革命"工作领导小组，对全省旅游厕所建设进行统一规划、统筹推进，三年时间建成4200余座旅游厕所；自2018年起，四川省将中央和省财政下达的旅游厕所建设专项资金，按深度贫困地区75万元/座、其他地区50万元/座的标准，全额用于补助生态环保示范旅游厕所建设。浙江将旅游厕所革命列入了全省十大民生工程，从2015年到2019年五年时间，累计投入资金近20亿元，建设旅游厕所近8000座，完成目标任务的115%。福建省从景区提升和乡村旅游富民专项资金中安排近3000万元资金，用以补助全省旅游厕所项目建设；福州、厦门等地从市级财政资金中切出专项资金用于旅游厕所建设，对新建并达到1A级、2A级、3A级标准的旅游厕所，每座分别以奖代补10万、20万、30万元。

（二）区域均衡

相较城市地区和重点旅游景区，乡村地区是旅游厕所的短板，也因此成为厕所建设重点关注的领域。除了在《全国旅游厕所建设管理新三年行动计划（2018—2020）》中明确提出，厕所革命向中西部地区倾斜、向有旅游资源的建档立卡贫困村倾斜；着力推进厕所均衡布局，厕所数量在地区之间、城乡之间、景区内外不平衡不充分问题基本缓解。总体来看，经过几年的努力，乡村地区旅游厕所问题有明显改善，但较之城市还有不小差距，依然是未来厕所建设的重点领域。

（三）功能完善

伴随厕所数量的增加，旅游者对厕所功能也提出了新的要求。这也成为各级政府推进"厕所革命"时重点关注的领域。比如，《全国旅游厕所建设管理新三年行动计划（2018—2020）》中明确要求，加快第三卫生间建设步伐，力争在国家级、省级旅游度假区、4A级以上旅游景区逐步实现全覆盖，鼓励、倡导A级旅游景区和其他旅游场所建设第三卫生间。提高女性侧位比例，女厕位与男厕位的比例不小于3∶2（含男用小便位），鼓励设置男女厕位转换，鼓励开设女性专用厕所，着力体现人文关怀。在旅游旺季、重大节假日、大型节庆活动期间，鼓励设置移动厕所。此外，在北京还尝试推出了公共厕所"第5空间"，即在不改变公厕基本功能、不减少厕位前提下，把公厕改造升级为可以集成最新环保处理技术、集成基本公共服务的城乡公共服务空间，"第5空间"里安置了ATM机、自助缴费机、再生资源回收点以及充电桩等多项公共服务设施。南京江宁打造"驿站式、书吧式、邮亭式、汽车式"等多功能景点型旅游厕所。杭州鼓励一批已经达到基本标准的旅游厕所在"科技创新、人文关怀、管理模式"等方面开展探索，如阿里天猫打造的黑科技厕所，就引入天猫自动贩卖机和虚拟试妆镜。福建清源山景区为满足海外穆斯林教徒朝拜需求，伊斯兰教圣墓景区厕所专门增加了男女淋浴间。

（四）文化特色

在旅游厕所建设中，一些地方还注重将文化元素融入其中，极大地提高了厕所的人文特色。比如，福建省晋江五店市传统街区的旅游厕所外墙采用闽南"出砖入石"的建筑风格，彰显街区文化主题；宁德古田蘑菇部落景区，以竹子为主题建设别具一格的旅游厕所；三坊七巷安民巷里的"古厝厕所"成为打卡点，厕所旁庭院还打造成了"游客驿站"。南京牛首山的牛首捌厕成为艺术品，入选"全球最美公厕榜单"。

三、旅游厕所管理服务

相较于可以"毕其功于一役"的厕所硬件建设，旅游厕所的管理和服务则是一项需要长期推进的工作。2015年出台的《全国旅游厕所建设管理三年行动计划》就明确提出：旅游厕所"三分建设、七分管理"，要求各地建立健全旅游厕所管理工作机制，探索旅游厕所管理的模式，加强对旅游厕所的管理，保证厕所外观整洁，内部干燥、干净、无异味。完善"以商管厕、以商养厕"机制，加大招商引资力度，壮大市场主体，鼓励企业和社会团体积极参与厕所建设、管理。摸索把其他商业资源与厕所管理经营捆绑，让经营者有合理利润。鼓励承包经营、大中型企业冠名赞助、商业广告特许经营权、公私合营等方式进行旅游厕所管理。要求景区景点内的厕所，要与景区内的经营服务项目结合，休闲步行区的厕所与商铺、摊位挂钩。还要求加快引进专业化、集团化、连锁经营的厕所管理公司进行品牌化、规模化、专业化管理。2017年出台的《全国旅游厕所建设管理新三年行动计划（2018—2020）》则提出探索建立厕所"所长制"。

在地方，福建就建立了多模式"公厕长"机制。泉州德化县，由县文旅局局长担任全县旅游公厕长，各景区建立经理、管理员、保洁员三级管理体系；革命老区龙岩古田，由古田旅游集团有限公司总经理为总公厕长；平潭综合实验区建立完善厕所管理长效机制，实施"一长两员"和管理制度上墙；南平市提出"政府推动，属地管理"的原则，建立"县、乡、村、业主"四级管理制度；福州市鼓楼区，总公厕长升格为区委书记和区长，分管副区长任"副总公厕长"。四川广元青川县也实施了厕所"所长"制，并提供公益岗位聘任所长。广东梅州则探索开拓公厕衍生功能，包括"厕所+店铺""厕所+办公楼""公厕+售票点""厕所+垃圾中转站""厕所+老人活动室"，将厕所管护与衍生功能完善结合起来。黄山市政府与光大置业公司探索厕所商业管理合作新模式,在黄山市新安江照壁古村落建成了一种全新概念的生态厕所示范——光大驿站,该驿站为"生态厕所+旅游服务"的智能平台,实现了系统集成生态化、设计研发数字化、建造方式工业化、控制管理智能化、运营维护市场化、示范推广标准化。湖北则对全省近 400 座旅游厕所建设和管理开展第三方评估,以此监督促进旅游厕所管理服务到位。

四、旅游厕所资源盘活

旅游厕所发展除了旅游厕所建设、管理服务等问题,还存在厕所存量资源盘活的问题。解决这一问题的方式主要是推动机关和企事业单位的厕所向游客和公众开放。这种做法一方面有利于突破城市和旅游景区建设厕所的土地指标限制,另一方面也有利于实现厕所资源的有效利用。但由于这些存量厕所资源都分属各个单位,这就需要政府协调,以推动厕所开放工作。

在这方面做得比较有代表性的是山东省济南市。2012 年 11 月,济南市城市管理局倡导成立"厕所开放联盟",呼吁沿街单位以及交通干线、景区周边以及机关、企事业单位厕所免费向公众开放。通过多年努力,济南市 1630 座公厕中已有 800 余座加入开放联盟。除此之外,全国不少地方在推动厕所开放方面也取得了不少成效,并受到游客的普遍欢迎。

案例 7-3

苏州旅游厕所革命

苏州高度重视旅游厕所工作,相继被国家旅游局评为全国厕所革命创新城市和厕所革命先进市。其主要做法有:

一是强化厕所革命组织领导。苏州市政府专门成立了由分管副市长任组长,原市市容市政局和原市旅游局共同牵头,28 个部门为成员单位的苏州市厕所革命领导小组。在领导小组的统一指挥下,形成了政府主导,部门密切配合,旅游厕所建设管理与市政厕所建设管理全面打通的管理格局,有力地推动了厕所革命工作的不断推进。2017 年和 2018 年,厕所革命工作连续两年被列入苏州市委、市政府的年度实事项目。

二是抓好旅游厕所基础数据调查。苏州对全市旅游厕所现状进行摸底调查,并请专业的地图测绘单位对全市范围内的旅游厕所进行地理信息数据采集,将每个厕所的地理位置、外观照片、面积、厕位数、设施设备情况和保洁情况等建立档案,并编号造册,形成苏州旅游厕所基础数据库。

三是研发应用旅游厕所管理系统。苏州运用"互联网+旅游"的概念,在旅游厕所数据库的基础上，开发"苏州旅游厕所服务管理移动平台"——游急便系统。通过设置"厕所信息上网—游客搜索查询—地图导航如厕—用户意见评价—管理信息反馈—服务质量提升"六个环节，为游客和市民找厕所、用厕所、评厕所提供平台便利。该系统自运行以来，已纳入超过900座旅游厕所，累计收到市民游客评价超2万条，以游客评价为核心的旅游厕所管理初显成效。此外，苏州还推动城市管理局"智慧环卫"App系统与文化和旅游局"游急便"系统实现整合，对全市范围内的公共厕所进行详细摸底调查，并将相关信息纳入到系统中，最终形成全市厕所一张图，在百度地图上进行重新定位，促进了旅游公共服务体系的完善。

四是加强新技术新材料的应用。苏州将3D打印技术、负压新风系统等科技元素引入到厕所的新改建中，为游客提供优质如厕体验。在新建成的环古城河健身步道沿线，多座厕所采用先进的负压式新风技术，通过设置风管，将室内臭气循环至除臭设备汇总，经负离子净化后，再将干净无异味的新风由系统循环至室内，对卫生间内的异味进行处理，防止臭气外溢，同时配置自动感应玻璃门、中央空调等完善的设施设备；高新区大阳山森林公园建设了3D打印厕所；吴江东太湖度假区翡翠岛，采用泡沫免水冲微生物自降解处理技术，建设了节水节电"零排放"环保厕所；工业园区奕欧来精品购物村厕所，采用人性化设计，每个厕所都有家庭卫生间，厕位内的纸篓则采用感应式，无须触碰，即可打开，方便人们的使用。

五是制定建设与管理规范标准。苏州以住建部《城市公共厕所设计标准》和国家旅游局《旅游厕所质量等级的划分与评定》等为依据，结合苏州的具体实际，编制出《苏州市公共卫生间建设与管理规范》（试行稿）及评分细则。全市所有的公共卫生间、旅游厕所等级评定和管理均按照该规范实行。

六是开展等级厕所评定工作。苏州市厕所革命领导小组开展全市旅游厕所等级评定的工作，从2016年到2018年，公布五批全市等级厕所，累计评选出662座等级旅游厕所，其中3A+级25座，3A级90座，2A级204座，1A级343座。

七是推进全市厕所联盟建设。为弥补全市局部地区厕所数量不足现象，苏州市厕所革命领导小组推进全市厕所联盟建设，数百家单位加入联盟。此外，苏州市厕所革命领导小组对于"联盟厕所"的开放程度、管理水平有一系列细化要求。比如，"联盟厕所"需在醒目位置张贴相应标识，相关信息将统一纳入公厕电子地图手机应用；每天开放时间不得少于8小时，或不得少于营业时间的80%；在开放时段内，不得无故拒绝市民、游客入内如厕；保持厕所内外干净整洁，杜绝环境脏、乱、差问题等。

八是加强对厕所革命监督考核。其一，落实各市区政府的目标责任。在2016年9月召开的苏州市厕所革命中期推进会上，各市、区政府（管委会）与市政府签订了厕所革命目标责任状，落实了各市区的目标责任。同时，市厕所革命领导小组办公室建立专门的督查和简报制度，逐月检查并对各项工作任务的落实情况进行汇总、分析和督查，并进行年度的综合评比。其二，加强日常巡查和用户点评管理。每年委托第三方机构，对全市各市区的景区厕所持续开展暗访巡查工作，巡查中也指出今后我市厕所还需要在硬件设施配置及管理服务上进一步提升的方面。在加强巡查的同时，紧紧依靠互联网平台和用户点评信息，及时准确掌握厕所情况、反馈用户的意见需求，督促厕所管理质量提升。其三，充分发挥市民、游客、志愿者队伍的监督作用。2017年4月，招募一批旅游服务志愿者，加入苏州旅游志愿者小i服务队，对旅游景区及厕所现场进行巡查，在景区厕所的日常管理、监督评价方面发挥着积极作用。

第三节　旅游志愿服务

从志愿者服务角度看，旅游志愿服务是志愿者出于促进旅游发展和自我提升目的，自愿贡献时间与精力，以被组织的方式在文明引导、游览讲解、质量监督、旅游咨询、应急救援等领域为游客提供志愿服务的行为模式，是其在志愿服务全过程中所表现出来的独特的心理以及对信息渠道、服务组织、服务类型等一系列选择的行为总和。[①] 而从旅游公共服务角度看，旅游志愿服务是一种政府主导下的公益服务，这种公益服务直接面向游客，有利于提高游客对旅游目的地的满意度。本节主要从主要内容、发展状况和体系构建三个维度对旅游志愿服务进行阐释。

一、旅游志愿服务主要内容[②]

（一）节事活动服务

节事活动作为一种旅游形式，对游客有很强的吸引力。由于节事活动本身的特性，与传统的政府主导和市场运作相比，旅游志愿服务具有效率高和成本小的特点，在节事活动中发挥着不可替代的作用。以北京奥运会为例，北京奥运会志愿者由大学生志愿者、中学生志愿者、社会志愿者、专业志愿者等组成，共包含7万名赛会志愿者、40万名城市志愿者和100万名社会志愿者。赛会志愿者主要分布在竞赛场馆、非竞赛场馆、独立训练场馆和服务场所的61个业务口、2940余个工作岗位，主要从事观众服务、交通服务、安全检查、竞赛组织支持、医疗服务、语言服务、场馆管理支持、媒体运行支持、体育展示、颁奖礼仪等服务；城市志愿者主要分布在城市重点区域和场馆周边设立的550个城市志愿服务站点的3000多个岗位，为奥林匹克大家庭成员、观众游客和广大市民提供信息咨询、语言翻译以及具有区域特色的服务；社会志愿者主要分布在交

---

① 周媛，梅强，侯兵.基于扎根理论的旅游志愿服务行为影响因素研究［J］.旅游学刊，2020（9）.
② 本部分在参考肖伟伟的硕士论文《旅游公共服务志愿供给研究》的基础上进行了优化和调整。

通秩序维护、城市交通运行、公共场所秩序维护、治安巡逻、医疗卫生、扶残助困、生态环保等 10 多个领域的 3 万多个岗位，在社区、乡镇、赛场周边公共场所、公交沿线开展志愿服务。

（二）旅游信息咨询

旅游信息咨询服务是旅游公共服务的重要组成部分，在旅游信息咨询服务中，志愿者扮演了重要角色。如"黄金周"节假日和大型节事活动期间，中国许多地方会组织志愿者为游客提供旅游住宿、景点介绍、旅游交通等信息服务。在国外，很多退休教师、大学生在周末的时候自愿为游客提供向导服务，还有很多的非营利性社会组织提供不同层次的旅游信息咨询服务。如欧洲久负盛名的 use-it 非营利性组织，它于 1971 年在丹麦首都哥本哈根成立，此后几年扩展到欧洲各地，其主要成员由当地人组成，主要服务对象是预算有限的年轻人，通过提供城市咨询向导和旅游最新信息，为青年人提供出行服务。

（三）旅游志愿讲解

一般而言，旅游点的讲解业务主要由导游和专职讲解员承担。但在旅游旺季和节假日的时候，一些志愿者会参与到免费讲解中来，这一方面缓解了旅游点讲解人员的工作压力；另一方面也满足了游客通过讲解了解更多知识和信息的需要。一些文化类旅游景区也通过开展旅游志愿讲解服务，提高了服务水平和游客满意度。以北京故宫为例，2004 年年底，故宫首次招募志愿者，岗位就明确为专馆讲解志愿者，招募目的是通过专馆的讲解服务帮助观众更好地欣赏展品和展览。最终约 300 人通过培训考核，最终成为故宫的首批志愿者。每天约有 20 人开始在珍宝馆、钟表馆、戏曲馆等专馆内讲解。目前故宫的志愿者讲解员数量近 200 人，专馆、展览的日常讲解，基本上都由志愿者提供服务。

（四）旅游公益救援

旅游公益救援属于旅游安全服务，但是从志愿服务的角度看，也可以视作旅游志愿服务的内容。目前，中国的旅游救援服务主要以政府主导供给为主，但同时也存在众多的旅游公益救援服务，如北京绿野援救队、深圳山地救援队、新疆山友户外运动救援队等。此外，我国各地不断有地方性的民间救援机构成立，如河南户外救援联盟、北户外救援联盟等。这些民间公益机构的志愿救援服务，对我国旅游救援服务也起到了很好的补充作用。

二、旅游志愿服务发展情况

（一）国外旅游志愿服务发展情况

在经济发达国家，志愿服务发展已经较为成熟，与此相伴随的旅游志愿服务发展也很快。此处以澳大利亚为例，大体勾勒经济发达国家在旅游志愿服务方面开展的情况。[①]

澳大利亚旅游志愿者服务开展得十分活跃，拥有广泛的群众基础和良好的社会声誉，以维多利亚州的州府墨尔本为例，其旅游志愿服务已逐渐步入组织化、规范化和系统化的轨道，形成了一套比较完整的运作机制。

一是政府的支持。墨尔本市政厅有一个庞大的计划，它的目标是为每个旅游者提供宾至如归的环境和各类旅游信息，从而为当地的旅游业产生经济效益。其计划之一就是建立旅游志愿者组织。墨尔本市政厅为此设置了 4 个旅游服务中心，每个服务中心都有训练有素的旅游志愿者，能为游客提供全方位、多国语言服务，其中包括墨尔本市区及澳大利亚各地的旅游咨询，免费提供各类旅游资料等多项服务。还有墨尔本迎宾服务，由旅游志愿者根据自己所学知识为游客安排 2~4 小时的主题之旅，免费带旅游者游览墨尔本。此外，墨尔本城市大使项目也很有特色，穿戴着标有 "City Ambassador" 红色制服的旅游志愿者每天会在墨尔本市中心区恭候游客，热心为旅游者带路、提供旅游景区及其他相关协助。这些流动的城市大使以退休老人居多，红色马甲和热情的微笑服务使他们成为墨尔本的旅游形象大使。

二是社会各界的资助。旅游志愿服务成功的重要原因是社会力量的大力支撑，整个志愿服务的主体可以理解为是社会力量在运作。澳大利亚从建国开始就形成了一种颇具特色的志愿者文化，志愿精神植根于澳大利亚的发展历程。从联邦、州到地方的各级政府，都长期倡导志愿精神，积极地向志愿者组织提供经济和其他援助，还通过税法给予志愿者组织优惠。

三是旅游志愿者的组成。不同年龄的志愿者为海外旅游者提供旅游信息服务，提高了海外旅游者对食、宿、行、游、娱、购信息的知晓度，充分保证了海外旅游者在澳大利亚旅游消费的满意度和回头率。广泛的社会基础是志愿服务生存发展的基石和平台。在澳大利亚，数以百万计的志愿者常年活跃在社会的众多领域，统计数字显示，全国 18 岁以上的人口中，有 31% 是志愿者，他们每年为社会义务工作 220 万小时，创造价值达 420 亿澳元。志愿者中，有在校学生，有上班族，也有退休人员，其年龄大多在 20~40 岁，甚至包括十几岁的少年和八九十岁的老人。活跃在各旅游服务中心的旅游志

[①] 主要参考：饶华清. 澳大利亚旅游志愿者组织对我国旅游业的启示 [J]. 重庆科技学院学报（社会科学版），2010（6）.

愿者都受过良好的教育，周末以年轻人居多，周一到周五则以退休的老人为主。

四是旅游志愿者的培训与管理。墨尔本有较完善的旅游志愿者服务制度，这不仅有利于管理，也为志愿者提供了更多的参与机会。其主管机构是墨尔本市政厅下属的旅游局，实施机构主要是各旅游咨询中心，工作目的是有助于当地旅游业的发展，工作内容包括募集志愿者和组织相应的培训以提高志愿者能力和水平。每个旅游志愿者对墨尔本旅游局负责，参加旅游志愿者组织就意味着要承担一定的责任和义务。而为了履行这些责任和义务就要接受必要的培训，志愿者要与组织签订协议或合同，明确规定双方的义务和责任，从而形成了一种法律上的关系。所有的旅游志愿者都要进行招募，通过面试，进行三个月的岗前指导和培训。只有完成培训的合格者才可能成为旅游志愿者，再经过三个月的旅游志愿工作后才能有固定的位置，而且每个志愿者要保证一定的服务时间。

（二）国内旅游志愿服务发展情况

在我国，一些国际化程度较高的知名旅游城市较早同国际接轨，开始了旅游志愿服务的尝试。这其中比较有代表性的是杭州。[①] 杭州志愿服务工作起始于 1993 年的"保护西湖绿色行动"。通过多年的发展，杭州的志愿服务活动初步形成了大型活动、社区、敬老、环保等服务项目体系，其中，旅游志愿者在各主要旅游景区和大型旅游活动中发挥了独特作用，展示了杭州旅游形象，为打造杭州品牌和杭州志愿者品牌发挥了重要作用。这其中较有代表性的是杭州西湖志愿者服务总队。杭州西湖志愿者服务总队隶属于杭州西湖风景名胜区（杭州市园林文物局）统一领导，成立于 2004 年，以"热爱西湖、宣传西湖、保护西湖、管理西湖"为宗旨，最终目的是让志愿者的微笑成为西湖风景名胜区的一张金名片。截至 2016 年，西湖志愿者总队有注册志愿者 8000 名，骨干志愿者 300 名，下属 20 余支志愿服务分队，设有 6 个志愿服务"微笑亭"和 1 个西湖志愿者之家，组建了社会骨干志愿者、社区居民志愿者、景区青年志愿者和高校学生志愿者四位一体服务网络。其中，总队下设的假日旅游服务志愿者分队，主要任务是利用长假和周末两天，在西湖灵隐寺、断桥等 9 个志愿服务点，为游客提供义务介绍西湖风景名胜区各景点概况、接受服务咨询、提供旅游信息、宣传本地举办的重大节庆活动、维护西湖风景名胜区旅游秩序和游览环境、发放旅游宣传手册和宣传西湖申遗活动等志愿服务项目。截至 2016 年，累计有 46 万余人次的志愿者为中外游客提供了超过 300 余万小时的志愿服务。此外，杭州旅游咨询服务中心和志愿者协会还共同向社会招募土生土长的"老杭州"作为咨询服务志愿者，以有较多闲暇时间的退休老人为主。有 50 多位老年志愿者每周一至周日分布在各旅游咨询点进行现场咨询服务，使外地游客能充分了解杭州

---

① 主要参考：饶华清.杭州旅游志愿者的发展与对策［J］.乐山师范学院学报，2009（12）.

的民俗风情。另外，杭州旅游集散中心通过向社会招募的日语、韩语、法语、德语、西班牙语等十几个语种的外语志愿者，通过旅游服务热线"96123"三方通话来为来自世界各国的游客提供杭州旅游信息，通过声音来连接杭州与中外游客之间的情感，成为杭州与国际旅游接轨的"窗口"。

在北京，自2011年北京市旅游志愿者联合会成立以来，截至2015年年底，在"志愿北京"平台注册的志愿者中，选择提供旅游志愿服务的多达25.9万人，志愿者们每年为重点旅游景区、重点旅游时段提供志愿服务1万余人次。为使旅游志愿服务更加规范，北京市旅游委还专门组织出版了全国首本旅游志愿培训教材——《北京旅游志愿服务》。

2015年8月31日，国家旅游局发布《关于建立中国旅游志愿者队伍开展旅游志愿服务的通知》，提出在全国范围内建立一支由支持旅游事业、热心公益事业人士组成的旅游志愿者队伍。2016年12月7日，国务院印发的《"十三五"旅游业发展规划》要求："加强旅游志愿者队伍建设。推进旅游志愿服务制度体系建设，完善旅游志愿者管理激励制度。开展志愿服务公益行动，建立一批旅游志愿服务工作站。培育先进模范志愿者、志愿者组织，树立中国旅游志愿者良好形象。依法登记管理旅游志愿者组织。"

之后，各地加大了旅游志愿服务的力度，这其中颇具代表性的是深圳。2015年7月18日，深圳成立了全国首个"文明旅游志愿者服务总队"，截至2018年，深圳成立覆盖旅行社、酒店、景区、旅游院校、导游个体等建立起来的旅游义工分队38支，招募旅游志愿者已达7200人，组织开展文明旅游宣导活动累计318场。从建队初始，深圳市文化广电旅游体育局就联合团市委起草印发了《深圳市开展文明旅游志愿服务工作方案》。在深圳市文化广电旅游体育局的指导下，深圳文明旅游志愿者服务总队逐步建立了完善的组织架构，扩大志愿者招募范围，丰富了志愿活动的多样性，设立了周期性志愿服务。深圳旅游志愿者交替开展文明旅游宣导、城市义务讲解、旅游行业大型活动服务等形式多样的活动，为市民游客宣导"文明旅游""绿色旅游""理性消费""安全出行"等理念。近年来先后组织了"把文明旅游送回家，温暖旅游人千里返乡行""文明旅游为中国加分""绿色出行""无偿献血·从我做起""把深圳文明旅游形象带出去"等多个具有一定影响力的主题活动；每逢法定假节日及寒暑假等旅游旺季，旅游志愿者都深入景区、机场、码头、车站等，开展"做文明客、树深圳形象"的宣传活动。2018年总队创新志愿服务新模式，开展了全国首个深圳文明旅游移动U站。这一创新型旅游服务平台，以新能源中巴车为基础改装而成，具有可移动、覆盖面广、专业性强等特点，周期性选取深圳各主要景区、口岸、机场、车站及人流密集区作为驻点为市民及来深游客提供本地旅游、重大赛事活动信息咨询、文明旅游宣传与各项便民服务。

三、中国旅游志愿服务体系构建[①]

较为合理的中国旅游志愿服务体系应该由旅游志愿服务平台、选拔机制、控制机制与评价激励机制构成。其中，旅游志愿服务平台是整个机制的神经中枢，指导各个子机制运行方向，各个子机制服从平台的统一管理；选拔机制包括招募机制和培训机制，负责挑选出合格的旅游志愿者并且打造高素质的旅游志愿服务队伍，是机制运作的核心环节；控制机制是旅游志愿服务机制的执行环节，保证旅游志愿服务机制的正常运行；评价激励机制包括评价机制与激励机制，评价机制是旅游志愿服务机制的反馈环节，即是反映整个机制运行结果好坏的部分，激励机制是旅游志愿服务机制的巩固环节，是保证旅游志愿者愿意长期参加旅游志愿活动的必要条件。

（一）旅游志愿服务平台

旅游志愿服务平台负责制定统一的法律法规、旅游志愿服务精神的培育，提供资金、信息及项目，实现旅游志愿服务供需信息对称与旅游志愿服务机制运作流程常态化。在法律制定方面，可以借鉴美国的《公园志愿者法》颁布旅游志愿服务相关立法，确立旅游志愿者组织和旅游志愿者的法律地位，详细规定旅游志愿者的权利与义务。在统一管理方面，可以全面推行"注册旅游志愿者"制度，以中国旅游志愿者网络平台为依托，开发全国共享的旅游志愿者信息资料库和旅游志愿服务管理系统；设计统一的徽章、着装及旅游志愿者卡，方便监督管理；设计旅游志愿者在服务过程中的规章制度，包括服务时间的累计、服务质量的要求等。在精神培育方面，大力宣扬旅游志愿服务精神，发挥媒体作用，全方位弘扬旅游志愿服务精神，加强广大人民群众的旅游志愿服务意识。

（二）选拔机制

招募旅游志愿者机制是旅游志愿服务机制运行的主体之一，要根据旅游志愿服务平台的志愿者注册信息，细分旅游志愿者的类型实施招募。培训机制是招募机制的后续与落实，为旅游志愿服务机制的构建提供优秀的旅游志愿者。培训机构可由旅游志愿服务平台、旅游企业及旅游志愿者组织构成，三方协调分配培训任务，共同挑选培训人员，制订培训计划。培训内容主要应包括：旅游志愿者组织负责旅游志愿服务基础知识培训，自身岗位要求的专业知识培训等。

（三）控制机制

为保证旅游志愿服务机制的正常运行，需要通过控制理论与旅游志愿服务相结合，

---

① 主要参考：李经龙，罗金凤，葛兰琴．我国旅游志愿服务机制的构建［J］．池州学院学报，2017（3）．

从执行任务前、执行任务时、执行任务后这三个阶段进行控制，达到适度控制和适时控制的效果。

（四）评价激励机制

评价机制是合理且正确评价旅游志愿服务活动和旅游志愿者的工作，不仅有利于敦促组织方优化活动内容与组织形式，而且有利于调动与维持旅游志愿者的积极性与主动性，达到旅游志愿服务有效的目的。具体可以由社会第三方机构、旅游志愿者组织及旅游志愿者使用单位实施评价。评价机制和激励机制是两个紧密衔接的环节，需要在评价结果的基础上，实行奖惩评优的激励机制，即对表现优异的旅游志愿者进行表扬及奖励，而表现未达标者实施再培训、纪律处分、取消服务资格，做到正向激励与反向激励相结合。由于志愿服务的特殊性，在实施激励机制时，应该以内在需求激励为主、外在条件激励为辅。通过高效的评价激励机制，不断提高旅游志愿服务的质量。

第 八 章

旅游权益服务

【主要内容】

了解旅游权益服务的主要情况，掌握面向特殊群体旅游基本权利保障内容，掌握旅游投诉处理和旅游纠纷处理两类旅游消费权益保障的内容。

【引导案例】

旅游法对公民旅游权益的保护

2013年4月25日，中华人民共和国第十二届全国人民代表大会常务委员会第二次会议审议通过《中华人民共和国旅游法》（以下简称《旅游法》）。《旅游法》的出台不但为依法兴旅、依法治旅提供了坚实的法制保障，而且从法律的角度强调了国家对公民旅游权的尊重、保护与促进，这给中国公民旅游权益保障的公共服务提供了重要的法律依据。

从立法思路看，作为法律规制根本依据的《宪法》从根本法视角强调公民权利的保障应要求国家承担相应义务。《旅游法》在公民旅游权保障上强化了国家义务，可谓权利保障制度设计中侧重国家义务面向之发端。首先，《旅游法》以"旅游者为本"作为立法精神，禁止国家机关和他人侵害旅游者权益，为促进旅游业发展，践履的正是其保障旅游者权益的立法义务。其次，《旅游法》在立法结构上，采取了《宪法》把"公民基本权利和义务"置于"总纲"后，"国家机构"一章前的做法，将"旅游者"作为第二章纳入其体系中，体现了旅游权是相应国家义务的本源，这也被学界和实践部门视作《旅游法》的一大亮点。再次，《旅游法》平等地规范了各类旅游者的权利和相应国家义务。旅游权与公民基本权一样具有普遍性，是一项不分性别职业、不分任何情况，为一切人所享有的权利，全面规范人人都享有的各项旅游权益，是旅游立法的起点。最后，《旅游法》规范了特定旅游者的权利及相应国家义务。平等保障一切旅游者的权利是国家的一般义务，在旅游过程中，特别需要予以关注的是残疾人、老年人、未成年人等弱势群体。①

从旅游权益服务有关的法律规定看，《旅游法》里诸多条文涉及旅游权益方面的内容。比如，第三条规定，依法保护旅游者在旅游活动中的权利。第九条规定，旅游者有权自主选择旅游产品和服务，有权拒绝旅游经营者的强制交易行为。第十一条规定，残疾人、老年人、未成年人等旅游者在旅游活动中依照法律、法规和有关规定享受便利和优惠。第九十一条规定，县级以上人民政府应当指定或者设立统一的旅游投诉受理机构。受理机构接到投诉，应当及时进行处理或者移交有关部门处理，并告知投诉者。第九十二条规定，旅游者与旅游经营者发生纠纷，可以通过下列途径解决：（一）双方协商；（二）向消费者协会、旅游投诉受理机构或者有关调解组织申请调解；（三）根据与旅游经营者达成的仲裁协议提请仲裁机构仲裁；（四）向人民法院提起诉讼。第九十三条规定，消费者协会、旅游投诉受理机构和有关调解组织在双方自愿的基础上，依法对旅游者与旅游经营者之间的纠纷进行调解。第九十四条规定，旅游者与旅游经营者发生纠纷，旅游者一方人数众多并有共同请求的，可以推选代表人参加协商、调解、仲裁、诉讼活动。

应该说，《旅游法》通篇都体现了保护旅游权益的精神，考虑到广义的旅游权益保障是一个庞大的体系（如旅游安全保障也可以理解为一种旅游权益保护），因此本章主要将特殊群体旅游权利保障和旅游消费权益保障（旅游投诉处理和旅游仲裁司法处理）作为狭义的旅游权益服务进行论述。

第一节　特殊群体旅游权利保障（福利旅游）

从理论上讲，所有公民都可以平等享受旅游的权利。但受制于身体、收入等原因，一部分老年人、残疾人、低收入者等特殊群体很难像其他公民一样享受相应的旅游权利，因此需要以政府为主导的各类组织，帮助其平等地参与到旅游活动中来。这种扶持行为既是旅游公共服务，又可以视作对特殊群体旅游开展的"救济"。在本节，主要从福利旅游的视角对这一问题进行探讨。

一、福利旅游的起源和发展②

福利旅游雏形源于 19 世纪后半叶，当时的欧洲中产阶级为推广体育运动，兴建了不少面向青少年的旅游度假设施。1948 年的人权宣言为福利旅游发展提供了契机，各

---

　　①　主要参考：汤静.强化国家义务之《旅游法》立法理念创新——基于公民旅游权保障视角［J］.旅游学刊，2014（12）.

　　②　主要参考：管婧婧.福利旅游的类型学分析及基于分类的运作模式研究［J］.旅游论坛，2014（5）.

类国际组织，如大众旅行组织联合会（The Federation of Popular Travel Organizations）、国际青年旅行组织联合会（The Federation of International Youth Travel Organizations）等纷纷发表宣言，并召开大会支持福利旅游。1996 年的布鲁塞尔国际大会上，欧洲各国以及国际组织的代表一致决定成立国际社会旅游局（Bureau International du Tourism Social，BITS），促进各国发展社会旅游。在随后的发展中，欧洲各国形成了多种类型的福利旅游项目。

在实践上，欧洲各国走在福利旅游发展的前列。法国、匈牙利等国家建立起了假日支票制度，让企业为雇员储蓄假日积金。雇员可以将假日积金兑换成假日支票，用于支付住宿、用餐、交通、休闲和文化等项目。由于此项开支可享受税收减免，因此受到了企业和员工的欢迎。英国则通过慈善组织来筹集资金、建设旅游接待设施、采购低价旅游产品，从而为弱势群体提供假日补助或是低价度假产品。西班牙的年长者与社会服务计划和欧盟委员会的"卡吕普索"计划，分别为老年人、贫困年轻人、经济困难家庭、残障人士等弱势群体提供带补贴的度假产品，帮助弱势群体参与旅游活动。在美国虽没有社会旅游这一说法，但社会补贴旅游实质存在。由国家或州政府资助建造的国家公园及其附属度假村以低廉的价格为游客提供服务，让更多的人有机会到国家公园旅游。在南美的巴西，社会旅游被认为是由政府推动、商业和第三方机构组织的帮助个人实现生理心理复原和社会文化发展的活动。巴西政府自 2003 年起推出的老年旅游计划取得了较好的成效。自 2008 年起，巴西中央政府和地方政府又在旅游淡季实施了面向公立学校中小学生的免费游学。而巴西国有银行联合国家旅游部、巴西旅行社联合会推出为期一年，最高贷款额度为 1 万雷亚尔（约合 4500 美元）的旅游贷款。在韩国，社会旅游以游学、休闲旅游储存系统、废除公共旅游设施和景点使用费等方式存在。实施社会旅游的资金来源为国库预算、建立旅游者银行或存储处以及借助私营基金会力量。

在中国，由于总体经济发展水平不高，对特殊弱势群体旅游权利的关注不够，福利旅游发展与发达国家有较大的差距。除了杭州等少数经济发达城市，依托社区实施面向企业退休老年人免费旅游等福利政策之外，开展福利旅游活动的地方很少。2009 年2 月广东省政府发布《关于广东省试行国民旅游休闲计划的若干意见》，要求"推动旅游休闲示范旅行社和基地对在校学生、农村进城务工人员、残疾人、低保救助对象、五保户及年满 60 周岁的老年人等特定群体参与国民旅游休闲计划给予特别优惠"。2013年 2 月，国务院办公厅发布《国民旅游休闲纲要（2013—2020 年）》提出"落实对未成年人、高校学生、教师、老年人、现役军人、残疾人等群体实行减免门票等优惠政策""加快公共场所无障碍设施建设，逐步完善街区、景区等场所语音提示、盲文提示等无障碍信息服务""开发适合老年人、妇女、儿童、残疾人等不同人群需要的旅游休闲产品"等针对特殊人群的福利旅游政策。但总体而言，中国还缺少真正意义上的福利旅游。因此，后续关于福利旅游的论述主要以国外经验为例证。

二、福利旅游的界定

对于福利旅游的概念现在并没有一致的界定，在欧洲一般用福利旅游（Welfare Tourism）或者社会旅游（Social Tourism）来指代针对弱势群体进行的特殊旅游安排。

（一）福利旅游的定义

最早关于福利（社会）旅游概念的研究源自 Hunziker W. 在 1951 年社会旅游代表大会上（International Tourists Alliance Scientific Commission）发表的 *Social Tourism: Its Nature and Problems* 一文，"社会旅游是一种由低收入群体进行的旅游，它是一种特殊的旅行形式，所提供的设施和服务与众不同"，清晰地界定了福利（社会）旅游的对象为"低收入群体"及其旅游的特征。该定义对日后研究产生了较大的影响力，使得低收入群体的旅游活动开始引起旅游业界的重视。学者 Milman Ady 提出了另一种定义："社会旅游是指那些在没有社会干预的情况下，自己无法承担费用的群体所进行的一种旅游形式，也就是说，如果没有个人所加入的协会的帮助便不可能实现的旅行。"在 1971 年国际社会（福利）旅游机构（BITS）的会议上，成员一致认为从国家到地方的各级机构和组织都应该为经济上、身体上、精神上等其他各种原因造成的旅行困难或受到限制的群体提供旅行费用、旅行信息等支持性的服务，或对其使用的非营利性的休闲设施给予资金支持的社会政策，从而保障每个公民的休闲观光权利。该机构重点扩大了福利（社会）旅游的服务对象，从经济相对贫困的对象扩展到了包括身体、精神或其他旅行困难的弱势群体。European Commission（1993）提出福利（社会）旅游是由一些组织、社团或者贸易联盟发起的，用以资助或者帮助相对贫困阶层实现无障碍参与旅游活动的社会行为。[1]

在中国李祗辉（2009）首次在国内明确介绍了福利旅游的内涵，其认为福利旅游是"对社会上弱势群体的支持与服务措施，为那些由于经济、身体等原因而不能参与到旅游中的群体提供旅游的机会，使他们可以像其他人群那样享受平等旅游的乐趣"。[2]

福利旅游作为一项旅游公共服务，主要是在政府的推动下，通过各级政府、民间团体、企业等在旅游设施及费用上的援助来实现。国家福利旅游的提出也是针对全体国民的福利政策措施，通过这一旅游形式可以帮助改善国家的旅游环境，为旅游者提供更加便利的出游条件，进而提高国民的福祉。

（二）福利旅游的特点

一是公平性。强调人人应该都享有旅游的机会，尤其应该加强对低收入群体、老年

---

① 苏琨，郝索，刘迎辉. 福利旅游研究进展———一个文献综述［J］.北京第二外国语学院学报，2013（1）.
② 李祗辉. 福利旅游的概念内涵和研究综述［J］.江苏商论，2009（3）.

人、残疾人等群体的扶持和帮助。

二是政策性。福利旅游是一个系统工程，从保障公民旅游权益是国家义务的视角出发，各级政府就需要通过相应的政策和制度设计来切实帮助弱势群体参与到旅游活动中去。

三是福利性。福利旅游是针对特殊群体的旅游，因此其不是普遍性的，它实际是通过政策倾斜和特别举措让少数群体可以和普通人一样享受旅游权利。从这个意义上讲，福利旅游只是特殊群体的福利。

四是多元性。尽管福利旅游应该由政府来主导和推动，但是福利旅游活动的实施则可以通过国家、地方政府、社会团体和企业等多方面的资助来实现在旅游费用、旅游设施、旅游服务、旅游信息等方面的帮助。

（三）福利旅游的类型

从不同的视角出发，可以对福利旅游划分出不同的类型，具体见表 8-1。

表 8-1　福利旅游的类型 [①]

分类标准	细分类型	主要特点
福利旅游受益者	多数公民	受益对象为社会中大部分或尽可能多的成员
	弱势群体	受益对象是由于经济或健康原因而被排除在旅游中的弱势群体，通常为低收入者、残障人士、青少年儿童、老年人等
供给产品	无差异产品	福利旅游产品与普通旅游产品并无差别，主要区别在价格
	特殊产品	福利旅游产品是针对弱势群体特别设计的，以青年旅馆、无障碍设施、假日中心等为代表
福利旅游实施者	企业	对旅游者进行补贴时，主要出资人为企业，包括旅游者的雇用企业、金融机构和旅游接待企业
	公共财政	对旅游者进行补贴时，主要出资人为公共财政，补贴包括直接补贴和间接补贴
	第三方组织	福利旅游的组织和实施者为第三方组织，如工会、慈善机构、公益组织、非官方组织等
福利旅游的目的	完全为增加旅游者福利	实施福利旅游的目的完全是让特殊群体能够参与到旅游中去，并享受到旅游所带来的正面效应
	增加旅游者福利为主，附带其他目的	实施福利旅游不仅是为了让更多的人享受旅游，而且带有刺激国民经济、促进当地经济发展、调节旅游目的地淡旺季、改善企业或社会组织形象等目的
福利旅游手段	设施设备	为弱势群体建设，诸如无障碍旅游设施、青年旅社等
	资金	为旅游者提供旅游资金补助和费用减免
	政策	通过制定政策的方式促进福利旅游开展

---

① 管婧婧.福利旅游的类型学分析及基于分类的运作模式研究［J］.旅游论坛，2014（5）.

三、福利旅游的目标和实施对象

（一）福利旅游的发展目标

世界旅游组织（UNWTO）在 1978 年年会上提出福利（社会）旅游是为了追求社会公平的目标，使不能充分享受休息权的公民都能充分享受到休闲的权利。

1996 年国际社会旅游局（Bureau International du Tourism Social，BITS）发表蒙特利尔宣言提出：参与旅游所产生的现象和关系的综合，特别是那些低收入的社会阶层参与旅游，通过一个定义良好的社会措施使这种参与成为可能或者推动。

国外对福利旅游社会权利的肯定主要关注休闲权、旅游权的社会平等机会。各个国家和社会组织都应该创造条件使所有公民的该权利可以得到经济法律或社会保障。

（二）福利旅游的实施对象

1971 年国际社会（福利）旅游机构（BITS）的会议上，成员一致认为从国家到地方的各级机构和组织都应该为经济上、身体上、精神上或其他各种原因造成的旅行困难或受到限制的群体提供旅行费用、旅行信息等支持性的服务，或对其使用的非营利性的休闲设施给予资金支持的社会政策，从而保障每个公民的休闲观光权利。

欧洲国家社会福利旅游主体主要分为四大类，家庭类、青年类、残疾人群类和老年人群类，欧洲各个国家结合本国的实际情况分别成立了针对这四类人群的服务机构。

四、福利旅游的发展模式和主要措施

（一）发展模式

1. 政策支持

政策支持是指通过法律、税收、政策等从国家层面支持福利旅游的发展，为福利旅游的发展提供具有法律性的保障。

1999 年英国颁布残疾人歧视法案，2004 年该法案要求所有的服务行业为残疾人提供特别住宿服务的条例。2003 年比利时政府通过立法支持福利旅游的发展，并发布了"tourism for all"法令，从法律上将旅游定义为人民的基本权利。在波兰，法律规定对儿童和青年人旅游给予增值税优惠。法国则通过旅行券制度对购买旅游券的企业提供减税的福利。

2. 资金支持

政府对福利旅游的资金支持主要分为直接性资金支持和间接性资金支持。直接性资金支持是指政府直接给予受益者（社会旅游目标群体）和设施供应方资金支持。在德国，福利旅游的基金来源于地方政府的行政机构"Iander"，该机构直接资助福利旅游组织 Bagff 下属的度假中心。波兰现在的福利旅游主要是针对儿童和年轻人的旅游。一般来说，福利旅游资金直接来源于财政拨款，间接性的资金支持是指政府补助福利旅游的主要组织机构。

3. 协调机构

政府以协调者和沟通者的角色在福利旅游者和福利旅游设施之间协调，使福利旅游者能够享受更多的旅游设施，并让福利旅游设施的提供者获益。在法国，ANCV 作为一家公共机构为 340 万工人提供具有支付注册、交通、餐饮、运动以及文化活动等功能的旅游券。比利时的是具有公共性质的福利旅游机构，其下属的 Flander Tourism Aboard 拥有 600 家以上的合作酒店，为低收入的福利旅游者提供折扣价格，每年可使万人受益。

（二）主要措施

1. 旅游费用方面

瑞士国家社会福利保障好，很早就开始了福利旅游。20 世纪 30 年代就设立了旨在为低收入群体提供旅游机会的瑞士旅行金库（REKA）。迄今为止，REKA 已发展成为全世界开展福利旅游的典范，其本身也成为福利旅游的实践机构。首先，REKA 发行旅行支票，可大幅降低旅行费用，并可分期付款，使低收入群体可以以较低的成本参与到旅游中来；其次，REKA 可以提供各种旅游信息；再次，REKA 在瑞士全国经营着数百家低价住宿设施，为鼓励低收入群体的入住，依使用者的收入水平，会予以 10%~15% 的折扣优惠；最后，对于特困家庭,REKA 会邀请这些家庭免费使用 REKA 的各种设施。

法国于 1982 年实施了旅游券制度，旨在为弱势群体提供旅行机会。旅游券受惠对象为低收入劳动者及普通市民等。旅游券受惠人以公积金形式将工资的 2%~20% 存入旅游券公积金账户内，存期至少为 4 个月以上。旅游券受惠人可使用的旅游券金额取决于其交公积金的多少，同时雇主要负担使用旅游券的 20%~80% 的费用。这种旅游券制度的特点是旅游券受惠人也要负担费用，同时由于该制度并非由政府直接援助，企业的积极参与就显得尤为重要。

日本是亚洲福利旅游最成熟的地区。日本国民旅游概念包括大众旅游和福利旅游。1955 年成立了日本观光审议委员会福利旅游研究会，建立"国民旅游村"等各种旅游设施，并对学生的修学旅行经费予以支援。

美国的旅游景区为残疾游客提供特别照顾，如对入门费用的减免。永久残疾者凭办理好的通道护照可免费进入美国 390 多个国家公园、大部分的纪念馆和历史名胜。又如圣地亚哥的很多旅游景区都提供二合一政策，即残疾游客进入这些景区时，其中一位陪同进入的帮助者、照顾者或家庭成员可免门票费用。

比利时在 2001 年 5 月建立了名为 Holiday Participation Centre 的机构，负责在公共部门、私人以及社会行业之间的联络。目的是为生活在贫困中的个人和家庭提供旅游支持，目前成为比利时福利旅游最主要的组织和实施结构。该机构资金一部分来源于政府的拨款，另一部分来源于工会、福利和健康组织的支持。

西班牙的 IMSERMO 每年可得到政府 1 亿多欧元的投资，使得 120 万老年人能够在淡季去海边度假，享受低价旅游。

2. 旅游设施方面

1990 年美国《权利法案》以立法形式确定了"通用设计"的理念，即"要求设计产品和设施要使所有人都能使用它们，包括残障人士，即包含通用设计的产品和建筑最终要使所有消费者受益，无论他们是否有残疾"。2000 年美国标准表明大概有 3/4 的美国人需要无障碍，因此美国专门立法保证无障碍设施遍及各个旅游景区。在欧美发达国家无障碍交通系统、无障碍旅游住宿设施、无障碍旅游景区非常普遍，这体现了对弱势群体旅游的特殊关怀。

3. 旅游信息方面

（1）旅游网站。

①政府网站：英国旅游观光局（Visit Britain）、美国部分州的旅游观光局（具代表性的有佛罗里达州和科罗拉多州的旅游观光局网站）、中国香港旅游观光局等的官方网站提供有残疾人旅游信息专栏，或通过网站内的搜索引擎能找到残疾人旅游相关的信息和提示。

②旅游服务供应商网站：如美洲航空（American Airlines）、美铁（Amtrak，美国规模最大的列车公司）和灰狗长途汽车公司（Greyhound）等在其官方网站中的服务支持栏目都专门设有为各类残疾游客所提供服务的详细信息；美国华盛顿的都市（Metro）交通系统官方网站提供有介绍残疾游客在华盛顿市区乘坐 Metro 汽车和 Metro 地铁的相关视频；麦可特酒店网站上提供有残疾游客专用客房的虚拟体验；加州迪士尼乐园官方网站提供了长达 18 页可供下载的介绍为各类残疾游客所提供设施和服务的详细指南。

（2）数据库。

目的地无障碍旅游信息中心提供丰富的关于残疾游客在目的地无障碍的交通、餐馆、住宿设施、旅游景区和旅游活动等信息。具代表性的有"通行便利的圣地亚哥"（Accessible Sandiego）和"通行便利的芝加哥"（Accessible Chicago）。其中"通行便利的芝加哥"还为其介绍的大部分对残疾人无障碍的餐馆、住宿设施和旅游景区提供了相应的区位图。

此外，还有无障碍旅游数据库，在网页的搜索项中选择残疾游客感兴趣的目的地作为关键词搜索，可得出相应地区丰富的无障碍交通和旅游信息。无障碍旅行资源（Access-Able Travel Source）数据库涵盖了世界部分著名目的地的无障碍旅游信息。通过选择目的地搜索，可得出相应地区的无障碍交通、住宿和景点等信息；欧洲 OSSATE（One-Stop-Shop for Accessible Tourism in Europe），提供了欧洲所有提供无障碍旅游服务的经营商和各种接待设施的数据库。美国的国家通行便利旅行者数据库（National Accessible Travelers Database）则可以选择美国相应的州 / 市进行搜索，可得出相应地区方便残疾游客使用的公共或私人交通服务提供者的信息（具体包括方便残疾游客使用的公共交通、辅助交通、酒店—机场免费穿梭巴士和出租车等信息）。

（3）出版物。

社会福利旅游出版物主要是由福利旅游机构出版提供的旅游手册或指南、杂志等，涉及交通、住宿、餐饮、景点、娱乐等相关信息。美国有种类多样、内容丰富的无障碍旅游出版物，包括各种指南和杂志等。受欢迎的指南有美国汽车协会（AAA）出版的《无障碍旅行系列》（*Barrier-Free Travel Series*），包括纽约、华盛顿、加利福尼亚、夏威夷、拉斯维加斯和佛罗里达中部等分册。这些指南详细介绍了相应旅游目的地对残疾游客无障碍的交通、住宿、餐馆、游览胜地、主题公园和购物中心等。受欢迎的残疾人旅游杂志有《敞开的世界》（*OpenWorld*）和《新视野》（*New Horizon*），它们介绍了残疾游客在美国和世界各地的旅游信息和旅游故事。在欧洲，也有内容丰富的福利旅游出版物，代表性的如表 8-2 所示。

表 8-2　欧洲国家福利旅游出版物 [①]

国家 / 机构	名称	简介
英国	《残疾儿童家庭的假期》（*Holidays For Families with a Disabled Child*）	该指南主要是帮助有残疾孩子的家庭找到适合他们出行的假期目的地
ISTO	《国际社会福利旅游》（*Social Tourism International*）	由国际社会福利旅游组织出版的刊物，内容包括介绍社会福利旅游的最新信息、活动和各成员单位推出的关于社会福利旅游的最新优惠政策等
假期参与中心（比利时）	《因为假期是属于每一个人的》（*Because Holidays are For Every One*）	该杂志详细介绍了假期参与中心为其会员提供的各项服务和优惠政策
家庭基金组织（英国）	《家庭基金组织帮助残疾儿童》（*Family Fund Helping Disabled Children*）	杂志详细介绍了如何加入家庭基金组织，家庭基金组织如何帮助残疾儿童家庭和该组织为其会员提供的服务和优惠政策
欧盟	《欧洲为残疾人旅游创造无障碍环境》（*Making Europe Accessible For Tourists with Disabilities*）	该指南由欧盟组织编写，详细介绍了欧盟各国为残疾人提供的各种服务、设施和景区
欧洲青年旅舍协会	《社会包容和青年旅社——为什么和如何做》（*Social Inclusion and Youth Hostels Why and How*）	介绍了欧洲青年旅舍联盟目前设立的一些资助青年人群的项目

① 孙晔 . 欧洲国家社会福利旅游发展研究［D］. 沈阳师范大学，2014.

五、中国福利旅游未来的发展

目前，中国虽然有一些零星的福利旅游尝试，但是福利旅游才刚刚起步，既远未达到欧美发达国家的水平，也没有成为旅游公共服务关注的重点。相较于中国旅游公共服务其他领域的发展，福利旅游无疑是最为滞后的。随着中国经济社会发展水平的快速提高以及旅游高质量发展的稳步推进，福利旅游应该成为未来中国旅游业重点发展的领域。立足实际，中国的福利旅游发展需要做好以下几个方面的工作。

（一）强化福利旅游意识

如果说中国改革开放之初发展福利旅游不切实际，在 21 世纪初发展福利旅游过于超前的话，进入到 21 世纪第三个十年，中国发展福利旅游的时机已经成熟。2020 年，中国国内生产总值首次突破 100 万亿元，达到 101.6 万亿元（约 14.7 万亿美元），全国居民人均可支配收入达到 32189 元，顺利完成了中国共产党十八大提出的确保到 2020 年"实现国内生产总值和城乡居民人均收入比 2010 年翻一番"的战略目标，全面建成了小康社会，中国已经成为世界第二大经济体。随着脱贫攻坚取得全面胜利，社会保障实现全面覆盖，中国综合国力大幅增强。预计到 2025 年，中国人均国内生产总值将超过 1.3 万美元，进入高收入国家行列。按照现在的增长速度，到 2030 年，中国经济总量将有望超过美国，成为世界第一大经济体。到 2035 年，中国将有望进入中等发达国家行列。中国经济的快速发展给中国人民带来了极大的福祉，也给公共服务发展提出了新的要求。随着中国基本公共服务的总体达标，必然要求提高公共服务的标准，扩大公共服务的覆盖面。过去旅游消费被视作"奢侈品"；但随着经济社会的进步，旅游是公民的基本需求和基本权利将成为越来越多人的共识。因此，从旅游业发展和旅游公共服务完善的角度出发，亟须增强各方面对福利旅游的认识，将福利旅游作为未来提升旅游公共服务的重要领域，使得中国的旅游公共服务发展适应中国经济社会发展的总体水平。

（二）解决重点群体出游

福利旅游主要涉及老年人、残疾人、青少年等。总体来看，中国的福利旅游全方位落后于欧美发达国家，但中国老年人的出游已经开始受到各方面重视，与青少年相关的研学旅行也在如火如荼地开展。2014 年 8 月国务院《关于促进旅游业改革发展的若干意见》对老年旅游和研学旅行都进行了部署。提出要规划引导各类景区加强老年旅游服务设施建设，鼓励地方和企业针对老年旅游推出经济实惠的旅游产品和优惠措施，鼓励对研学旅行给予价格优惠。相较残疾人旅游，虽然各地相关旅游业发展的文件中有所涉及，但是较之老年人和青年人，对残疾人参加福利旅游的重视程度明显不够。中国约有8500 万残疾人，约占总人口比例的 6.2%。目前，中国对这部分人的旅游权利关注明显不够，未来在统筹发展中国福利旅游中应该把这部分人的出游需求作为重点。

（三）鼓励地方先行先试

中国地域辽阔，各地经济发展很不均衡。例如，北京和上海人均 GDP 甚至为全国平均水平的两倍还要多，人均 GDP 偏低的甘肃和黑龙江却只有全国平均水平的一半。2020 年排在第一的北京人均 GDP 是排在最后的甘肃的 5 倍。按照世界银行 2021 年的标准，人均国民收入高于 12535 美元的为高收入国家。按此标准，尽管中国整体达不到，但是上海、北京、广州、深圳、苏州、杭州、南京、宁波、厦门、无锡等城市都已经超过了这个标准。对发展福利旅游而言，不可能在中国"齐步走"，但对于一些经济发达的省或者城市而言，可以率先借鉴欧美国家的经验，从推进旅游公共服务均等化的角度出发，先行先试，探索一条符合中国国情、最大限度保障中国公民旅游权益的福利旅游道路。

（四）加强方案顶层设计

对中国而言，福利旅游是一个新生事物，因此需要在深入研究的基础上进行顶层设计，打造共同富裕版的中国福利旅游方案。具体而言，一是需要组织领导机制。福利旅游涉及社会保障部门、民政部门、文化和旅游部门、财政部门等单位，因此需要有相应的领导和协调机制，将各部门涉及福利旅游的行政职能整合起来，才能有效推动此项工作。二是需要相应的经费保障。福利旅游作为一项旅游公共服务，离不开相应的财政资金保障，在财政支出预算中统一安排专项资金，对相应的福利旅游活动进行资助和补贴，是发展福利旅游的重要手段。三是需要完善相应的政策。福利旅游是一项系统工程，需要通过政策工具，将各方面积极性调动起来。比如，对特殊人群提供福利旅游产品的企业减免税收；对利用淡季优惠接待特殊群体的景区、宾馆等进行支持等。

第二节　旅游消费权益保障

旅游消费权益保障，是政府净化旅游目的地市场秩序、改善旅游目的地消费环境的重要任务。与政府直接查处违法违规旅游企业不同，旅游消费权益保障虽然和旅游市场监管紧密相关，但却是由政府直接面对和服务旅游者，因此旅游消费权益保障应视为一种旅游公共服务。旅游者消费时所受到的权利保护，其中受到保护的权利包括普通消费者都应该享有的权利以及旅游者作为特殊的消费者所应该享有的特殊权利。[1] 政府在提供这种旅游公共服务的过程中，主要涉及政府受理旅游者的投诉以及因旅游者投诉产生的各种纠纷的处理。

一、旅游消费活动的特殊性和权益保障的复杂性[2]

（一）旅游消费活动的特殊性

旅游消费活动的特殊性与旅游活动本身的需求有关，也受到旅游活动在时间、地点，甚至产品与服务等方面特殊性的深刻影响，并且大部分旅游消费权益受到威胁甚至损害的情况往往来自这种特殊性。因此，明晰旅游活动和旅游消费者区别于一般生活消费活动和消费者的特性，是理解旅游消费者的特定权益的基本前提。

1. 旅游本质是精神文化消费

旅游在本质上是一种主要满足旅游消费者精神文化需求的消费活动，旅游消费者的精神诉求与旅游产业的服务消费特性构成其以精神服务消费为主、以实物商品消费为辅的结构。至于其实物商品，其实也与精神服务消费有着某种关联。旅游活动过程中的实物商品多具有映射旅游目的地特色的作用，从这一意义上来看，多数实物商品亦是满足旅游消费者精神文化需求的消费活动。

2. 旅游跨地域消费特征明显

旅游者跨地域消费过程中，不可避免会存在信息不对称的问题。有些旅游经营者为了宣传效应和招徕顾客，在旅游产品介绍时存在一定的夸大或虚假宣传行为。在旅游者充满期待到达目的地，发现旅游商品和服务与宣传和介绍存在不符现象时，难免会引发旅游者对旅游经营者的不满情绪，进而产生关于知情权和自主选择权等方面权益的纠纷。另外，旅游者的跨地域特性必然会导致旅游者对异地陌生环境的了解不够，如果旅游者没有关注目的地景区管理条例、游客须知等，加上一些旅游经营者忽视了对景区的

---

① 杨婧．旅游消费者权益保护制度研究［D］．河北经贸大学，2015.
② 主要参考：黄丽红．旅游消费者权益保护的法律问题研究［J］．社会科学家，2019（8）.

安全隐患等问题的强调，那么旅游消费者很有可能在不自觉的情况下与目的地的旅游监管部门、环境管理者、旅游经营者，甚至是地方保护主义者产生多角纠纷。

此外，随着我国假期制度的逐渐碎片化，即法定节假日多而分散，假期时间短，多为1~3天的时长。因此，更多旅游者会选择周边游和自驾游，虽然这在一定程度上缩短了旅游消费活动的链条，但又会产生一些新的矛盾与纠纷，如旅游者在自驾游过程中的交通法规、景区停车与夜宿等问题，因此，对与周边游和自驾游类似的短途旅游过程中的权益保护问题，也存在旅游消费的跨地域特征。

3. 旅游消费活动存在时效性

旅游者不可能在旅游目的地长期居住，都是停留一定的时间。在这一前提下，一旦发生侵权行为，给予旅游消费者在当地处理纠纷的时间是有限的，这其中只有一部分纠纷能够通过时效性较强的旅游景点法庭和假日法庭等便于旅游者提起诉讼的方式得到解决。有些纠纷涉及到管辖权的问题，如旅游消费者是通过当地还是异地的旅行社参与旅游活动，如果案件不适用快速裁决程序，那么将进入普通的审理程序，如果超过旅游期间，旅游消费者不可避免地会耗费更多的时间、精力和金钱等成本。无论如何，旅游者消费活动的时效性对其纠纷的解决与成本的付出上所形成的影响，对旅游消费者的权益保护问题提出了一定的挑战。

（二）旅游消费权益保障的复杂性

如果只是把旅游活动作为一个具有普遍意义的整体性消费活动，单纯以《合同法》《侵权法》等法律给予的救济机制，很难深入到消费者在旅游活动中的某一个或多个环节，无法对其进行全面的权益保护。除了《中华人民共和国消费者权益保护法》，我国目前涉及旅游消费权益保障的法律还有《旅游法》，以及旅游规范性文件《关于加强旅游诚信建设实施失信联合惩戒的通知》《关于规范旅行社经营行为维护游客合法权益的通知》等。这使得对旅游消费权益的保障变得更为复杂。这种复杂性具体表现在旅游消费权益保障中，有一些经常被侵犯且存在一定法律救济难度的特定权益，需要被特别关注。

1. 旅游消费知情权屡遭侵犯

在旅游活动过程中，旅游消费者与经营者之间往往存在着信息不对等的情况，旅游消费者一般仅能通过经营者所发布的宣传广告等方式获取信息，因此会出现部分经营者故意隐瞒、虚构事实以获取利益，致使旅游消费者知情权受到侵犯的情况。因此《旅游法》中不仅强调消费者有"知悉其购买旅游产品和服务的真实情况"的权利，还特别规定旅游经营者有责任向旅游消费者"详细说明旅游合同中的行程安排等重要事项"。即旅游消费过程中涉及的食宿、交通、娱乐、购物、游玩等环节，旅游经营者有义务向旅游消费者做真实的说明，不得做有误导性的虚假宣传，从旅游消费活动的各个环节对经营者的行为进行规范。

2. 公平交易权缺乏应有尊重

所谓公平交易权，是指"消费者在购买商品或者接受服务时享有的公正合理地进行市场交换行为的权利"。即旅游者有获得公平交易、拒绝强制交易的权利。在旅游消费过程中，有时会出现旅游经营者不履行承诺的现象，比如降低食宿标准、减少旅游景点、变相引导甚至强迫旅游者购物消费等。既侵犯旅游者的公平交易权，同时也扰乱当地旅游市场的秩序。针对上述情况，《旅游法》规定经营者所制定的合约必须明确自己的义务，禁止通过文字游戏来规避责任，在旅游活动的各个环节中必须严格按照合约内容提供服务，保证旅游者公平交易的权利。

3. 消费安全风险难以控制

旅游安全的内容十分广泛，旅游消费者的"吃、住、行、游、购、娱"等活动都涉及旅游安全问题，保障旅游者的旅游安全是其得以完成旅游目的的基础，因此《旅游法》要求经营者具备基本的安全意识，提供的商品和服务，符合保障人身、财产安全的要求。在交通工具、景区设施、住宿餐饮等方面经营者需要按照相应的安全标准进行提供，旅游者安全出现问题时，经营者要依法承担相应责任。随着旅游行业的发展，旅游形式、旅游类别逐渐多样化，自驾游、探险游等旅游活动中威胁旅游者安全的问题也不断增多。这种情况需要执法部门出台相应法律法规，旅游机构完善相关服务，改善现阶段旅游者风险自负的情况。

4. 消费求偿权难以有效保障

根据《旅游法》规定，旅游者在旅游活动中人身和财产安全受到损害时，享有依法获得赔偿的权利，旅游者可以向相应执法部门与司法部门申请解决纠纷，然而旅游服务产品的特殊性却往往导致旅游者的求偿难以实现。例如，旅游者进行旅游活动的目的是为了获得精神上的愉悦，旅游活动中出现的食宿、交通等问题，在损害旅游者人身安全的同时，对旅游者的精神也是一种损伤，这种损伤与人身、财产相比难以量化，因而旅游者在精神方面的求偿是很难实现的。此外，旅游行业内还存在着经营者将投诉过的旅游者拉入所谓的"黑名单"，拒绝其之后的报名参团，这种不成文的现象严重损害了旅游者求偿权的实现。

旅游消费活动的特殊性造成了旅游纠纷的易发和频发，根据"12301全国旅游投诉举报平台"的统计，2017年平台收到有效旅游投诉2.1万余件，2018年平台收到有效旅游投诉2.8万余件，2019年收到旅游投诉3.3万余件。三年间，投诉数量年均增长25%，而同期国内旅游人次的平均增长率只有10%。此外，旅游权益保障的复杂性，加大了政府处理旅游纠纷的工作难度。未来如何通过完善投诉、仲裁和司法各个环节，做好旅游消费权益保障这项旅游公共服务是各级旅游部门亟待解决的问题。

二、旅游消费投诉处理

（一）旅游消费投诉处理的沿革

早在20世纪80年代末，一些旅游先发地区就开始设立专门机构，处理旅游投诉。伴随旅游消费活动的不断增加，有效处理旅游消费投诉逐渐成为国家和地方各级旅游部门关注的重点工作。1991年6月，国家旅游局发布了《旅游投诉暂行规定》，着手推动各地设立旅游投诉管理机构，完善旅游投诉处理程序。但由于机构性质、编制及经费等问题，国家旅游行政部门并没有设立专门的机构处理投诉问题。

1995年1月1日，国家旅游局发布《旅行社质量保证金暂行规定》，明确说明，"旅行社质量保证金是保障旅游者权益的专用款项"，同时在第四条中规定，"保证金属于缴纳的旅行社所有，旅游行政管理部门按规定比例从其利息中提取管理费"。之后依据《旅行社质量保证金暂行规定》和国家旅游局的统一部署，国家旅游局旅游质量监督管理所于1995年7月正式成立，其运作经费主要来自旅行社质量保证金利息中提取的管理费。根据国家旅游局于1995年7月1日发布的《全国旅游质量监督管理所的机构组织与管理暂行办法》，旅游质量监督管理所被明确赋予了"负责全面受理旅游投诉、负责旅行社质量保证金赔偿案件的办理及协助旅游行业管理部门开展旅游市场检查工作等"职能。同时明确了各级质监所在投诉处理方面的职权：国家旅游局质监所直接处理重大和跨省、自治区、直辖市的投诉以及中央一类社的投诉。省、自治区、直辖市旅游（局）质监所接受对本地区的旅游投诉，直接处理本地区重大和跨地、市、州的投诉及省属旅游企业的投诉。随后，各省（市、区）相继成立旅游质量监督管理机构，各市（地）也逐渐成立了相应机构，国家、省、地市三级旅游质量监督管理网络得以形成，同样旅游投诉处理的三级体系也由此形成。

2000年9月，设在国家旅游局的全国假日旅游部际协调会议办公室出台国庆期间旅游投诉工作制度。该旅游投诉制度规定，受理投诉内容涉及因无火车或飞机票造成大量旅游者滞留；由于自然灾害、天气变化、塌方等原因造成交通阻断、旅游者被困；旅游者无房住宿等内容。

2010年7月，国家旅游局发布《旅游投诉处理办法》，进一步规范和完善了旅游投诉管辖的范围，受理和处理等程序。鉴于旅游行政部门收到的旅游投诉可能超出其职权范围的问题，《旅游投诉处理办法》将旅游投诉界定为旅游者认为旅游经营者损害其合法权益，请求旅游行政管理部门、旅游质量监督管理机构或者旅游执法机构，对双方发生的民事争议进行处理的行为；同时规定，旅游投诉处理机构应当在其职责范围内处理旅游投诉。依照有关法律、法规和本办法规定，本机构无管辖权的，应当以《旅游投诉转办通知书》或者《旅游投诉转办函》，将投诉材料转交有管辖权的旅游投诉处理机构或者其他有关行政管理部门，并书面告知投诉人。

2016 年 9 月，依托之前的 12301 旅游服务热线，全国旅游投诉举报平台正式上线，成为各级旅游质监执法人员受理及处理旅游投诉的统一平台，实现了属地直办、全程监控、多渠道入口统一的闭环投诉受理和处理。2020 年 12 月，针对"地方政务服务便民热线号码仍过多、记不住，热线服务资源分散，电话难接通、群众办事多头找等现象"，国务院办公厅发布《关于进一步优化地方政务服务便民热线的指导意见》，将包含旅游投诉举报平台的全国统一旅游资讯服务电话 12301 整体并于 12345 政务服务便民热线。需要说明的是，尽管服务热线进行了归并，但旅游投诉的处理仍将继续进行。

（二）旅游消费投诉面临的形势

2021 年 2 月，文化和旅游部旅游质量监督管理所发布了《2020 年旅游投诉分析报告》（以下简称《报告》）。2020 年，12301 平台通过线下语音和线上网络受理方式共收到有效旅游投诉 49534 件（其中，涉新冠疫情旅游投诉 19624 件，占比近 40%），同比增长 47.43%；受理 43185 件，受理率为 87.18%；结案 41691 件，结案率为 96.54%；为游客挽回经济损失 11154.89 万元，同比增长 165.67%。其中，受理涉新冠疫情投诉 17517 件，受理率为 89.26%，结案 17244 件，结案率为 98.44%，为游客挽回经济损失 9099.08 万元。

《报告》显示，2020 年国内游投诉占比 67.59%，出境游占比 32.33%，入境游占比 0.08%。旅行社、景区和在线旅游企业仍是被投诉较多的市场主体。在全年的旅游投诉中，涉及旅行社的 26068 件，占比 52.63%；涉及景区的 10851 件，占比 21.91%；涉及在线旅游企业的 8669 件，占比 17.5%；涉及住宿的 3579 件，占比 7.23%；涉及导游领队的 155 件，占比 0.31%。

尽管《报告》显示，除去涉疫旅游投诉，2020 年投诉总量同比下降 10.98%，但是旅游服务质量引发的旅游投诉问题依然严峻。《报告》还显示，不按合同约定标准履约是旅行社服务质量存在的突出问题；对景区的投诉主要集中在工作人员的服务上；对在线旅游企业的投诉主要集中在机票和住宿产品预订退订方面；人员服务不佳是住宿产品服务质量的突出问题；言语态度不良是导游领队被投诉的主要问题，占对导游领队投诉总量的 53.64%。

此外，2020 年，中国消费者协会接到的旅游服务投诉中，涉及境内旅游的有 8578 件，涉及境外旅游的有 5367 件。因疫情影响，2020 年上半年大量消费者取消了聚餐、出行计划，交通运输、旅游、餐饮服务三项的投诉增加幅度较大。

（三）旅游消费投诉处理的改善[①]

旅游投诉是反映旅游服务质量的晴雨表，需要标本兼治，才能不断改善和优化。具体来说：

一是要畅通拓宽游客投诉渠道。无论是2020年之前的"12301全国旅游投诉举报平台"，还是号码归并后的12345政务服务便民热线，以及双号并行的12315市场监管投诉举报热线，都在努力创造全面和适时的投诉平台。要通过相关平台，不断丰富微信公众号、官方网站等投诉方式，全方位、多途径地为游客提供反映服务质量问题和诉求的渠道。

二是要提供耐心规范的接诉服务。旅游投诉处理的工作人员在接诉时首先要耐心倾听游客诉求，碰到情绪激动的游客要安抚好其情绪，同时要适时解答好游客疑问并引导游客提出合理诉求，最后要记录好投诉案情、梳理好游客提供的证据材料。

三是要依法调解旅游投诉。旅游投诉处理机构工作人员在调解旅游投诉时要做到依法调解、以理服人，切忌稀里糊涂地"和稀泥"式调解，每一个调解意见都要有充分的法律依据，并向投诉双方当事人解释清楚调解意见的缘由，有条件的地区还可以引入专业律师开展法律援助调解。

四是要建立多元化的调解大格局。旅游投诉处理机构除了充分履行好自身职能开展好旅游投诉调解工作外，也要善于借助外力，建立起多种调解方式共存的调解大格局。比如，建立涉旅部门协同处理旅游投诉机制，将非旅游部门职能负责的旅游投诉转办协调相关涉旅部门处理。再如，实现旅游投诉调解和司法仲裁相衔接机制，建立旅游投诉纠纷仲裁中心，充分运用仲裁机制的权威性、专业性、灵活性来调解旅游投诉。

五是要不断围绕关键指标改善工作。"受理率""结案率""调解成功率"是评判旅游投诉调解工作成效的重要指标，旅游投诉调解工作的"治标"任务要围绕三项指标开展，只有这三项指标提高了，才能切实维护游客合法权益，提升游客对旅游投诉调解工作的满意度。

六是要做好旅游投诉分类标准的制定。旅游投诉分类标准是开展旅游投诉大数据分析的基础工作，文化和旅游部正在推动的《旅游投诉分类体系》行业标准，将旅游投诉对象（旅游市场主体）规范分类为旅行社、景区、住宿产品等9大类，同时，列出了每类旅游投诉对象存在哪些投诉问题，共计26个大类、87个中类、449个小类投诉问题。按照《旅游投诉分类体系》，每一个投诉案件将贴上投诉对象、投诉问题、服务质量发生地和时间等特定标签，以便确定能够抓取多角度的统计分析维度。

七是要做好旅游投诉数据的积累。"12301全国旅游投诉举报平台"自开通运行以

---

① 主要参考：刘建明，卢胜辉.标本兼治做好旅游投诉工作 推动旅游业高质量发展［N］.中国旅游报.2020-12-14.

来，平均每年积累 3 万余个投诉案件、50 余万个旅游咨询数据。平台的每一个案件均标注了投诉时间、投诉对象信息、投诉问题、调解结果等多种投诉信息要素，为开展投诉大数据分析与应用奠定了坚实的基础。

八是要强化旅游投诉处理的领导机制。旅游投诉虽然表现在旅游领域，但是反映的是旅游目的地整体的服务环境，因此仅靠旅游行政部门，很难抓好旅游投诉工作。只有把旅游投诉处理放到优先地方经济发展环境的高度予以重视，由主要领导亲自推动，才有可能真正做好。2016 年 5 月，福建省正式实施"放心游福建"服务承诺，并由省财政安排 1000 万元资金设立全省旅游投诉"先行赔付"周转基金。2016 年 8 月，省旅发委牵头联合 24 个部门，联动 9 市 1 区，正式对外公布"放心游福建"服务承诺。为此，福建提出实施三项服务承诺：一是"一口受理"，由 12315 服务热线负责统一接听和转办旅游投诉。二是"限时办结"，承办单位接到旅游投诉必须在 24 小时内主动联系投诉人，启动处理程序；对于事实清楚、证据充分、索赔法律依据明确的投诉必须在 7 个工作日内办结，并答复投诉人。三是"先行赔付"，对于未在 7 个工作日内办结的"快处先赔"投诉，承办单位必须在 24 小时内通过"放心游福建"旅游理赔基金实行先行赔付。与此同时，福建还创新了六项工作机制，即旅游投诉首问责任制、各部门分工配合办理机制、旅游投诉应急处理机制、超时限办理投诉问责机制、超时限办理投诉先行赔付和追偿机制、恶意投诉处理机制。"放心游福建"服务承诺实施以来，福建旅游市场秩序进一步规范"清新福建"品牌全面打响，游客满意度明显提升。福建的例子充分说明了强化旅游投诉处理的领导机制的重要作用。

案例 8-1

云南旅游投诉管理的创新 [①]

云南是旅游大省，但过去也是游客投诉的重灾区，人民网旅游 3·15 投诉平台的投诉数据显示，从 2011 年开始，在该平台上对各省份投诉中，云南旅游投诉量多年"霸占"全国榜首。在多重压力下，2017 年，时任云南省省长阮成发提出依托"一部手机游云南"平台实现地方旅游业的综合治理，进行旅游投诉管理改革。

云南省首先对旅游投诉处理机制进行创新，提出建立"1+16+129+X"旅游投诉快速处置工作体系，进一步明确各层级政府地职责权限、完善政府上下层级配合机制。该机制的运行依托云南省旅游投诉数字综合治理平台，覆盖云南全省 16 州 126 市县全域所有景区。在全省统一旅游投诉综合处置平台上，旅游投诉被分级分类，按照其重大和紧急程度，同一时间分发予被投诉对象和指挥中心，被投诉对象在指挥中心监管下进行

---

① 本案例主要参考：岳军杰."互联网+"背景下全域旅游投诉管理创新研究——以"游云南"平台为例 [D]. 华中科技大学，2019.

处理，并在平台上形成完整的处理记录。云南省借助四级快速处理机制和数字投诉管理平台，实现省、州（市）指挥中心及各级相关行政管理部门同时联动监管投诉处置。此外，云南省对全省多部门旅游投诉业务系统进行整合（旅游投诉综合执法平台整合了旅游局、工商局、税务局、发改委等7个横向部门的旅游投诉业务系统）。响应平台统一进行投诉处理部门的指定、分发，使组织内自动形成一个连接体，成为责任共同体。

除了旅游投诉服务流程的改造，云南省还利用信息技术进行业务系统整合，极大提高了部门采取合作行为的积极主动性，减轻部门合作阻力。基于数字化的投诉处理平台，政府部门在处理旅游投诉时可以有效突破部门信息不共享、合作不力及取证难的问题，极大地提高了旅游投诉处理效率。投诉者可以通过"游云南"平台一键发起投诉，平台为投诉者提供电话、语音、文字三种投诉方式。投诉者提交投诉后，无须为向哪个部门申请投诉处理担忧，也无须耗费时间精力成本等待政府内部的沟通，而是可以直接在政府部门的监督下与被投诉对象进行沟通。若对投诉处理结果不满意，投诉者可以三天内一键提交二次投诉。服务流程的优化极大地减少了旅游投诉的流转次数与时间消耗，不仅为投诉者节约大量时间，而且为投诉者提供及时、有效的高质量服务。

依托流程再造和信息技术，云南省全域旅游投诉管理综合平台实施5分钟投诉响应机制，旅游投诉平均办结时间已从2017年的7天缩短到2019年的3小时53分，99.9%的投诉做到24小时内办结，成为全国旅游投诉处置最快的平台。在全国12301旅游投诉平台上，云南的旅游投诉量从2017年的第6位降至2019年的第25位，旅游市场环境明显好转，云南旅游的形象大幅改善。

三、旅游消费仲裁处理

按照相关法律法规，对于旅游消费纠纷产生的投诉，旅游质量监督管理部门可以根据职能进行调解，但如果调解不成，就只能进入仲裁或者诉讼程序。近年来，通过仲裁方式解决调解未成的旅游消费纠纷开始受到各级旅游部门的高度关注。

（一）仲裁机制化解旅游消费纠纷的优势[①]

随着旅游投诉类型多样化，复杂性和专业性日益增强，旅游投诉调解工作面对的问题越来越棘手，依法调解的难度越来越大。同时，游客不断追求深层次的个性化需求，对旅游服务质量的要求日益提高，对旅游投诉处理时效和处理质量的期望值也越来越高。而机构改革之后，多数地区的旅游执法职能和旅游投诉处理职能分属于两个不同部门，旅游投诉调解工作无法借助执法的威慑力量督促旅游企业配合投诉调解，依法开展

---

① 主要参考：卢胜辉. 对引入仲裁机制助力旅游投诉调解工作的思考［N］. 中国旅游报，2020-11-06.

旅游投诉调解工作面临很大压力。

由于缺乏司法权威性，即便旅游投诉处理机构提出的调解方案完全正确、合法，也经常发生当事人拒不接受的情况，旅游部门的投诉调解工作经常会是两面不讨好。此外，按照《旅游投诉处理办法》规定，旅游投诉调解失败的，投诉者可以向人民法院提起诉讼。虽然通过诉讼解决旅游投诉纠纷具有强制力，但同时也存在审限过长、取证困难、时间成本高等明显困难，加之多数旅游投诉纠纷案件的标的额较小，许多游客对诉讼存在畏惧情绪，经常不愿意选择诉讼方式解决旅游投诉纠纷。调解手段的先天不足，使得引入仲裁机制化解旅游纠纷正在成为一种新选择。

其一，引入仲裁机制能够大幅提升旅游投诉调解工作的权威性和专业性。在仲裁机制下，旅游投诉纠纷双方当事人达成和解意见后，通过仲裁文书确认法律效力，可以申请人民法院强制执行，解决当前旅游投诉处理机构调解意见书执行力弱、不能申请人民法院强制执行的问题。另外，仲裁机构的仲裁员具有深厚的法律专业知识功底，涉及各行各业，可以有效地将法律专业知识和行业知识融入旅游投诉纠纷处理，能够有效提高旅游投诉的依法调解能力，进而提升旅游投诉纠纷化解的成功率和满意度。

其二，引入仲裁化解旅游投诉纠纷可以避免诉讼时间和费用成本高的问题。仲裁与诉讼相比，具有便捷高效、时间和费用成本较低等特点，更适于解决日趋复杂的标的额较小的旅游投诉纠纷。首先，仲裁实行"一裁终局"，避免了诉讼一审、二审乃至再审的冗长程序，审结期限短能够有效遏制当事人恶意拖延诉讼、逃避执行等行为，从而避免当事人合法权益受损。此外，仲裁没有地域管辖和级别管辖的限制，旅游投诉纠纷当事人可以灵活任意选择仲裁机构，不受当事人所在地、纠纷发生地等因素约束，适合于旅游投诉纠纷区域跨度大的特点。

其三，引入仲裁能够拓宽旅游投诉纠纷的受理范围。一方面，能够将旅游企业之间的经济纠纷纳入投诉受理范围。按照《旅游投诉处理办法》规定，旅游企业之间的经济纠纷，不属于旅游投诉受理范围，但往往会影响到旅游服务质量和游客的消费体验，引入仲裁机制后，就能将旅游企业之间的经济纠纷纳入受理范围，对打造优质和谐的旅游消费市场、提升旅游服务质量能够发挥重要作用。另一方面，能够将跨国旅游投诉纠纷纳入受理范围。我国于1987年加入《承认及执行外国仲裁裁决公约》，缔约国对在另一缔约国领土内做出的仲裁裁决予以承认和执行。因此，通过引入仲裁机制还可以解决涉外旅游投诉纠纷，特别是旅行社与国外地接社及供应商之间的经济纠纷，保障出境游客的合法权益。

（二）仲裁机制化解旅游消费纠纷的实践

近年来，全国不少地方对"引入仲裁机制化解旅游投诉纠纷工作"进行了探索和尝试。比如，2015年4月，哈尔滨仲裁委将旅游纠纷纳入了仲裁范围。2016年8月，山东省烟台市就在烟台仲裁委成立了旅游纠纷仲裁中心。此前，烟台仲裁委与烟台市文旅局就已开启合作，运用仲裁方式帮助游客、导游以及旅游企业维护自身合法权益。2017年12月，黄山仲裁委员会旅游仲裁院暨三个旅游纠纷调解中心正式揭牌。黄山仲裁委员会旅游仲裁院组建旅游专业类仲裁员队伍，引入先行调解、引导书面审理等仲裁特别程序，专门负责旅游纠纷案件的调解仲裁。同时，在黄山风景区等重点旅游集散地设立旅游纠纷调解中心，方便游客就地就近申请仲裁。2019年3月，海南国际仲裁院、海南省旅游和文化广电体育厅在海口联合设立海南旅游仲裁中心，旨在助力海南自由贸易试验区建设，共商建立旅游业纠纷仲裁解决机制，共同维护海南旅游消费、投资环境。2019年9月，江西九江市仲裁委也会同九江市旅游协会正式组建成立九江旅游仲裁中心。

在各地探索和实践的基础上，2021年6月，文化和旅游部办公厅、司法部办公厅联合发布《关于开展旅游投诉调解与仲裁衔接试点工作的通知》。明确提出：一是搭建旅游投诉纠纷仲裁平台，由设立地的文化和旅游行政部门和仲裁机构共同协商后联合搭建旅游投诉纠纷仲裁平台；并鼓励仲裁机构下设"旅游投诉纠纷仲裁中心"负责专门处理旅游投诉纠纷仲裁案件。二是明确旅游投诉纠纷仲裁平台工作职责：宣传通过仲裁方式解决旅游投诉纠纷的特点和优势；研究制定适宜旅游投诉纠纷处理的仲裁规则，提升旅游投诉纠纷仲裁的专业化、规范化水平；代表仲裁机构受理旅游者与旅游经营者之间或者旅游经营者之间的民商事投诉纠纷而提出的仲裁申请；出台《旅游纠纷快速调解仲裁规则》。三是建立旅游仲裁员名册和旅游纠纷处理专家库，研究选聘熟悉旅游法律制度、具有相关纠纷处理经验的专业人士担任仲裁员，制定旅游仲裁员名册。四是明确旅游投诉纠纷仲裁平台运行机制，对旅游投诉处理机构收到旅游投诉后调解以及调解不成仲裁的程序进行了规定。同时，该通知还要求各省级文化和旅游行政部门会同省级司法行政部门对辖区内各地旅游投诉情况进行综合研判，确定推荐1~2个城市作为试点地区。可以预见，随着试点工作的逐步推开，仲裁机制在解决旅游纠纷中将发挥越来越重要的作用。

四、旅游消费诉讼处理

旅游者在消费过程中遇到纠纷后，如果旅游质量监督部门的调解和仲裁都不能解决问题，就只能通过向人民法院提起诉讼的方式进行解决。尽管诉讼的方式在解决旅游消费纠纷中使用频率不高，但是其作为解决纠纷的"终极"解决方式，对于保护旅游消费权益依然具有重要的意义。作为旅游消费诉讼处理需要重点解决两个方面的问题：一个是明确旅游纠纷的审理依据；另一个是尽可能给旅游消费者行使诉讼权创造条件。

（一）明确旅游纠纷的审理依据

近年来，随着旅游业规模的扩大，旅游纠纷不可避免会增加，旅游纠纷案件也成为全国法院民事审判工作中数量增长快、牵涉环节多、处理难度大的纠纷类型；同时随着案件数的逐年上升，面临着适用法律和统一执法难度加大的难题。针对这一问题，2010年11月最高人民法院施行《关于审理旅游纠纷案件适用法律若干问题的规定》（以下简称《规定》）。《规定》界定了旅游纠纷案件的受案范围，包括了旅游者与旅游经营者、旅游辅助服务者之间因旅游发生的合同纠纷或者侵权纠纷。旅游景区经营者与旅游者之间发生的旅游纠纷，也可参照该司法解释处理。《规定》还明确了旅游者个人的诉讼权利，除合同签字的当事人有权提起诉讼外，未在旅游合同上签字的个人，也可以提起合同之诉。此外，《规定》还较为全面地规范了旅游法律关系，明确了旅游者合法权益的保护范围，大到旅游者的人身安全，小到旅游者的行李物品以及证件、证照的安全，司法解释都做出了规定。《规定》还提出，旅游者在自行安排活动期间遭受人身损害、财产损失，旅游经营者未尽到必要的提示义务、救助义务，旅游者请求旅游经营者承担相应责任的，人民法院应予以支持。可以说，《规定》的出台，为更加公平有效地处理旅游消费诉讼提供了重要的法律依据。

2020年7月，针对新冠疫情下旅游合同纠纷大幅增加的情况，最高人民法院、司法部、文化和旅游部联合发布了《关于依法妥善处理涉疫情旅游合同纠纷有关问题的通知》，提出：要建立旅游合同纠纷多元化解机制，畅通矛盾纠纷化解的协作对接渠道，充分发挥非诉讼纠纷化解机制作用，提供便捷高效的诉讼服务。同时要求：严格执行法律政策，积极引导变更旅游合同，慎重解除旅游合同，妥善处理合同解除后的费用退还，妥善处理安全措施和安置费用的负担，妥善认定减损和通知义务。司法部门、文化和旅游部门积极的释法工作，促进了旅游消费纠纷的快速解决，有利于更好地保障旅游消费权益。

（二）推动旅游消费诉讼便捷化

由于传统诉讼的成本较高，因此用传统诉讼的方式解决旅游纠纷面临重重困难。因此，只有降低旅游诉讼门槛，推动旅游消费诉讼便捷化，才能让旅游者更好地运用法律武器来维护自身权益。因此，各地在具体实践中，探索出一系列推动旅游消费诉讼便捷化的方式。早在20世纪末，北京房山就尝试每年5—10月旅游旺季的时候，在十渡风景区设立旅游假日法庭。2010年，张家界除在天门山索道公司广场、张家界国家森林公园入园广场设立了旅游速裁法庭外，还设立了一个机动旅游速裁法庭为不在这两处的游客服务。旅游速裁法庭采取咨询、起诉、立案、调处、执行一站式工作机制，实行"首问负责、一站到底"原则，全面负责受案范围内案件的咨询答复、指导起诉、立案登记、调处裁判、执行结案等相关工作。

2016年6月，浙江省仙居县人民法院在神仙居游客集散中心成立神仙居旅游巡回法庭，2017年5月又成立了神仙居旅游法庭，集中审理和调处全县涉旅游相关纠纷案件；在各分散景区设立3个法官调解工作室，通过"车载法庭""网上法庭""假日法庭"等多种形式，为游客和旅游经营者提供更加及时、优质、高效的司法服务。此外，海南三亚旅游巡回法庭还针对旅游纠纷建立了一律使用简易程序和三定（定期、定点、定人）、四就（就地立案、就地审理、就地调解、就地执行）、一重（注重调解）、两免（对小额旅游纠纷案件免收诉讼费和申请执行费）的审判工作机制。2021年，浙江安吉县人民法院还创造性地设立了"云上法庭"，"即收即调、快立快审、就地就便"为游客和景区提供在线便捷司法服务。随着旅游诉讼条件的逐步改善，旅游消费权益保障也有了更多可能。

案例 8-2

旅游纠纷的"宁波解法"

如何高效解决日益增多、情况复杂的旅游纠纷，是各地旅游消费权益保障的"硬骨头"。面对这一难题，宁波的探索与尝试，具有很强的典型性和示范性。宁波市积极探索将旅游纠纷解决机制从行业监管向社会监管转化，与相关部门联动创新旅游纠纷多元化解机制，创建了快速解决旅游纠纷的"宁波解法"。

2016年3月，宁波市旅游纠纷人民调解委员会正式成立，共有10名人民调解员。作为专业性人民调解组织，宁波市旅游纠纷人民调解委员会在宁波市旅游局和司法行政部门指导下开展工作。其职责主要是受理旅游经营者违反旅游合同约定，因旅游经营者的责任致使投诉人人身、财产受到损害，因不可抗力、意外事故致使旅游合同不能履行或者不能完全履行，投诉人与被投诉人发生争议以及其他损害旅游者合法权益的纠纷案件。与此同时，宁波率先成立全国首家旅游纠纷理赔中心，主要职责是受理经市旅游纠纷人民调解委员会调解成功的宁波市内旅游保险事故纠纷赔偿处理事宜。此外，两者采取合署办公方式，为旅游纠纷当事双方提供"一站式"的处置理赔服务。同年6月，宁波市首家旅游纠纷巡回法庭——宁波市海曙区旅游纠纷巡回法庭揭牌成立。截至2018年，宁波建成旅游纠纷巡回法庭9家，区县（市）旅游纠纷人民调解组织8家。由此基本形成了"人民调解＋巡回法庭＋保险理赔"的一站式旅游纠纷调处模式，构建起"行政调解＋人民调解＋司法调解"的大调解格局，按照这一模式，凡是经旅游纠纷人民调解委员会调解的案件，调解协议书可直接作为旅游保险的理赔依据，并实施快速理赔。

2017年5月，宁波市旅发委与浙江海泰律师事务所合作，成立全国行业内首家"旅游法律服务中心"，以法治引导企业规范经营、诚信经营。2018年，宁波市旅游发展委员会和宁波市司法局出台《关于加强旅游纠纷人民调解工作的实施意见》，对旅游纠纷调解工作进行了全面部署。与此同时，宁波市旅游质监所积极推动旅游纠纷处置网络向景区村庄延伸，打通旅游消费维权"最后一公里"。以重点旅游乡镇、景区村庄服务中心为载体，联合司法、工商等部门设立旅游消费维权站，推动全市"十五分钟"投诉圈建设。除此之外，宁波市旅游质监所联合相关部门不连续发布旅游纠纷典型案例，强化"以案释法"，引导市民文明旅游、合理消费、依法维权。通过一系列举措，宁波旅游纠纷解决能力大幅提高，旅游者满意度也显著提升。

第 九 章

文化旅游公共服务融合

【主要内容】

掌握文化旅游公共服务融合的背景和基本框架，了解文化旅游公共服务的主要实践，把握未来文化旅游公共服务融合的方向。

【引导案例】

文化旅游公共服务融合开启新篇章

2018年文化和旅游部正式成立，"诗和远方"走到一起，文化和旅游融合发展进入新时期。根据文化和旅游部的"三定方案"，推进文化和旅游融合发展被列为文化和旅游部的重要职能；与此同时，文化和旅游部公共服务司的工作职责被确定为"拟订文化和旅游公共服务政策及公共文化事业发展规划并组织实施，承担全国公共文化服务和旅游公共服务的指导、协调和推动工作，拟订文化和旅游公共服务标准并监督实施"。这意味着，在公共服务领域里面也有文化和旅游融合发展的需求。

2019年1月，文化和旅游部首次召开全国文化和旅游厅局长会议，专门对推动文化和旅游融合发展工作进行了部署，提出文化和旅游融合的总体思路：坚持"宜融则融、能融尽融"，找准文化和旅游工作的最大公约数、最佳连接点，推动文化和旅游工作各领域、多方位、全链条深度融合，实现资源共享、优势互补、协同并进，为文化建设和旅游发展提供新引擎新动力，形成发展新优势。并在工作层面提出推进文化和旅游融合的六条路径：着力推进理念融合，着力推进职能融合，着力推进产业融合，着力推进市场融合，着力推进服务融合，着力推进对外和对港澳台交流融合。在"着力推进服务融合"中，则明确提出"协同推进公共文化服务和旅游公共服务、为居民服务和为游客服务，发挥好综合效益，是深化文化和旅游融合发展的重要内容"。同时要求：一是要统筹公共服务设施建设管理。探索建设、改造一批文化和旅游综合服务设施，推动公共文化设施和旅游景区的厕所同标准规划、建设、管理。二是统筹公共服务机构功能设置。在旅游公共服务设施修建、改造中，增加文化内涵、彰显地方特色。利用公共文化机构平台，加大文明旅游宣传力度。三是统筹公共服务资源配置。推动公共服务进旅游景区、旅游度假区；构建主客共享的文化和旅游新空间；在游客聚集区积极引入影院、剧场、书店等文化设施；统筹实施一批文化和旅游服务惠民项目。

在文化和旅游部确定的思路和工作方向下，各地也在之前工作的基础上，积极推动文化和旅游融合的过程中，不断研究文化和旅游公共服务融合的新问题，探索文化和旅游公共服务融合的新举措。比如，2019 年 12 月，北京市文化改革和发展领导小组办公室印发的《关于推进北京市文化和旅游融合发展的意见》中，就明确提出，要在文化旅游公共服务方面，实施公共服务设施共建、公共活动共享和公益服务共促三大工程，营造北京和谐宜居、主客共享的文化旅游发展氛围，对接当前民众由"美好风景"向"美好生活"转变的文化旅游消费需求。再如，2021 年 1 月，浙江省文化和旅游厅出台的《高质量推进旅游公共服务体系建设的若干意见》中，也特别强调了推动公共文化场所拓展旅游服务功能，推动文化惠民活动进景区等文化旅游公共服务融合的内容。

文化旅游公共服务融合发展是文化旅游融合发展的应有之义，也是文化和旅游机构合并之后，推动文化旅游融合发展的难点和重点。尽管文化旅游公共服务融合并非像旅游交通服务、旅游信息服务、旅游安全服务、旅游惠民服务、旅游权益服务一样，作为旅游公共服务系统的子系统存在，但鉴于文化和旅游机构合并之后，文化和旅游公共服务实际上的交叉和整合，从工作层面推动文化旅游公共服务的融合发展就成为一个必须研究和思考的问题。

在理论层面，文化旅游公共服务融合的研究还不系统和完整，在实践层面，文化旅游公共服务融合的探索才刚刚开始，因此本章尝试提出文化旅游公共服务融合的大体框架，并重点介绍各地在这方面的一些典型做法，以期对未来二者的融合发展提供点滴的借鉴。

第一节　文化旅游公共服务融合的背景

一、文化旅游公共服务融合的时代背景

文化旅游公共服务的融合发展有文化事业、文化产业和旅游业发展的客观需要，同时也是文化和旅游机构合并后有效推动文化公共服务和旅游公共服务工作的主观需要。具体而言，可以从四个维度进行审视。

（一）服务对象融合：主客共享

文化公共服务和旅游公共服务的服务对象各有侧重，文化公共服务是满足公民的基本文化需求，旅游公共服务主要是满足游客的直接、非商业的服务需求。但是在现实中，文化公共服务和旅游公共服务都不会也不应排斥二者服务对象的拓展、延伸或者交叉。单就词义判断，文化旅游公共服务的对象"公民"指的是"具有某一国国籍，并根据该国法律规定享有权利和承担义务的人"，当公民在惯常环境工作和生活的时候，就是居民；当公民离开惯常环境，从事旅游活动的时候，就是游客。但不管是居民还是游客，都可以统一在"公民"这个范畴之下。因此，文化公共服务从服务对象的界定来看，一开始就没有排斥游客。对旅游公共服务而言，尽管主要是面向游客而非居民进行建设的，但在具体实践中，所有旅游公共服务设施都不可能排斥对居民进行服务。比如，任何一个旅游咨询中心都不会拒绝居民的信息咨询要求；任何一个旅游交通引导标识都不可能只服务于游客，不服务于居民。由于文化活动和旅游活动的你中有我、我中有你，在提供文化公共服务和旅游公共服务时，必然也是你中有我、我中有你。这种主客共享的活动特点，自然而然也成为文化旅游公共服务对象融合的重要特征。

（二）服务要求融合：效率提升

无论私人产品还是公共产品，对任何产品和服务而言，都存在提高效率的要求。这就要求，用尽可能少的投入实现尽可能多的产出。对文化公共服务和旅游公共服务来说，提高效率就意味着用尽可能少的服务资源为更多的人提供服务，而不必局限这种服务的对象是居民还是游客。在现实中，一方面，各级政府建设了大量的文化公共服务设施，但文化公共服务"空转"的情况却比较突出。但另一方面，旅游公共服务不足的情况，又制约了旅游目的地的持续健康发展，也影响了游客的满意度。比如，不少乡村地区由于乡村人口大量外流，导致其建设的文化站、农家书屋等文化公共服务设施发挥的文化作用大打折扣，使得文化公共服务资源被大量闲置；与此相对应的是，乡村旅游的公共服务设施却比较短缺。除了设施，由于文化旅游公共服务融合的障碍，也造成了服务人员工作量的不饱和。这些问题都造成了公共服务资源利用效率的下降。因此，促进文化旅游公共服务融合也当然是提高服务效率的必然选择。

（三）服务导向融合：价值趋同[①]

一是文化旅游公共服务融合与构建社会主义核心价值观取向一致。文化是旅游的灵魂，人文资源是旅游的核心资源，它凝聚着社会主义核心价值观。核心价值观理应是

---

① 主要参考：彭泽明刊登在《文旅融合：公共文化服务新动能论集》上的文章"公共文化旅游服务融合的几个关键问题"。

旅游灵魂中的"灵魂";文化旅游公共服务融合是文化公共服务和旅游公共服务"文以化旅、魂体合一"的有机统一、相互促进、相互提质增效的过程,培育和弘扬社会主义核心价值观既是文化公共服务,又是旅游公共服务的内在逻辑,文化旅游公共服务融合应成为社会主义核心价值观构建和弘扬的平台,社会主义核心价值观构建要贯穿文化旅游公共服务融合的始终。二是文化旅游公共服务融合与不断实现人民对美好生活向往取向一致。习近平总书记指出,丰富健康的文化生活是衡量人们生活质量的重要标志;旅游是人民生活水平提高的一个重要指标。这就意味着,文化和旅游工作的共同目标,必须坚持以人民为中心,不断实现人民对美好生活的向往。党的十九大报告强调,满足人民过上美好生活的新期待,必须提供丰富的精神食粮。文化公共服务和旅游公共服务都属于精神消费的层面,提供丰富的精神食粮既包括丰富的群众性文化活动,又包括丰富的群众性旅游活动。三是文化旅游公共服务融合与增强和彰显文化自信取向一致。党的十九大报告指出:"文化自信是一个国家、一个民族发展中更基本、更深沉、更持久的力量。"在当今世界文明的交流碰撞中,树立坚定的文化自信,是实现中华民族伟大复兴的重要基石。习近平总书记强调,旅游是传播文明、交流文化的桥梁。从这个角度讲,作为政府主导下的文化旅游公共服务必须义不容辞、责无旁贷地成为中华优秀传统文化传承发展的载体平台,为不断增强和彰显文化自信发挥不可替代的重要作用。

(四)服务主体融合:职能整合

尽管文化旅游公共融合有其必要性,但在2018年3月文化和旅游部成立之前,由于文化公共服务属于文化部的职责,旅游公共服务属于国家旅游局的职责,因此不可避免地存在着部门分割、各自为政、"两张皮"的现象。过去,文化部主要由公共文化司承担文化公共服务的职能,国家旅游局主要由综合司的公共服务处承担旅游公共服务的职能。文化和旅游部成立以后,文化公共服务和旅游公共服务的职能都全部归属新设立的公共服务司承担,这就使得文化公共服务和旅游公共服务工作的职能得以融合,为文化旅游公共服务融合提供了坚实的组织保障。而在文化和旅游部公共服务司的处室的设置中,综合协调处将会承担文化旅游公共服务融合方面的协调工作;政策规划处在制定政策和规划时自然会考虑到文化旅游公共服务融合的内容;惠民服务处也将整体推进文化和旅游惠民服务相关工作;活动指导处在统筹考虑公共服务活动安排时,文化和旅游公共服务的融合是应有之义;权益保障处虽然工作重点是保障基本公共文化权益的实现,但是未来在推进旅游公共服务权益保障方面同样大有可为。除了国家行政部门,地方文化和旅游部门的设置中也都将文化公共服务和旅游公共服务的职能放到了一起,这为自上而下地推动文化旅游公共服务融合创造了条件。

此外,过去文化是事业强、产业弱;旅游是产业强、事业弱。在原文化部中,除了公共文化司之外,其实除文化产业司之外的艺术司、文化科技司、非物质文化遗产司等职能司室的业务也基本属于文化公共服务的范畴；而在国家旅游局中，除了综合司的公共服务处之外，主要是规划财务司的职能中有一部分旅游公共服务的内容。文化和旅游机构的整合，不仅实现了原文化部公共文化司和国家旅游局综合司公共服务处职能的融合，而且有助于打破分割状态，整合与公共服务相关各个司室的力量，统筹文化和旅游公共服务建设，通过二者的融合发展，让文化公共服务来带动旅游公共服务，以旅游公共服务来完善文化公共服务，从而为文化和旅游融合发展注入新的内容。

二、文化旅游公共服务融合的政策背景[①]

聚焦国家顶层设计层面，文化和旅游公共服务的融合发展政策经历了从"点状突破"到"链式融合"的发展历程。在文化和旅游部成立之前，文旅融合集中表现为文化产业和旅游产业之间的融合发展，代表性政策文件有 2009 年的《关于促进文化与旅游结合发展的指导意见》和同年发布的《关于加快发展旅游业的意见》，提出要大力推进旅游与文化等相关行业融合发展，使文化与旅游的融合发展进入了快速发展时期。但在这一阶段，公共服务领域的文旅融合较少提及，仅限于"利用非物质文化遗产资源优势开发文化旅游产品"和"利用博物馆、纪念馆、体育场馆等设施，开展多种形式的文体旅游活动"等方面。2016 年的《"十三五"旅游业发展规划》提出了旅游发展的"全域化""研学旅行"应成为文旅融合的重点内容。尽管在这一阶段有一些文化旅游公共服务融合的政策尝试，但是在《公共文化服务保障法》《旅游法》等法律中，并没有对此问题予以关注，文化旅游公共服务融合处于一种"自发"状态。

2018 年 3 月，文化部、国家旅游局合并，将文旅融合提到了新的高度，开启了文旅融合发展的新时代，文化旅游公共服务融合也从"自发"状态，进入到"自觉"状态。协同发展理念的注入，令相关政策反映出文化与旅游链式融合的现实需求，并逐步细化到各个层面，如开发具有地域特色和历史文化价值的旅游线路、挖掘乡村特色文化符号带动乡村旅游与乡村振兴、建设文旅融合的国家文化公园体系等。文化和旅游公共服务融合发展的政策导向，也愈发凸显。2018 年出台的《国家级文化生态保护区管理办法》中特别强调了非物质文化遗产资源在国家级文化生态保护区申请和设立中的重要作用，提出了设立非物质文化遗产专题馆、传习所，非遗资源的创新转化与传承等一系列具体措施。2020 年出台的《大运河文化和旅游融合发展规划》中从设施共享、数字服务、活动开展等方面，提出了大运河文化和旅游公共服务融合发展的具体路径。在 2021 年新发布的文化和旅游"十四五"规划中，更是重点强调了推动博物馆、美术馆、图书馆等公共文化服务设施成为旅游目的地、培育主客共享的美好生活新空间，更加具体地指出了二者融合的新方向与具体路径。

① 主要参考：李阳.主客共享 美好生活——文化和旅游公共服务融合发展的实践、经验与展望 [J].图书馆论坛，2021（8）.

第二节　文化旅游公共服务融合的内容

目前针对文化旅游公共服务融合开展的研究中，虽然一些学者提出了大体的方向和关注重点，但是并没有形成一个较为完整的讨论框架。此处对这一问题进行初步的探讨。笔者认为：讨论文化旅游公共服务融合首先需要基于文化公共服务和旅游公共服务本身的边界，思考二者本体之间交叉融合的部分。但是由于文化公共服务和旅游公共服务都是事业属性，二者交叉融合的地方有限，如果文化旅游公共服务融合仅限于二者本体部分的融合，不仅弱化了文化旅游公共服务融合的效果，而且不利于在实际工作中，指导文化和旅游融合的发展。因此有必要将讨论延伸到文化公共服务与旅游产业的融合，以及旅游公共服务与文化产业的融合，这样更有助于把事业的特点和产业的优势结合起来，实现文化旅游公共服务融合从"物理变化"到"化学反应"的跨越。

一、文化旅游公共服务本体的融合

在文化旅游公共服务本体的融合中，主要体现为四个方面的内容：

（一）将文化公共服务功能融入到旅游公共服务设施中

在旅游公共服务的五大领域中，以空间形态呈现的旅游公共服务设施主要涉及旅游公共交通服务的旅游集散中心、旅游公路以及旅游公共信息服务中的旅游咨询中心。文化公共服务功能注入旅游公共服务设施主要是体现在旅游交通服务设施方面。比如，南京市全民阅读领导小组办公室与中国东方航空合作，打造"空中图书馆"，为南京飞往悉尼、温哥华等6条航线提供"图书漂流"服务。山东省对省内高速公路服务区进行整体提档升级，增设"鲁韵非遗馆"和"休闲书屋"，展示地方名家作品和山东特色非遗产品。苏州把3000平方米的非遗展示馆设置到阳澄湖高速公路服务区。广西"北部湾经济区公共图书馆联盟"将"高铁读书驿站"设置到火车站。山西省晋城市在太行一号旅游公路全线嵌入公共文化服务，打造了多处文化观景台和文旅驿站，全面提升公路沿线的文化公共服务功能等，都可以视作这一类型的代表。

（二）将旅游公共服务功能融入文化公共服务设施中

在旅游公共服务功能中，旅游公共交通服务功能和旅游公共交通设施紧密联系，难以分开。较容易移植的功能主要是旅游公共信息服务和旅游消费权益保障服务。而在文化公共服务设施中，容易承接旅游公服务功能的主要是公共图书馆、文化馆、博物馆、影剧院等设施。比如，海南省图书馆在报刊阅览室增设了旅游地图专架，上海黄浦区图书馆设立了旅游文化博览室，深圳市宝安区图书馆设置了旅游专题图书馆。除此之外，由于不少文化公共服务设施都具有较大的人口流量优势，因此在这些区域设置小体量的旅游信息咨询点、旅游纠纷调解中心等在实践中也具有一定的可行性。

（三）文化公共服务机构和旅游公共服务机构的功能融合

文化公共服务机构和旅游公共服务机构虽然关注的重点不同，但是在功能融合方面也有不少可以拓展的领域。比如，在城市区位条件较好的公共文化站就可以和旅游公共信息咨询点整合起来。在乡村地区，乡镇文化站、村文化中心、旅游服务中心等功能的融合潜力更大。对旅游服务中心来说，不需要另起炉灶新建设施，就可以在服务空间和内容上增加文化含量；对乡村文化中心而言，依托旅游人流和服务，在一定程度上可以改变"不开门、不见人"的困境。设施、资金、人员和组织体系与服务的全面融合，可以实现乡村旅游公共服务和文化公共服务的双赢。比如，2018 年年底，宁波市象山县墙头镇溪里方村依托文化礼堂建立了乡村文旅服务中心，内设游客服务站、文史展示厅、乡创工作坊、艺普讲习所四大板块内容，游客服务站提供旅游信息发布、咨询接待、休闲服务等，文史展示厅则常年展示村史村貌、民风民俗、乡村特色等内容，乡创工作坊为乡村文创特色产品或项目提供展示、孵化及销售的平台，艺普讲习所则借助"一人一艺"云平台的数字设备和资源，定期开展艺术培训、文化讲座、文化活动等。云南省昆明市将位于昆明老街的游客服务中心，在原有基础上进行一系列的改造升级，设置了游客驿站、文创空间、悦读小屋和文化茶吧 4 个不同主题的公共服务空间，为市民和游客提供高品质的文化和旅游公共服务。2019 年文化和旅游部发布了《文化和旅游部公共服务司关于开展文化和旅游公共服务机构功能融合试点工作的通知》，推动各地先行先试，大胆探索。

（四）文化公共服务活动和旅游公共服务活动的融合

这二者的融合主要不依赖于具体的文化或旅游公共设施，更多是体现在服务内容的融合方面。这其中比较突出的是文化和旅游惠民消费活动的共同举行。比如，2021 年青岛市的文化和旅游惠民消费促进活动实施方案中就明确提出，推进文化和旅游与科技、体育等相关消费融合，发展文旅消费新经济。加强惠民活动与城市节庆品牌活动融合，提升惠民影响力。而在绝大多数文化和旅游惠民消费促进活动中，消费券的使用基本都打破了文化与旅游的界限。除惠民消费活动之外，文化和旅游志愿者服务方面也有很大的融合空间。比如，在文化和旅游部、中央文明办发布的《2021 年文化和旅游志愿服务工作方案》中，就明确要求"动员各类文化机构、旅游景区、社会团体等广泛开展文化和旅游志愿服务，以革命老区、民族地区、边疆地区、脱贫地区为重点服务区域，面向以老年人、残疾人、未成年人、农民工等特殊群体为重点的广大群众，开展贴合实际、形式多样的志愿服务活动，努力营造全社会向上向善、互帮互助的良好风尚"。而过去面向文化志愿服务行动的"春雨工程"，也拓展为全国文化和旅游志愿服务行动计划。

二、文化公共服务与旅游产业（空间）的融合①

文化公共服务与旅游产业（空间）的融合是文化旅游公共服务融合的主要领域。鉴于旅游空间中也可能包含部分旅游事业的内容，因此具体分析时，将旅游产业空间和旅游发展空间视为一体。在实践中，主要有以下几种方式：

（一）公共文化服务嵌入旅游景区

伴随着文旅融合步伐的加快，全国各地产生了许多将图书馆、文化馆、博物馆和美术馆等服务送入旅游景区的实践，这也是现阶段公共文化服务与旅游公共服务融合发展的主要形式之一。例如，福建省图书馆在全省文化旅游景区打造了以"清新书苑"为统一标识的阅读场所，开封市图书馆将图书馆文创产品与活字印刷体验活动送入清明上河园景区当中。各地将精品文化讲座、文艺演出、非遗展演等公共文化服务送入开放式旅游街区的做法，更是屡见不鲜。苏州美术馆将分馆开到了上海田子坊中，向当地居民和游客呈现江南文化魅力；重庆市渝中区图书与鹅岭贰厂文创园联合打造区内首家24小时城市书房，都是通过公共文化服务的嵌入，增添了旅游目的地的文化氛围，也为游客提供了休憩娱乐的新型公共服务空间，既增强了人文内涵，又提升了服务品质。

（二）公共文化服务嵌入旅游住宿空间

旅游住宿一直是旅游中的重要环节，新时代消费者更向往个性、多元化和高质量的入住体验。因此，各地旅游住宿业主动牵手图书馆，尝试跨界融合与创新发展，纷纷在公共区域内嵌入"24小时城市书房"等形式的分馆，为住客提供阅读服务。浙江省在探索"图书馆＋民宿"的融合模式上走在全国前列，宁波市图书馆、桐庐县图书馆、丽水莲都区图书馆等都通过不同形式，与民宿合作，将书香带到旅客身边。书香酒店集团与苏州图书馆合作，打通了酒店官网和苏州图书馆的网上借阅系统，使住店客人可通过系统直接办理借还书业务，带来更加便利的阅读体验。在传统的旅游公共服务概念里，旅游住宿业并不属于旅游公共服务的范畴。但是，在酒店大堂及公共区域设立专门的阅读空间，为住客提供相关服务，也属于文旅公共服务的范畴。以"书香"营造氛围，提升服务品质，成为酒店和民宿的差异化战略的重要组成部分。

---

① 这部分的案例主要来自：李阳.主客共享 美好生活——文化和旅游公共服务融合发展的实践、经验与展望[J].图书馆论坛，2021（8）.

（三）文化活动营造旅游目的地城市氛围

全域旅游强调旅游的全景化与全覆盖。一座旅游目的地城市如果文化设施星罗棋布、文化活动随处可见、文化氛围笼罩全域，游客漫步其间能处处感受到文化的熏陶和滋润，自然可以大幅提高其旅游吸引力和竞争力。群众文化活动在营造旅游目的地城市氛围、提升旅游目的地文化品质上有独特而重要的作用。成都文化馆组织和推动"街头艺术表演"，短短两三年，已经在全市街头巷尾部署了60多个表演点位，吸引来自全国各地的150多组260多位年轻艺人参与，并形成了一套街头艺人遴选、考核、管理的制度，这既规范了"街头艺人"管理，又拓展了文化馆的公共文化服务内容，还盘活了旅游目的地城市的文化资源。哈尔滨道里区在中央大街及其周围灵活布局"街角艺术"，组织音乐、美术、表演艺术家和艺术团体进行演出，为古老的街区增添了艺术氛围。昆明在当地特色老宅中推出了《圆圆曲》《雷雨》《联大往事》等一批反映昆明历史文化的庭院剧，用自己独有的文化艺术形态讲述昆明的历史故事。群众艺术通过自由的表现形式，将特色地域文化融入城市角落，增添了城市文化内涵，塑造了城市的场所精神，为市民和游客的深度体验提供新途径。

（四）非物质文化遗产丰富旅游目的地体验

非物质文化遗产是文化旅游的重要资源，可融入旅游的各个环节，延伸旅游产业链，提升旅游目的地的吸引力。在"见人见物见生活"的倡导下，传统非遗更是与现代文创产品开发相结合，各地的"非遗艺术节""非遗夜市"等推动着非遗由古老走向现代，使传统触手可及。湖南长沙的雨花非遗馆邀请14个市州代表性非遗项目传承人长期入驻，提供非遗美食、非遗舞台、非遗文创、非遗体验。苏州打造了"繁华姑苏"潮流非遗集市专区，依托昆曲博物馆、评弹博物馆、姑苏非遗体验馆的丰富资源和演艺团队，推出了一系列沉浸式的特色剧目。"非遗进乡村"的活动更是在全国各地如火如荼地开展，为乡村旅游增添了文化内涵，提升了旅游品质，带动了一批特色小镇的建设。在旅游目的地和文旅公共服务设施内提供非遗体验活动，既可增加旅游目的地的文化气息、增强游客体验、集聚人气，又可以展示和宣传优秀传统文化，助力非遗的传承与发展，实现二者的双向赋能。

（五）文化公共服务设施转变成独特旅游产品

近年来，各地涌现了为数不少的堪称城市标志性建筑的公共文化设施，成为"网红"建筑，尤其是年轻人旅游的"打卡地"。比如，著名建筑大师贝聿铭设计的苏州博物馆新馆，以其现代化的新苏式建筑风格蜚声海内外，天津市滨海新区图书馆因其极具视觉冲击力的"书海"设计"C位出道"。除了这些单体"网红"建筑外，公共文化机构也开始产生了"群集"效应，聚集在一起或邻近的多个公共文化设施，也因其鲜明的特色和丰富的人文内涵，串珠成线，成为"文化路线"或"文化圈"。北京市朝阳区的"阅读生活圈"、昆明市的"翠湖博物馆群落"等，吸引了众多游客前来了解建筑和路线"背后的故事"，深度体验地域特色文化，感受城市历史文化底蕴。

除此之外，不少博物馆也正在成为开发研学旅游产品的重要载体。博物馆作为公共文化设施，集文化、旅游、教育功能为一体，不但能够集中展现地方文明溯源与发展，而且能够激发学生的学习兴趣、开阔眼界、增长知识，因此越来越受到学生和学校的青睐，成为中小学生研学旅游的热门目的地。各地博物馆自创的研学旅游路线，纷纷成为各地的旅游热门。例如，在四川省首批 10 条研学旅游主题线路中，由博物馆牵头的研学旅游线路占到半数。河南博物院以"大象中原"为主题，将郑州、洛阳两大著名古都中的代表性文博单位串联成线，打造出"一带一路"文化带和黄河文化带上的特色研学旅游线路，并将常设性研学课程向社区与学校拓展，通过教育、展示、互动的形式将"历史课堂"送到学生与公众身边，形成多方共建的新模式。博物馆也在逐渐加强与图书馆、文化馆和社会机构的合作，整合利用社会资源，共同开发特色课程，建设高品质的研学旅游基地。

三、旅游公共服务与文化产业（空间）的融合

相较于文化公共服务与旅游产业（空间）的融合，旅游公共服务与文化产业（空间）的融合规模和潜力都较小，传统的文化产业（空间）主要是一些文化产业聚集区。值得注意的是，随着旅游吸引物范围的扩大，过去以文化生产为主要目的的文化产业聚集区正在成为新的旅游吸引物，尤其受到年轻人的关注和追捧。比如，北京的 798 艺术区，过去主要是艺术工作者进行艺术创作、交流以及艺术品交易的地方，随着大量游客的涌入，这里实际上已经成为新的旅游热点地区。因此从这个意义上说，旅游公共服务与文化产业（空间）的融合主要体现在与已经、正在或潜在成为新型文化旅游区的融合上。而具体的方式主要是将旅游公共服务的内容延伸到这些区域。

（一）旅游交通标识向文化产业（空间）的拓展

过去旅游交通引导标识，主要是由旅游部门和交通部门根据旅游发展的需要进行设定，在引导标识的设立上主要是基于旅游部门管理或评定的 A 级旅游景区、旅游度假区等。随着文化和旅游融合的推动，有必要将对游客具有一定吸引力的文化产业聚集区和其他文化产业生产空间纳入到旅游交通标识的设置和调整之中。

（二）旅游咨询信息服务向文化产业（空间）的延伸

近年来，一些城市在更新改造的过程中，形成了不少新兴的文化创意空间。这些空间不仅聚集了大量的客流，同时因为在城市区域内，往往成为外地游客率先访问的旅游

点。因此，在这些区域开展旅游咨询信息服务不仅有助于优化旅游公共服务布局，而且能够提高旅游信息咨询服务的效率。

（三）旅游安全服务向文化产业（空间）的实施

旅游安全主要涉及安全预警、安全检查、旅游救援等领域。一般而言，文化产业（空间）领域的常态化安全主要被纳入社会安全管理的范围之中。但如果大量游客涌入文化产业（空间），会给其带来新的安全挑战。这就需要在提升文化产业（空间）的工作中，将旅游安全的一些内容放入其中。比如，对一些客流量大的文化产业（空间），同样需要建立游客最大接待量和最佳接待量等安全管控制度。

（四）旅游惠民服务在文化产业（空间）的开展

旅游惠民服务主要涉及旅游消费优惠、旅游厕所和旅游志愿者等领域。在具体的工作中，可以把旅游消费优惠券的使用拓展到文化产业（空间），也可以将在 4A 级、5A 级旅游景区开展的旅游厕所建设与服务要求放到重要的文化产业（空间）之中。此外，在一些文化产业（空间）也可以有针对性地开展旅游导引、讲解等志愿服务。

第三节 文化旅游公共服务融合的展望[①]

尽管各地在文化旅游公共服务融合方面进行了诸多尝试，也取得了一定成效，但未来还有不少需要克服的困难和改善的工作。值得注意的是，文化公共服务和旅游公共服务虽有交叉，但也有各自的特点和规律，不能为了融合而融合，也不能搞形式上牵强附会的融合，而是要实事求是，基于满足人民群众美好生活新期待，基于提高文化和旅游公共服务效能来促进融合。

具体来说，需要正视以下不足和挑战，积极稳妥地推动文化旅游公共服务的融合工作。

一、文化旅游公共服务融合中存在的主要问题

（一）认识问题

发展文化旅游产业投入大、培育周期长、存在一定市场风险，对是否以大作为求得大发展、以大投入赢得大回报，并未形成共识。因此，在经济社会发展、新型城镇化、

---

① 这部分的写作参考了湖南文化和旅游公共服务机构功能融合发展研究的有关报告。

乡村振兴战略中，对文化旅游公共服务融合的统筹考虑和统一规划程度不够。尽管在国家和省一级层面就文化和旅游公共服务机构功能融合发展，已出台了相关政策，提出了发展的方式，但是基层在政策的贯彻落实中，往往没有结合自身资源优势和文化底蕴，深挖文化内核，对文化与旅游产业融合及机构功能融合认识深度不够，定位不精准，规划不清晰。

（二）政策问题

文旅融合涉及众多行业领域，文化旅游项目规划建设资源各有其主，而文化、旅游等相关部门处于相对弱势地位，统筹协调各方往往有心无力。许多与文化旅游相关的重大城建、产业项目，没能做到规划决策时就充分考虑赋予其应有的文化旅游公共服务功能。同时，文化旅游发展优惠政策不明，在产业发展基金、投融资体制、土地政策、税收政策、奖励扶持政策、宣传营销政策等方面缺少细化明确的优惠政策。此外，对文化旅游公共服务融合这类需要政府资金投入的领域，没有稳定的资金渠道，这也给文化旅游公共服务融合带来困境。

（三）制度问题

文旅融合发展既涉及文化和旅游管理部门，又涉及发改、扶贫、教育、科技等相关部门，需要各部门之间紧密协作。中国地域辽阔、人口众多，发展很不平衡。虽然一些经济发达地区正在形成文化旅游公共服务融合的机制，但是在大部分乡镇等推进文化和旅游公共服务机构功能融合发展的工作机制尚未健全，还未形成促进文化旅游公共服务融合发展的强大合力。此外，相关职能部门对部分地市州和乡镇文旅项目建设和文旅产业发展的服务能力有待提升，缺乏高水平旅游创意团队和旅游专业人才，文旅项目策划质量不高，对旅游企业和各乡镇旅游产业发展指导不够，导致地方各自为政、单打独斗，出现有些旅游区域定位不准、思路不清、收效不佳等不良后果。

（四）特色问题

文化旅游融合虽然有一定的规律，也有不少可资借鉴的模式，但是各地在促进文化和旅游融合发展中的基础条件千差万别，面临的问题各有不同，因此很难用一套统一的办法来解决所有的问题。这就要求各地在促进文化旅游融合过程中，找准自己的优势，特别要深入挖掘独具特色的文化内涵，走出一条既符合文化旅游融合发展规律、又有自身特色的文化旅游融合道路。

二、促进文化旅游公共服务融合发展的方向

公共服务是文化和旅游事业发展的重要组成部分，对推进文化和旅游领域治理体系

和治理能力现代化，更好保障人民群众的权益，促进产业发展具有重要意义。特别是在当前全域旅游的发展形势下，文化和旅游相融共生，人民群众的精神文化需求已经进入日常化、休闲化和品质化发展的新时代，必须进一步拓展文化旅游公共服务的广度和深度，提升服务水平，加强融合发展。在新的历史条件下，文化和旅游公共服务如何实现1+1＞2的效果，更好地推动文化事业、文化产业和旅游业的发展，是亟待解决的重要课题。

（一）坚持规划引领，强化文化旅游公共服务融合顶层设计

2021年是"十四五"开局之年，也是我们党成立100周年。要把握国家构建以国内大循环为主体、国内国际双循环相互促进的新发展格局的机遇，要把握国家以满足人民群众对美好生活新期待为目的扩大消费需求的机遇，要把握国家大力推进文化和旅游融合发展的重要机遇，深入开展调研和研究工作，加强对文化和旅游公共服务的统筹规划和整体设计。一是要坚持围绕中心，服务大局，自觉将文化和旅游公共服务工作纳入需求侧改革等党和国家重要战略中进行谋划，同经济社会建设紧密结合起来。二是要把握方向，守住底线。要把社会主义核心价值观贯穿始终，旗帜鲜明地反对庸俗化、低俗化、恶俗化倾向，牢牢守住政治底线和安全底线。三是要把握特点，探索规律。要深入分析文化公共服务和旅游公共服务的特点，找准结合点，积极探索融合发展的具体路径，让文化公共服务通过旅游的激发更具活力，让旅游公共服务体现更多人文魅力。四是要坚持问题导向，精准施策。要围绕当前在文旅公共服务中存在的短板，分步骤、有重点地完善公共服务体系，满足人民群众的公共服务需求。

（二）坚持统筹推进，盘活文化和旅游公共服务资源

当前，公共文化领域基本建成了覆盖城乡的设施网络，旅游公共领域也有一批游客服务中心、旅游咨询中心、集散中心等公共服务设施。要加强对各级各类文化公共设施和旅游公共设施综合利用的统筹规划，充分发挥旅游公共设施的文化传播功能和公共文化设施的旅游服务功能。探索建立公共文化设施参与旅游服务机制，一方面要培育公共文化设施的特色，形成具有吸引力的场馆和主题服务。像天津滨海新区图书馆、北戴河的孤独图书馆等"网红图书馆"，都吸引了大量游客参观并借阅图书。另一方面，要积极推动城市书房、特色图书馆以及流动公共文化服务设施进旅游景区，为旅游注入更加优质、更富吸引力的文化内容。要充分挖掘乡村文化旅游资源，提供乡村文化活动、旅游信息指引、咨询接待、娱乐休闲等服务，丰富乡村文化旅游产品，为广大村民和游客提供更加贴心、更加人性化的文化和旅游服务体验。

（三）坚持改革思维，进一步提高文化旅游公共服务效能

深化公共服务领域供给侧结构性改革、注重需求侧改革是推动政府职能转变、提升公共服务质量的必然要求。要加快推进公共服务供给主体多元化，加大开放、共享力度。2019年以来，国家层面以长三角地区为试点，举办公共文化产品服务采购大会，探索公共服务社会化供给新模式，取得了较好的成效。要在总结相关经验的基础上，鼓励一批社会需求稳定、具有可经营性、能够实现按效付费、公共属性较强的文化旅游公共服务项目采用政府和社会资本合作（PPP）模式运行。要继续发挥好政府购买文化和旅游公共服务的作用，引导社会力量特别是市场主体积极参与产品供给、资源整合、活动策划、展陈升级、展演创意、宣传营销。要以"互联网+"为手段，创新文化旅游公共服务供给方式。推动公共数字文化工程融合创新发展，在顶层实现统一标准规范、平台对接共享、资源全面整合，在基层实现一个服务界面，一个服务入口，打造统一的服务品牌。推动将文化旅游公共服务融合纳入"智慧城市"建设，实现交通、旅游、文化等多方数据共享，建立健全智慧文化和旅游公共服务体系，运用大数据等技术手段，提供更加便捷的便民服务。深入推进公共服务领域重点改革任务的贯彻落实，以完善服务、提升效能、人民满意为改革导向，统筹考虑文化旅游公共服务融合发展，推动基层综合性文化服务中心建设，县级文化馆、图书馆总分馆制建设，公共文化机构法人治理结构改革不断取得新的成果，进一步深化改革成效。

（四）坚持品质发展，提升人民群众获得感和幸福感

当前，人们对文化休闲娱乐生活已经由在乎"有没有"向注重"好不好"、由盼"数量"向盼"质量"转变。要牢牢树立品质发展的理念，提供更加优质的产品和服务，满足人民群众日益增长的精神文化需求。一是要在国家标准的制定上下功夫。标准化是保证服务品质的重要条件。要加快制定各类文化和旅游服务标准，特别是要加强在文化旅游公共服务融合方面的标准制定；要按照文化旅游公共服务融合的要求，及时修订和完善现行的文化标准和旅游标准；与此同时，文化公共服务和旅游公共服务在推进标准化建设方面要相互借鉴的成功经验，让更多体现文化旅游公共服务融合要求的标准得到贯彻实施，充分发挥标准在规范引导文化旅游公共服务融合方面的作用。二是要在公共空间的营造上下功夫。结合实际建设小而精、小而美、具有人文性和功能性、便利适用的公共设施，培育主客共享的高品质公共空间，像上海举办的"美好生活"公共文化空间创新大赛，推出了"思南书局""陆家嘴融书房"等一批有颜值、有品位的基层文化空间，引起了很好的反响。三是要在文化旅游产品的提升上下功夫。广泛开展有价值导向、有文化内涵、有情感温度的群众性文化和旅游活动，进一步完善志愿服务机制，弘扬志愿精神，展现"人"这一最美的风景，提升人们的文化和旅游体验，使城乡居民都

能够感受和谐、友善的文化生活，使游客的每一次旅程成为文明之旅、舒心之旅、发现之旅、感悟之旅。

（五）坚持创新驱动，丰富文化旅游公共服务融合内容

文化旅游公共服务融合是一项长期的系统工程，要在以往工作基础上，持续创新工作手段，不断完善和事业发展相适应的体制机制。一是要发挥国家公共文化服务示范区（项目）和国家全域旅游示范区的示范引导作用，鼓励各示范区创建单位围绕文化旅游公共服务融合发展的重点领域和关键环节进行深入探索，形成一批具有推广价值的做法。二是探索建立以示范区创建单位为核心的区域性文化旅游协同发展机制，鼓励示范区以联盟方式聚集、共享区域文化旅游资源，推动实现更大范围内的资源统筹和有序供给。三是创新推动一批公共文化服务和旅游融合发展项目。2021年3月，文化和旅游部、国家发展改革委、财政部联合发布了《关于推动公共文化服务高质量发展的意见》。意见明确提出一系列与文化旅游公共服务融合有关的任务和要求。比如，推动公共图书馆、文化馆、博物馆、美术馆、非遗馆等建立联动机制，加强功能融合，提高综合效益。鼓励在都市商圈、文化园区等区域，引入社会力量，按照规模适当、布局科学、业态多元、特色鲜明的要求，创新打造一批融合图书阅读、艺术展览、文化沙龙、轻食餐饮等服务的"城市书房""文化驿站"等新型文化业态，营造小而美的公共阅读和艺术空间。着眼于乡村优秀传统文化的活化利用和创新发展，因地制宜建设文化礼堂、乡村戏台、文化广场、非遗传习场所等主题功能空间。鼓励将符合条件的新型公共文化空间作为公共图书馆、文化馆分馆。积极推进社区文化"嵌入式"服务，将文化创意融入社区生活场景，提高环境的美观性和服务的便捷性。鼓励"走出去"，创新开展创意市集、街区展览、音乐角、嘉年华等文化活动。结合实际，适当拓展乡村基层综合性文化服务中心旅游、电商、就业辅导等功能。结合全国乡村旅游重点村镇建设，打造特色乡村文化和旅游品牌，拓展乡村文化和旅游发展新模式。未来，可以按照意见的思路，推动建设公共文化旅游休闲区；推动各地依托历史文化名村、传统村落、特色小镇等特色文化资源，举办景区主题性艺术节、音乐节、戏剧节等；支持各地利用春节、元宵、中秋等传统节日，在特色景区举办民俗文化演艺活动；将具有旅游潜力的公共文化设施纳入A级旅游景区评定范畴；支持重点文化类旅游景区、旅游小镇和重点旅游城市建设特色博物馆。

第三篇　保障篇

第 十 章

政策标准

【主要内容】

掌握支持旅游公共服务发展的政策领域和主要内容，掌握规范引导旅游公共服务发展标准化建设的主要情况。

【引导案例】

旅游公共服务发展文件中的政策标准保障

2012年6月，国家旅游局办公室出台《关于进一步做好旅游公共服务工作的意见》，在"保障措施"部分明确提出，不断加大旅游公共服务的政策支持力度，加强与相关部门的沟通协调，积极争取财税、土地等方面的政策支持。制定完善旅游公共服务的标准，强化对旅游咨询、旅游集散、旅游安全保障、旅游紧急救援等方面的引导，提高旅游公共服务产品的质量与水平。推动各级财政加大对旅游公共服务的支持力度，建立稳定的财政资金渠道并不断加大支持和投入力度；整合相关渠道建设资金加快旅游公共服务建设，争取优先投入旅游公共服务领域；加大财政转移支付对旅游资源丰富但经济落后区域特别是革命老区、民族地区、边疆地区、贫困地区的支持和倾斜力度；鼓励民间资本投入旅游公共服务领域。加快旅游公共服务人才培养，重点培养旅游公共管理、旅游信息服务、应急管理等人才。

此外，一些对旅游公共服务高度重视的地方也出台了专门的文件，并就旅游公共服务的政策支持和标准引导内容提出了要求。比如，2016年2月，青岛市政府办公厅出台《关于加快完善旅游公共服务体系的实施意见》，明确要求，强化旅游公共服务标准化管理，发挥规划和标准的引领与指导作用。加大财政资金投入力度，健全以奖代补、直接补贴、股权投资等方式扶持旅游公共服务发展的机制，完善专项建设资金投入旅游公共服务发展的机制。支持采取政府和社会资本合作等模式，推进旅游集散服务、入城旅游服务、旅游信息服务、旅游安全保障等旅游公共服务设施建设。支持将旅游公共服务内容纳入旅游院校职业教育，加大从业人员的培训力度，推动旅游公共服务人才队伍建设。建立旅游公共服务发展专家库，加强旅游公共服务课题研究，提升旅游公共服务发展的科学化水平。2021年1月，浙江省文化和旅游厅出台《高质量推进旅游公共服务体系建设的若干意见》提出，推进旅游公共服务标准化建设，研究制定浙江省旅游公共服务标准体系。健全旅游公共服务财政投入机制，发挥财政资金引导撬动作用，鼓励民营资本参与旅游公共服务项目建设，推动更多金融和社会资本投向旅游领域。引导金融业加大对旅游公共服务投资的信贷支持，为重大旅游公共服务项目建设提供便利融资服务，形成政府引导、社会参与、市场运作的多元供给格局。统筹考虑旅游公共服务发展需求，在土地利用总体规划和城乡规划制定时，合理安排旅游用地。支持将旅游公共服务内容纳入旅游院校职业教育，加大从业人员的培训力度。成立浙江省旅游公共服务发展智库。

旅游公共服务建设应该由政府主导，其主导的重要体现就是通过出台具体政策予以支持；通过制定标准和实施标准进行规范和引导。本章将对政府保障旅游公共服务建设的政策和标准手段进行阐释。

第一节　政策支持

政府对旅游公共服务建设的政策支持，主要体现在资金支持政策、土地支持政策和人才支持政策方面。

一、资金支持政策

（一）资金支持政策的现状

旅游公共服务作为一种公共事务，离不开政府的资金投入。在对旅游公共服务的投入上，国家层面支持的资金主要集中在对地方旅游道路建设的项目资金补贴以及对地方旅游厕所建设的奖励等领域。总体来看，国家层面在旅游公共服务上投入的资金不仅很少，而且没有形成固定和常态的资金渠道。

旅游目的地是旅游业发展的主体，旅游目的地政府自然也是旅游公共服务投入的主体。因此，对旅游公共服务的投入主要由省级以下政府承担。相较而言，经济越发达、对旅游业越重视的地区，在旅游公共服务建设方面投入的资金也越多。

江苏省在旅游公共服务建设投入方面走在了全国前列。2015—2018年旅游公共服务专项资金分别为1.26亿元、1.36亿元、1.39亿元、1.84亿元。其中旅游厕所革命年度专项经费分别为0.3亿元、0.48亿元、0.55亿元、1.0亿元；旅游停车场、游客集散咨询服务中心、旅游导览标识等公共服务年度专项资金分别为 0.96 亿元、0.88 亿元、0.84 亿元、0.84 亿元；此外，原江苏旅游局还对地方游客集散服务中心建设每个补助 50 万 ~100 万元。

福建省则通过加大财政补贴力度的方式，支持地方旅游公共服务建设。在旅游厕所建设方面，2015—2016 年，省级补助标准为：新建每座 5 万元、改扩建每座 2 万元；2017 年，调整为新建每座 6 万元、改扩建每座 3 万元；另外，在此标准的基础上，从 2018 年开始，对 23 个省级扶贫开发重点县每座另增补 1 万元，4A 级及以上旅游景区第三卫生间每座另增补 2 万元。在旅游集散服务中心方面，福建省对一级旅游集散中心补助 250 万元、二级旅游集散中心补助 200 万元、三级旅游集散中心补助 150 万元，改造提升的补助 80 万元。在旅游交通标识标牌方面，福建省按照 38000 元 / 块（单悬标志 4000×4000）、30000 元 / 块（单柱标志 2500×2000）、8000 元 / 块（双柱标志 4500×3480）的单价标准，推动每个旅游景区主要路口设置指引标志，所需资金由省文化和旅游厅、省交通运输厅各承担一半。

2015 年厦门市出台《旅游厕所建设奖励办法》提出，对新建旅游厕所，达到 1A 级标准的旅游厕所每座奖励 10 万元；达到 2A 级标准的旅游厕所每座奖励 20 万元；达到 3A 级标准的旅游厕所每座奖励 30 万元；对改建旅游厕所，达到 1A 级标准的旅游厕所每座奖励 5 万元；达到 2A 级标准的旅游厕所每座奖励 10 万元；达到 3A 级标准的旅游厕所每座奖励 15 万元；此外，市旅游局还每年从新、改建且达到 A 级标准的旅游厕所中评选出 1 家作为示范点，并另行给予示范点奖励 10 万元。

2018 年贵州省旅游发展专项资金 42252 万元，其中用于第十三届、第十四届全省旅游产业发展大会举办地基础设施补助 3000 万元，占比 7.1%；用于旅游厕所建设 5000 万元，占比 11.83%。此外，贵州还下拨财政资金 5000 万元用于支持乌当羊昌·花画小镇等 50 个培育型旅游景区游客服务中心、生态停车场、游步道、旅游厕所、标识标牌等基础设施建设补助，引导各地加快完善旅游基础服务设施，提升旅游服务质量。

2018 年青岛市政府办公厅出台《关于推进旅游业新旧动能转换促进高质高效发展的实施意见》（青政发〔2018〕30 号）。根据《实施意见》，经市旅游等主管部门认定的符合建设标准的旅游集散中心建设企业，一次性给予 50 万元奖励；对于评为 3A 级的旅游咨询服务中心，一次性给予 30 万元"以奖促建"奖励，每年给予 8 万元"以奖补营"奖励；对新建、改建并被评为 3A 级、2A 级、1A 级的旅游厕所，分别一次性给予 5 万元、4 万元和 3 万元奖励。

（二）资金支持政策的创新

近年来，尽管部分地区明显加大了旅游公共服务建设财政资金的投入，但是相较于快速增长的旅游公共服务需求，旅游公共服务的资金缺口依然很大。这就需要在现行财政制度下，积极探索新的资金支持政策，不断拓宽旅游公共服务建设的资金渠道。2016年12月，国家旅游局发布的《"十三五"全国旅游公共服务规划》就提出，鼓励设立旅游公共服务发展基金，支持推行PPP模式，推动社会资本投入旅游公共服务建设。2017年7月，交通运输部、国家旅游局等六个部门发布的《关于促进交通运输与旅游融合发展的若干意见》提出，积极探索采取基础设施特许经营、政府购买服务、政府和社会资本合作（PPP）等模式，鼓励整合旅游和土地资源，实现沿线交通运输和旅游资源开发一体化发展。

这其中，值得关注的是政府和社会资本合作的PPP模式。一方面，政府缺少足够资金投入旅游公共服务建设；另一方面，逐利是社会资本的必然要求，如果旅游公共服务投入没有相应的利益补偿和资金回报，社会资本就很难有积极性参与到旅游公共服务的建设之中。解决这一矛盾，可以考虑的一种方式是：在政府的主导下，通过PPP模式，在社会资本投入旅游公共服务基础设施建设的同时，依据公共服务绩效评价结果向社会资本支付对价。

2018年4月，文化和旅游部、财政部共同发布的《关于在旅游领域推广政府和社会资本合作模式的指导意见》明确提出，通过在旅游领域推广政府和社会资本合作模式，推动项目实施机构对政府承担的资源保护、环境整治、生态建设、文化传承、咨询服务、公共设施建设等旅游公共服务事项与相邻、相近、相关的酒店、景区、商铺、停车场、物业、广告、加油加气站等经营性资源进行统筹规划、融合发展、综合提升，不断优化旅游公益性服务和公共产品供给，促进旅游资源保护和合理利用，完善旅游资源资产价值评估，更好地满足人民群众对旅游公共服务的需要，大力推动旅游业提质增效和转型升级。

此外，意见还提出了旅游公共服务设施建设重点支持的领域，主要有：一是在旅游景区领域，在依法合规的前提下，以国有自然、文化资源资产的科学保护和合理利用为导向，重点加强景区道路、环卫设施、游憩设施、标识系统等基础设施和安全设施建设，加强景区及周边环境的综合整治。优先支持开放型景区开展旅游PPP项目建设。二是在全域旅游领域，以创建全域旅游示范区为导向，对一定区域内的厕所、咨询服务体系、旅游引导标识系统、旅游资源保护等与酒店、景区等经营性旅游资源进行整合开发建设。三是在乡村旅游领域，以促进乡村优秀传统文化的保护与传承为导向，在现代农业庄园、田园综合体、农业观光园、农村产业融合示范园、精品民宿等经营性开发中对垃圾收集站、旅游标识标牌等进行统一规划与建设。四是在旅游厕所领域，通过以商建厕、以商管厕、以商养厕等方式，鼓励社会资本方对一定区域内的厕所进行统一开发建设和运管管理。五是在交通旅游领域，支持地方政府将交通项目和旅游资源的利用融合建设、一体发展，鼓励社会资本方参与旅游风景道、邮轮港口、游船码头、公共游艇码头、旅游集散中心、通景公路及相关配套服务设施的建设。六是在智慧旅游领域，鼓励和支持政府和社会资本方采取 PPP 模式开展智慧旅游城市、智慧旅游景区、智慧旅游公共服务平台、旅游数据中心、旅游基础数据库等建设。

（三）资金支持政策的优化

旅游公共服务投入不足，是当前制约旅游公共服务建设的最大问题。一方面，旅游公共服务项目并没有作为一个单独的项目或者体系纳入到政府的城市建设和规划中来，也没有进入政府的整个财政预算的大盘子中。另一方面，国家旅游发展资金当前主要是倾向于景区建设和开发，对于旅游公共服务建设的投入也不足；一些城市在安排旅游资金时，更多是将资金投入在产业项目的促进中，也很少用于旅游公共服务项目之中。

相较于文化公共服务投入，旅游公共服务投入的差距尤为明显。2016 年 12 月，国家出台《中华人民共和国公共文化服务保障法》，明确规定，国务院和地方各级人民政府应当根据公共文化服务的事权和支出责任，将公共文化服务经费纳入本级预算，安排公共文化服务所需资金。国务院和省、自治区、直辖市人民政府应当增加投入，通过转移支付等方式，重点扶助革命老区、民族地区、边疆地区、贫困地区开展公共文化服务。免费或者优惠开放的公共文化设施，按照国家规定享受补助。国家鼓励社会资本依法投入公共文化服务，拓宽公共文化服务资金来源渠道。国家采取政府购买服务等措施，支持公民、法人和其他组织参与提供公共文化服务。此外，国家发布的《基本公共文化服务指导标准》要求，将基本公共文化服务保障资金纳入财政预算，落实保障当地常住人口享有基本公共文化服务所需资金。而在国家部门层面，中央财政并没有专门用于旅游公共服务的资金。在省一级层面，文化和旅游部门用于旅游公共服务惠民资金平均只有几千万元，而且没有常态化的财政预算保障。市县一级政府是旅游公共服务惠民投入的主体，但不少地方在进行资金投入时捉襟见肘。以贵州铜仁为例，每座厕所一年的维护经费在 3 万~6 万元，由于经费不足，后续维护难以持续；此外，由于经费不足，也使得许多建成的游客服务中心不能正常运转。

未来解决旅游公共服务投入不足的问题，需要争取出台《旅游公共服务保障条例》，明确各级政府在旅游公共服务投入方面的责任，将旅游公共服务纳入公共财政，设立固定的科目，建立稳定的财政资金渠道，加大对旅游公共服务的财政投入力度，争取旅游公共服务的政府投入增长速度适当高于当地 GDP 的增长速度。另外，可以争取在国家层面设立专门的旅游公共服务建设基金，或者在现有的旅游发展基金中，专门列出旅游公共服务项目，用以支持和补贴地方特别是贫困地区旅游部门在开展旅游公共服务中的资金需求。此外，还需要破解政府和社会资本合作建设旅游公共服务设施中遇到的具体障碍，逐步形成"政府主导、社会参与、机制灵活、政策激励"的旅游公共服务建设投入模式。

二、土地支持政策

旅游公共服务设施的建设需要土地指标，否则就只能是"空中楼阁"。具体而言，涉及土地政策的旅游公共服务设施主要有：旅游集散中心、旅游道路、旅游厕所等。

（一）土地支持政策的现状

虽然旅游公共服务设施所需面积较小，但如果没有相应的政策保障，在具体落地过程中也会面临重重障碍。由各级国土部门和旅游部门推动出台相关文件是推动解决这一问题的主要途径。

在地方层面，比较典型的是广西。2013 年，为支持桂林旅游综合改革，国土资源部发布《关于桂林旅游产业用地改革试点总体方案的批复》，广西国土资源厅也出台了《指导桂林旅游产业用地改革试点工作方案》。在此基础上，2014 年桂林制定《桂林旅游产业用地改革试点若干政策（试行）》，其中对旅游公共设施建设有关的土地支持政策规定，与旅游资源开发密切相关的基础设施、服务设施和管理设施等旅游设施用地，包括游客服务中心、游客广场、游客休息点、医疗点、固化停车场和道路宽度超过 6 米或路基宽度超过 6.5 米的景区道路，以及服务于旅游服务项目的会议、餐饮、住宿等地产开发项目用地，均按建设用地管理，严格办理审批手续。还提出支持企业投资建设旅游公益性公共设施，旅游景区外的旅游咨询服务中心、游客集散中心、旅游公共厕所、游客休憩站点、旅游停车场、景观绿化等公益性基础设施建设用地，可按划拨方式提供。

2019 年 11 月，广西壮族自治区人民政府办公厅印发的《关于支持文化旅游高质量发展用地政策的通知》明确规定，在不涉及永久基本农田、不占用公益林、不破坏生态与景观环境、不影响地质安全、不建设永久设施的前提下，以下设施用地可不征收（收回）、不转用，经县级文化和旅游主管部门以及自然资源主管部门备案确认后，按现用途管理。其中涉及旅游公共服务设施用地的主要有：一是零星分布的厕所、污水处理、垃圾储运、供电、供气、通信、电子监控、安全防护、医疗救护点等公共服务设施用地建筑物或构筑物（单体占地面积不超过 100 平方米）用地；二是"金钉子"等自然保护地（国家公园、自然保护区和自然公园，包括但不限于风景名胜区、森林公园、地质公园、湿地公园、海洋公园、石漠公园等）的保护标识牌（主碑、副碑）、保护地界桩及说明牌，功能区界线桩、碑、说明牌、指示牌和引导图，以及保护地标识系统、宣传廊等设施用地。此外，还规定，路面宽度（车行道）不超过 8 米的旅游道路用地按农村道路用地管理；对旅游景区外的旅游咨询服务中心、游客集散中心、游客休憩站点、非营利性停车场等公益类基础设施建设，可以划拨方式供地。

在国家层面，2015 年 12 月，国土资源部、住房和城乡建设部、国家旅游局出台的

《关于支持旅游业发展用地政策的意见》规定，景区内建设亭、台、栈道、厕所、步道、索道缆车等设施用地，可按《城市用地分类与规划建设用地标准》"其他建设用地"办理规划手续，参照公园用途办理土地供应手续。新建、改建旅游厕所及相关粪便无害化处理设施需使用新增建设用地的，可在2018年前由旅游厕所建设单位集中申请，按照法定报批程序集中统一办理用地手续，各地专项安排新增建设用地计划指标。符合《划拨用地目录》的粪便处理设施，可以划拨方式供应。支持在其他项目中配套建设旅游厕所，可在供应其他项目建设用地时，将配建要求纳入土地使用条件，土地供应后，由相关权利人依法明确旅游厕所产权关系。

（二）土地支持政策存在的问题和改善

由于旅游业边界模糊的特点，对旅游公共服务建设用地的界定存在较大困难。在《城市用地分类与规划建设用地标准》的建设用地分类中没有与之完全相对应的一种用地，而是与商业服务业设施用地、文化设施用地、道路与交通设施用地、绿地与广场用地等均相关。由于未能明确旅游用地的归属和分类，在城市规划和土地规划中，往往会忽略对旅游公共服务建设需求的考虑。以杭州的集散中心为例，鉴于停车位不能满足游客的需要，杭州计划增加停车位布点。但由于原有的土地规划中，有些布点范围并没有旅游服务的功能，而是作为公交、商业用地等存在，要建设旅游集散中心不得不先调整用地规划，还要增加路网等配套设施，为计划的实施增加了很大的难度。另外，不少旅游公共服务设施未能纳入国土空间规划，因此面临拆除的风险。比如，浙江就因规划调整、城中村改造、美丽乡村建设等原因拆除了700多座旅游厕所，造成极大浪费。

除此之外，当前城乡规划的社会公共服务项目建设，更多是考虑本地常住居民的需求，并没有考虑到移动的游客群体。城市的公共服务项目指标也都是针对静态的本地居民，而不是针对动态的流动的游客群体。在目前的顶层的空间规划中，对游客需求考虑不足。比如，2019年新修订的《中华人民共和国城乡规划法》第二十九条提出，城市的建设和发展，应当优先安排基础设施以及公共服务设施的建设，妥善处理新区开发与旧区改建的关系，统筹兼顾进城务工人员生活和周边农村经济社会发展、村民生产与生活的需要。这里面考虑了进城务工人员以及周边村民的生产、生活需要，却没有考虑游客的需要。再如，2012年发布的国家标准《城市用地分类与规划建设用地标准》中对规划编制的重要依据"人口规模"，是按照常住人口进行统计，并没有考虑游客的数量。比如，标准中提到的"人均公共管理与公共服务用地"指的是"城市和县人民政府所在地镇内的公共管理与公共服务用地面积除以中心城区（镇区）内的常住人口数量，单位为㎡／人"；"人均交通设施用地"指的是"城市和县人民政府所在地镇内的交通设施用地面积除以中心城区（镇区）内的常住人口数量，单位为㎡／人"。由于在城乡规划中没有充分考虑游客公共服务设施的需求，在给游客旅游造成障碍的同时，也给旅游目的地居民带来了不便，在一定程度上还有可能引发一些居民对"过度旅游"的抵制。

　　未来，需要进一步优化和明确旅游公共服务设施的用地政策安排，在保证城乡空间规划权威性的同时，增加旅游公共服务设施建设的灵活性，为旅游公共服务设施建设预留出相应的土地指标。此外，还应该统筹考虑居民和游客的需要，为游客增长带来的社会公共服务设施扩容提供相应的土地政策支持。

三、人才支持政策

　　衡量旅游公共服务质量水平的高低很重要的一个因素在于从事一线旅游公共服务的人员。比如，旅游信息咨询服务人才保障方面就存在不少问题。一是旅游咨询服务员的职业资格问题，目前各地都有数量不少的旅游咨询服务人员，但这些人员并没有类似于导游的职业资格证书，其职称无法得到解决，直接影响到其相关的待遇问题以及职业认同感。因此，如何明确旅游咨询服务人员的职业资格认证问题也是关系旅游公共服务发展的重要问题。二是旅游咨询服务人员的编制问题，旅游咨询人员往往在旅游局内属于无编制的人员，工资待遇、社会保障较差，因此，也难以吸引到优秀的人才加入，难以留住人才。三是旅游咨询人员的素质培训问题。当前旅游热线咨询以及咨询服务站点的工作人员的素质有待提高，针对许多游客提出的问题，部分咨询人员也不能完全地予以解答。所有这些问题都影响到了旅游公共服务的建设，特别是服务的质量和可持续运营问题，而解决这些的问题都依赖于一个健全的旅游公共服务人员的保障机制。除此之外，在中国的旅游教育和科研中，对旅游公共服务问题关注度不够，开设旅游公共服务方面课程的学校很少。

　　未来需要将旅游公共服务内容纳入旅游院校职业教育，同时鼓励和支持旅游高等院校开设旅游公共服务课程；要加大对政府以及企事业单位旅游公共服务人员培训的力度。同时，要加强旅游部门和劳动人事部门的沟通，为旅游公共服务从业人员建立更多职业上升通道，增强其归属感和荣誉感。

第二节　标准引导

　　旅游标准化是中国旅游行政部门引导旅游业发展的重要手段，也是改革开放40多年来实现中国旅游业持续健康发展的重要经验。作为中国旅游标准化的重要组成部分，旅游公共服务标准化也在旅游公共服务建设中发挥了十分重要的作用。

一、旅游公共服务标准和标准化概况

（一）标准和标准化的界定

标准是对重复性事物和概念所作的统一规定，它以科学技术实践经验的综合成果为基础，经过有关方面协商一致，由主管部门批准，以特定的形式发布，作为共同遵守的准则和依据。标准化是在经济、技术、科学和管理等社会实践中，对重复性的事物和概念，通过制定、发布和实施标准达到统一，以获得最佳秩序和经济社会效益的活动。而旅游标准化是对旅游行业的生产、经营、服务、管理等活动中的重复性事物和概念，通过制定标准、贯彻实施标准和对标准实施情况的监督检查，以求得全行业的最佳秩序和经济社会效益，促进全行业高效、健康、有序地发展。[①] 标准是标准化活动主要成果，表现为一种规范性文件形式，标准化是一个动态过程，包括标准的制定、实施等多个环节。

旅游公共服务标准是规定旅游公共服务应满足的要求以确保其适用性的标准。而旅游公共服务标准化是将标准化原则和方法运用到旅游公共服务领域，通过对服务标准的制定和实施，达到服务质量目标化、服务方法规范化、服务过程程序化，获得最佳服务秩序和社会效益的过程。[②]

（二）标准的分类

根据不同需要，从不同角度，标准可以分为很多类别，此处主要按照学理和实践进行分类。学理分类是从世界标准化的整体视角来看问题，实践分类主要基于中国标准化的实践。

1. 学理分类

按照设定主体和设定程序，标准可以分为法定标准和事实标准。法定标准，是政府标准化组织、政府授权的标准化组织和政府缔约形成的超政府标准组织设定、颁布和认可的标准。按照建立、颁布和认可的标准设定机构的层级不同可以分为五类：国际标准、区域标准、国家标准、行业标准和地方标准。事实标准，是指没有通过法定标准设定程序授权，而是由单个或者少数企业私人选择、设定或者颁布的标准。包括以企业为主体制定的单企业标准和各类组织制定的联盟标准。

根据 2009 年 9 月国家旅游局发布的《全国旅游标准化工作管理办法》，旅游业的标准分为国家标准、行业标准、地方标准和企业标准。各类标准的适用范围如下：对需要在全国范围内统一的技术要求，应当制定国家标准；对没有国家标准而又需要在全国

---

① 魏小安，曾博伟．旅游政策与法规［M］．北京：北京师范大学出版社，2009．
② 邹再进，罗光华．旅游公共服务［M］．北京：社会科学文献出版社，2015．

旅游行业范围内统一的技术要求，可以制定行业标准；对没有国家标准和行业标准而又需要在省、自治区、直辖市范围内统一的技术要求，可以制定地方标准；企业生产的产品与服务没有国家标准、行业标准的，应当制定相应的企业标准；已有国家标准或者行业标准的，国家鼓励旅游企业及相关经营单位制定严于国家标准或者行业标准的企业标准，在企业内部适用。

2. 实践分类

按照法律约束力分为强制性标准、推荐性标准和标准化指导性技术文件；按照层级（适用范围）分为国家标准、行业标准、地方标准和企业标准；按照标准性质范围分为技术标准、管理标准和工作标准；按照标准化对象和作用分为基础标准、术语标准、产品标准、方法标准、过程标准、接口标准、数据标准、安全标准、环境标准和服务标准等。

2015年3月，国务院发布的《深化标准化工作改革方案》提出，通过改革，把政府单一供给的现行标准体系，转变为由政府主导制定的标准和市场自主制定的标准共同构成的新型标准体系。政府主导制定的标准由6类整合精简为4类，分别是强制性国家标准、推荐性国家标准、推荐性行业标准、推荐性地方标准；市场自主制定的标准分为团体标准和企业标准。政府主导制定的标准侧重于保基本，市场自主制定的标准侧重于提高竞争力。同时建立完善与新型标准体系配套的标准化管理体制。

（三）旅游公共服务标准化的作用[①]

游客公共需求和公共意识的日益增长，要求政府管理由传统旅游公共服务模式向现代旅游公共服务模式转化，建立公共服务型政府。在这个过程中，政府需要反思现有的旅游公共服务模式，实现旅游公共服务的透明化和管理运作的规范化，从而能够建立一个完善的旅游公共服务体系。旅游公共服务标准化建设正是政府实现这种公共服务模式转变的必要途径。

1. 旅游公共服务标准化建设是建设服务型政府的必然选择

中国传统的行政管理模式是通过权力向社会推行其意志，而不是从公众的公共需求出发提供旅游公共服务。这种模式造成了行政部门的"官本位"思维，忽视了游客公共服务需求的满足。随着中国进入经济社会全面转型期，社会利益结构和利益主体都在发生快速变化，这就要求行政部门将公共服务职能作为基本职责，不断探索满足游客公共服务需求的可行路径。旅游公共服务标准化可以使政府将目光汇聚到为游客提供公共服务上来。旅游公共服务标准化强调政府公共服务职能的履行和完善，主张建立一个不断满足游客需求的政府，使得政府在公共管理中的服务角色得到强化。政府可以通过管理和操作标准对部门和工作人员的公共服务行为进行规范，避免其按照主观意志履行职

---

① 主要参考：邹再进，罗光华. 旅游公共服务［M］. 北京：社会科学文献出版社，2015.

能，改变其通过命令和权力强力推行行政的模式，真正建设一个服务型的政府。

2. 旅游公共服务标准化是政府实现透明化管理运作的必要途径

随着游客权利意识的提高和网络信息技术的不断发展，"暗箱行政"不仅不再适应政府运作的实际，还往往会激化矛盾，造成更大的社会问题。同时，政府在运作过程中的标准混乱和不透明也不利于对旅游相关部门及其工作人员进行科学考核和有效监督。这就要求政府在提供旅游公共服务的过程中实现管理和运作的透明化，不断提升旅游信息公开程度，减少暗箱操作。旅游相关部门和工作人员要明确自身的工作职责，明确其提供服务所要达到的标准。政府要梳理自身的工作流程，确定合理的政府行为规范和旅游公共服务标准，并将这些规范和标准以一定形式向社会和公众公开，也就是通过旅游公共服务标准化促进政府服务职能的透明和完善。

3. 旅游公共服务标准化是提高政府服务水平的有效手段

标准化不仅能促进政府管理的透明化，也是提升政府服务水平和服务质量的手段。目前，国内外对政府服务质量的要求和评价大多采用一套量化、标准化的指标体系。近年来，随着经济社会的全面转型，游客对旅游公共服务日益增长的需求与政府有限的旅游公共服务供给之间的矛盾日益突出，政府传统的粗放式的旅游公共服务提供方式难以满足游客日益精细化的公共需求。标准化作为政府科学管理的工具已为国内外的实践所证实。在旅游公共服务标准化建设中，政府部门通过流程的梳理和再造，可以提高本部门服务水平和效率，实现旅游公共服务在不同部门之间的无缝衔接。服务标准化的核心是服务质量及其持续改进，旅游公共服务标准化建设可以使政府将其关注重点回归到旅游公共服务的提供及其质量改善上来，不断优化工作程序，提高服务水平。

4. 旅游公共服务标准化是提升游客满意度的关键所在

从政府绩效评估的角度理解，游客满意度是指游客对政府提供旅游公共服务绩效的感知与他们的期望相比较后形成的一种失望或愉悦的感觉程度。游客满意与否取决于其实际体验与期望之比。当政府绩效的感知效果达到或超过游客期望时，游客趋向于满意或比较满意，反之，游客则感到一般、不满意或很不满意。此外，游客投诉或抱怨如得到妥善处理，也会重新实现游客满意，进而强化游客对目的地的忠诚度。但是，游客期望的旅游公共服务质量应该有一个合理限度，如果超出政府的能力也是无法实现的。这就意味着政府提供旅游公共服务的水平和质量应该有一个各方一致认同的标准，这样才能使旅游公共服务向最优化发展，维护良好的秩序。标准化能使游客与政府之间找到契合点，实现均衡，防止游客期望过高或政府服务水平设定过低。

二、旅游公共服务标准的制定

一直以来，旅游公共服务标准都是旅游标准化建设关注的重点。在《全国旅游标准化发展规划（2016—2020）》中，明确提出要重点加强旅游公共服务标准建设。同时提出在旅游安全等领域，制定必要的技术法规标准，并加强标准实施监督检查和行政执法，增强旅游标准的"硬约束"力。

（一）旅游公共服务标准的现状

截至 2020 年 11 月，全国旅游标准化技术委员会共制（修）订国家标准 33 项，行业标准 74 项；全国休闲标准化技术委员会制（修）订国家标准 19 项；还有 3 项相关标准分别归口在全国图形符号标准化技术委员会和全国服务标准化技术委员会。这其中，涉及旅游公共服务国家标准的有 11 项，行业标准有 11 项（见表 10-1）。

表 10-1　发布的旅游和休闲公共服务国家标准和行业标准

旅游和休闲公共服务国家标准		
1	GB/T 18973—2017	旅游厕所质量等级的划分与评定
2	GB/T 26354—2010	旅游信息咨询中心设置与服务规范
3	GB/T 26359—2010	旅游客车设施与服务规范
4	GB/T 31381—2015	城市旅游集散中心等级划分与评定
5	GB/T 31382—2015	城市旅游公共信息导向系统设置原则与要求
6	GB/T 28101—2011	城市公共休闲服务与管理基础术语
7	GB/T 28102—2011	城市公共休闲服务与管理导则
8	GB/T 31171—2014	城市公共休闲空间分类与要求
9	GB/T 31176—2014	休闲咨询服务规范
10	GB/T 36737—2018	休闲绿道服务质量规范
11	GB 26529—2011	宗教活动场所和旅游场所燃香安全规范
旅游的休闲公共服务行业标准		
1	LB/T 002—1995	旅游汽车服务质量
2	LB/T 019—2013	旅游目的地信息分类与描述
3	LB/T 025—2013	风景旅游道路及其游憩服务设施要求
4	LB/T 028—2013	旅行社安全规范
5	LB/T 034—2014	景区最大承载量核定工作导则
6	LB/T 035—2014	绿道旅游设施与服务规范
7	LB/T 060—2017	城市旅游服务中心规范
8	LB/T 063—2017	旅游经营者处理投诉规范
9	LB/T 068—2017	景区游客高峰时段应对规范
10	LB/T 071—2019	可持续无下水道旅游厕所基本要求
11	LB/T 079—2020	旅游基础信息资源规范

（二）旅游公共服务标准制定的原则、要求和程序[①]

服务与产品的特性不同，服务具有消费与生产的同一性，因此，服务标准的制定应遵循不同于传统产品标准的原则。具体来说，主要包括以下方面：

1. 旅游公共服务标准制定的原则

（1）明确性。服务标准必须明确、可量化。只有明确清楚的标准才具有真正的可行性，否则就会沦为一纸空文，没有任何适用性，如规定接听电话铃响不能超过三声等。

（2）可衡量性。服务标准要尽可能定量表示，另外可以按服务质量的好坏进行考核排名等，如旅游热线 96% 的电话是在铃响第二声时接听的，所有投诉建议需要当天解决等。

（3）可行性。建立标准不代表确立目标，它意味着设计一个可能实现的工作过程，并且使之不断地执行下去。只有标准具有可行性，才能真正为提高旅游公共服务质量发挥作用。

（4）及时性。服务标准有明确的时间限制，才有价值，如旅游资讯的及时更新等。

（5）吻合性。服务标准要与客户的需求吻合。在标准化中，这意味着一个标准要以游客的需求为导向，切实关心游客的真正需求，为游客提供实实在在的公共服务。

2. 旅游公共服务标准制定的要求

服务标准制定应该符合如下标准编制的一般性评价要素：标准的适用性；标准编写的规范性；标准内容的科学性和合理性。具体而言，标准所规定的条款应明确而无歧义，并且应满足以下要求：①在标准所规定的范围内要力求完整；②清楚、准确、相互协调；③充分考虑最新技术水平；④为未来技术发展提供框架；⑤能被未参加标准编制的专业人员所理解。为使标准使用者理解标准的内容，在满足对标准技术内容的完整和准确表述的前提下，标准的语言和表达形式应尽可能简单、明了、通俗易懂，避免使用深奥的词汇、方言和口语化的措辞。

3. 旅游公共服务标准制定的程序

中国标准的制定程序严格按照国家质量技术监督局 1997 年发布的《国家标准制定程序的划分阶段及代码》（GB/T 167233—1997）有关规定，国家标准制定程序分为九个阶段：预阶段、立项阶段、起草阶段、征求意见阶段、审查阶段、批准阶段、出版阶段、复审阶段、废止阶段。旅游公共服务标准的制定程序也应严格按照国家标准的制定程序执行。

---

① 主要参考：邹再进，罗光华.旅游公共服务［M］.北京：社会科学文献出版社，2015.

（三）旅游公共服务标准体系内容[①]

旅游公共服务标准体系是一定范围内的旅游公共服务标准按其内在联系形成的科学有机整体。标准体系作为标准的系统集成，应该结构合理、层次适当、全面成套、系统完善、功能协调，满足所在领域对标准的总体配置要求（见表10-2）。

表10-2　旅游公共服务标准体系

项目	类别	内容
旅游公共服务基础标准	指南	
	术语	旅游公共服务基础术语、旅游公共交通术语、旅游公共信息术语、旅游公共安全术语
	图形符号与标识	通用符号、旅游公共设施与服务、旅游交通导向标识、旅游安全标识、旅游公共信息符号
旅游公共服务内容系统标准	旅游公共信息	旅游信息质量标准、旅游公共信息数据库规范、旅游咨询中心标准、旅游咨询热线标准、旅游资讯网站标准、假日旅游预报标准、旅游重大事件发布规范
	旅游公共安全	旅游安全保障标准、旅游安全服务流程规范、旅游安全风险监测规范、旅游应急救援服务规范、旅游保险保障规范
	旅游公共交通	旅游铁路专列规范、旅游集散中心标准、旅游公共道路标准、旅游服务区标准、旅游驿站标准、旅游停车场服务规范、旅游风景道标准
	旅游惠民服务	旅游厕所建设和服务规范、旅游优惠措施规范、旅游资源免费开放标准、旅游志愿者规范
	旅游权益服务	旅游无障碍设施建设规范、旅游投诉规范

三、旅游公共服务标准的实施

2009年9月国家旅游局发布的《全国旅游标准化工作管理办法》中，对旅游标准实施提出了要求。其中，与旅游公共服务标准化相关的规定有：鼓励从事提供旅游产品、设施及服务的单位和人员，执行推荐性旅游标准。旅游行政管理部门根据标准化工作的需要，组织行业有关技术机构负责质量、资格等认定工作。对不执行或违反有关旅游标准并造成不良后果的单位和个人，由旅游行政管理部门进行通报批评，并按照有关规章予以处罚，追究相应的行政责任、经济责任和法律责任。造成严重后果构成犯罪的，由司法机关依法追究直接责任人的刑事责任。在实践中，推动旅游公共服务标准的实施主要有以下三种途径：

[①] 主要参考：邹再进，罗光华.旅游公共服务［M］.北京：社会科学文献出版社，2015.

（一）单独实施旅游公共服务标准

一般而言，旅游公共服务标准大都是推荐性标准，因此实施旅游公共服务标准，一种情况是由企事业单位自主选择实施，以提高自身的旅游公共服务水平。比如，有企事业单位在建设和运营绿道的时候，可以主动参照《休闲绿道服务质量规范化》国家标准；景区在应对和处理游客流量高峰的时候，主动参考《景区游客高峰时段应对规范》。另一种情况是由政府或行业协会推动实施，这种方式往往会对照标准进行相关评定，有的地方还会根据评定结果采取授牌或奖励等办法激励企事业单位参与其中。比如，有的地方根据《旅游厕所质量等级的划分与评定》，对达到不同标准的旅游厕所授予 1A 级、2A 级或 3A 级，甚至针对达到的级别进行不同档次的补贴。

（二）通过旅游标准化试点等方式推动实施

在旅游公共服务标准在全国全面实施有难度的情况下，通过旅游标准化试点等方式，推动有积极性的地方实施，包括旅游公共标准在内的旅游标准也是旅游行政部门采用较多的方式。2012 年 12 月国家旅游局发布的《全面推进旅游标准化试点工作实施细则》就明确规定，试点单位应确保纳入标准体系表的所有标准得到实施，尤其是全面采用现行的相关国家标准、行业标准、地方标准，用标准化手段，积极促进旅游服务和市场秩序规范化。截至 2020 年，旅游行政部门已经确定了四批全国旅游标准化试点单位，并根据其旅游标准化实施情况进行了实地验收。

（三）通过旅游目的地评定等方式促进实施

旅游公共服务建设是旅游目的地持续健康发展的重要内容，旅游目的地应该成为实施旅游公共服务标准的主体。因此，旅游行政部门在旅游目的地评定的标准或者导则中，旅游公共服务的要求都占很大份额。比如，在 2007 年版《中国优秀旅游城市检查标准》全部 1000 分当中，旅游公共服务方面的分值就占到 210 分（城市的旅游交通 60 分、城市的旅游厕所 40 分、城市的旅游市场秩序 70 分、城市的旅游安全与保险 40 分）。而在 2017 年国家旅游局发布的《全域旅游示范区创建工作导则》基本项目 1000 分中，与旅游公共服务相关的内容就占到 320 分，涉及的打分点涵盖外部交通（20 分）、公路服务区（15 分）、旅游集散中心（20 分）、内部交通（30 分）、停车场（15 分）、旅游交通服务（20 分）、旅游标识系统（25 分）、游客服务中心（20 分）、旅游厕所（30 分）、智慧旅游（35 分）、投诉处理（20 分）、旅游志愿者服务（20 分）、安全制度（12 分）、风险管控（18 分）、旅游救援（10 分）、公益场所开放（6 分）、对特定人群价格优惠（4 分）。尽管在这些旅游目的地评定标准和导则中，没有直接提出旅游公共服务建设标准的要求，但是其对于推动旅游目的地政府实施旅游公共服务标准同样具有非常重要的作用。

第十一章

机制完善

【主要内容】

掌握旅游公共服务建设的政府协调机制、旅游公共服务的生产协作机制和旅游公共服务的区域合作机制。

【引导案例】

政府在旅游公共服务建设上的统筹协调

旅游公共服务建设需要由政府主导，在政府层面形成统筹协调的机制对旅游公共服务的发展非常重要。为应对"黄金周"假日旅游对公共服务体系形成的挑战，2000年6月，根据《国务院办公厅转发国家旅游局等部门关于进一步发展假日旅游若干意见的通知》，在国家层面正式建立全国假日旅游部际协调会议制度，定期发布旅游信息，疏导客流，协调处理出现的重大交通、安全和紧急救援等有关事宜，这成为旅游公共服务统筹协调机制形成的标志性事件。同时通知还要求，重点旅游城市人民政府也要相应建立假日旅游协调机构，负责及时收集、向上报送当日情况及协调处理所辖区域出现的紧急问题。2003年9月，全国假日旅游部际协调会议成员单位在最初的国家旅游局、国家发展和改革委员会、公安部、建设部、铁道部、交通部、民航总局、商务部、卫生部、工商总局、广电总局、统计局、宗教局、文物局14个部门的基础上又增加了4个部门——国家食品药品监督管理局、国家安全生产监督管理局、国家质量监督检验检疫总局、中国气象局。按照各自的职能，这4个部门主要对黄金周期间全国重点旅游城市和旅游景区的食品卫生、安全生产、旅游服务质量、旅游设备与设施等方面的工作进行监管，提供旅游气象方面的服务。

为贯彻落实《中华人民共和国旅游法》，加强部门间协调配合，促进我国旅游业持续健康发展，2014年9月，国务院建立旅游工作部际联席会议制度，成员单位包括旅游局、中央宣传部、外交部、发展改革委、教育部、公安部、财政部、国土资源部、环境保护部、住房城乡建设部、交通运输部、农业部、商务部、文化部、卫生计生委、工商总局、质检总局、新闻出版广电总局、安全监管总局、食品药品监管总局、统计局、林业局、气象局、铁路局、民航局、文物局、中医药局、扶贫办28个部门，旅游局为牵头单位。与此同时，撤销全国假日旅游部际协调会议，其职能并入国务院旅游工作部际联席会议。这意味着涉及旅游公共服务统筹协调方面的职能主要由国务院旅游工作部际联席会议承担。

机制是一个系统中各元素之间的相互作用的过程和功能，高质量旅游公共服务体系的建设离不开供给机制的完善。旅游公共服务机制除了政府层面的统筹协调机制之外，还涉及旅游公共服务的生产协作机制和区域合作机制等内容。

第一节　旅游公共服务的政府协调机制

一、旅游公共服务政府协调机制的现状

除在国家层面推动形成的旅游公共服务建设综合协调机制之外，各级旅游部门在实践中也在积极探索各种协调机制，破解旅游公共服务建设中存在的问题，其具体方式主要有如下几种。

（一）依托强势旅游部门进行统筹协调

杭州市旅游公共服务工作机制的形成主要是有赖于当时的杭州市旅游委。2001年，杭州就设立了市旅游委员会，对过去归属建设、园林、林业等部门的旅游资源管理权限，以及归属工商、规划、商务等部门的旅游市场管理权限进行了适当集中，赋予其超越一般旅游管理的综合性统筹协调职能。此外，杭州还在旅游委员会之下设立专门的旅游休闲质量监管机构、旅游公共服务局、旅游信息咨询机构，以解决城市旅游发展中的重点难点问题，这一机构安排极大地强化了杭州旅游部门在统筹协调旅游公共服务建设上的力量。2002年，杭州市人民政府下发《关于调整西湖风景名胜区建设项目立项联席办公会议成员单位的通知》，增加市旅游委员会为联席会议成员单位，并由市旅游委员会负责召集，市计委、市建委、市规划局、市园文局、市土管局、市环保局参加，负责对西湖风景名胜区建设项目的审查，联席会议不代替各职能部门的依法行政、审批，而是在行政部门审批前的一个集中论证过程，便于各部门从名胜区管理的全局出发，联席会议实行一票否决制。这一制度安排也使得旅游部门对西湖周边旅游公共服务的建设具有很强的"话语权"。

（二）旅游部门与其他部门签订合作协议方式进行协调

比如，2010 年，国家旅游局就与中国气象局签署《关于联合提升旅游气象服务能力的合作框架协议》，提出：双方将联合加强旅游气象观测系统建设；联合做好节假日旅游气象预报服务；联合加强旅游景区气象灾害防御工作；联合加强和规范旅游气象信息的发布；加强双方技术合作，提高旅游气象预报服务质量；联合建立旅游气象服务示范区。再如，2015 年 11 月，上海市旅游局与东方网签署战略合作协议，在旅游宣传推广、社情民意收集、智慧旅游建设、公共服务提升等方面，全方位开展合作，并推动健全"市—区—街道（镇）"三级覆盖的"互联网＋"旅游公共服务体系。与此同时，双方合作还包括在上海市旅游局指导下，将东方网旗下全部 188 家东方社区信息苑挂牌成立"上海旅游（社区）公共服务点"，提供旅游线路、景区信息发布及查询，旅游卫生、旅游食品卫生知识等发布及查询，旅游电子信息屏的日常维护，上海旅游集散总站旅游票务咨询和代购等服务。2018 年 1 月，江苏省旅游局与江苏省交通运输厅、江苏省交通控股有限公司签署战略协议，提出在共同编制《江苏交通运输与旅游融合发展三年实施方案》、打造精品公路旅游服务基础设施、推进"水韵江苏"旅游交通发展、强化旅客站点旅游服务功能、支持江苏省旅游集散中心建设、加速传统客运企业向旅游营运转型、加强旅游交通信息共享服务、推进高速公路服务区"三个全覆盖"、联合共治旅游交通秩序等方面开展合作。

（三）在市政府层面建立部门协调的例会机制

在旅游公共服务具体推进遇到困难的时候，一些地区旅游行政部门会按照"一事一议，特事特议"的方式，提请上级进行协调。比如，上海市在推进旅游标识标牌的工作中，就是在市政府层面，旅游局、交通部门、路政部门、交警部门建立了一个例会机制，每月部门之间举办一个碰头会，进而协调解决标识标牌机制。

（四）利用旅游部门领导私人关系推动旅游公共服务建设

一些地方旅游公共服务旅游项目建设遇到障碍时，有担当作为的旅游部门领导有时会利用与其他政府部门领导之间的私人关系来协调推动相应的项目建设。

二、旅游公共服务政府协调机制存在问题

（一）旅游部门相对弱势地位与旅游公共服务广泛性的矛盾

旅游部门在政府中处于相对弱势地位，而旅游公共服务涉及很广泛的内容，这一矛盾使旅游部门在推动旅游公共服务建设中没法发力。一方面，现实中社会公众对于旅

游部门职能的认识期望较大，凡是与游客相关的服务内容都推向了旅游部门，但是很多事情旅游部门并没有相应的职权，更多时候只能通过主动协调相关部门来促成旅游公共服务项目建设，或者是回应游客的需求。这包括在城市换乘中心的建设、旅游标识标牌的设立、旅游厕所的改进、旅游停车场的建设等问题，甚至是旅游部门所受理的旅游投诉，旅游部门能处理的也主要是和旅行社相关的问题，很多游客的问题和投诉只能转接到其他部门。另一方面，即使在旅游业发达的城市，许多旅游公共项目都不是旅游部门能够轻易推动的，更多是依靠市政府的牵头、依靠领导的批示，旅游部门才能够有力量协调各个部门，推进旅游公共服务项目的建设。

（二）旅游公共服务缺乏专门建设载体和综合协调机制

目前各级旅游部门在推动旅游公共服务项目中缺乏一个常规的建设协调机制。旅游公共服务项目建设大都不是政府的专门建设内容，而是作为其他建设项目的配套，如创建最佳旅游城市、优秀旅游城市、全域旅游示范区等，借助于这些外部机制，一些城市的旅游公共服务设施才取得了一定的建设进展。不仅如此，旅游公共服务职能的分散性，加上旅游公共服务本身内容的广泛性，使得在推进旅游公共服务建设中，既需要在旅游部门内部建立各种综合协调机制，以协调各个处室工作，也需要加强旅游部门与其他政府部门之间的综合协调工作，以推动旅游公共服务工作。特别是对于后者，由于旅游部门本身的弱势地位，使得在推进旅游公共服务项目上主要取决于相关部门和单位的支持态度。如果相关部门和单位态度不积极，项目就很难推动。比如，有地方旅游部门要在火车站设立一个旅游咨询中心，在协调铁路部门允许场地租赁方面就遇到很大困难。此外，即使是火车站、高速公路、飞机场等单位许可旅游部门在其间设立旅游咨询服务中心，旅游部门也必须支付高额的场地租赁费；而一些城市在道路设立的旅游标识标牌，旅游部门每年也需要向路政、城管等部门缴纳管理费。这无形之中增加了旅游公共服务建设的难度和管理成本。因此，如何打破政府部门之间的封闭，各部门之间共享资源，以开放的心态为社会提供服务则是推进旅游公共服务建设的一个重要方面。

（三）不同区域、政府部门间资源缺乏整合机制

游客需要的是一个全程性、随机性的旅游公共服务，所需信息资源也是多元多样的，而公共服务资源是散落的，涉及许多单位部门。但囿于传统思维和自身利益的束缚，政府部门之间缺乏开放共享的心态，使得旅游部门在推进旅游公共服务建设中经常会面临区域分割、部门分割、条块分割、信息分割等问题。以交通领域为例，公共交通服务供给主要围绕居民生活服务目标，缺乏基于游客的旅游交通服务整体统筹，旅游交通服务供给碎片化，设施网络建设的外部保障政策不足。客运班线沿途无旅游线路牌，受制于客运班线必须定线定点运行，无法在运行路线沿线的旅游景区增加临时上下客

点，且面临景区没有合法合规站点，受到景区当地交管部门的审查或罚款或停运。如增加站点需要按照现有的站级评定标准申请，手续较为烦琐，从而限制了发展。比如，有的城市旅游巴士部分站点只能作为临时停靠点，没有设立明显的标志，申请设立停靠牌和指引牌时遇到一定的困难，没有专属停靠站和指引牌，游客在购票后无法及时地为游客引导与服务。

三、旅游公共服务政府协调机制的完善

（一）进一步健全旅游公共服务综合协调机制

自全国假日旅游部际协调会议取消之后，尽管按照《旅游法》设立了国务院旅游工作部际联席会议，但在实际运行中，很难协调旅游公共服务建设方面的事务。2018 年 3 月，文化和旅游部门整合成立文化和旅游部之后，需要在新的平台上推动加强旅游公共服务的综合协调。2014 年 3 月由文化部牵头成立了"国家公共文化服务体系建设协调组"，协调组由文化部、中宣部、中央编办、中央文明办、发展改革委、教育部、科技部、财政部、人力资源社会保障部、国家质检总局、新闻出版广电总局、体育总局、国家文物局、国务院扶贫办、全国总工会、共青团中央、全国妇联、中国残联、中国科协、国家标准委共 20 个相关单位组成，主要负责全国公共文化服务体系建设重大事项的协商和部署。未来可以考虑依托这一协调机制，将与旅游公共服务有关的交通运输部、住房城乡建设部、自然资源部、公安部、中国气象局等部委作为成员单位纳入其中，明确各部门职责分工，建立旅游公共服务的财政投入机制、绩效评估机制、人员保障机制，通过制度化、正式化的建设机制来推进旅游公共服务体系建设。此外，各地也应该结合自身实际建立相应的协调机制，一种方式是在各地现有高规格的旅游发展领导小组等协调机制的基础上，充实旅游公共服务建设协调的内容；另一种是与地方的公共文化服务体系建设协调机制整合，或者建立专门的协调机制，为旅游公共服务建设提供坚实的组织保障。

（二）强化旅游部门在旅游公共服务建设方面的职能[①]

旅游部门作为第一推动部门，在旅游公共服务建设上负有不可推卸的责任。具体而言，一是要强化规划职能。旅游公共服务规划很独特，它不同于其他类型的部门规划可以相对独立，而是非常需要得到其他规划的支持。旅游部门需要编制能与其他空间规划有效衔接的旅游公共服务规划，全面梳理旅游公共服务的需求，同时推动将旅游公共服务规划纳入地方的国民经济和社会发展计划以及城乡建设等空间规划，将旅游公共服务

---

① 主要参考：余斌.旅游公共服务体系建设中的政府职能研究——以广东省旅游局为例［D］.华南理工大学，2012.

需求纳入整个社会公共服务体系建设规划之中；或者将其作为调整城乡建设空间规划和相关社会公共服务体系建设规划的重要依据。二是要强化组织协调职能。旅游公共服务是一项工作量大、专业技术性强、社会责任重的工作。为了提高管理的绩效，在确定目标并分解目标、职位设计和专业分工的基础上，需要按照某种逻辑对各职位的工作进行归类，从而合并成为一个专业性的组织单元，防止专业分工过细造成的互相扯皮和资源重复浪费，有利于相同或相近工作职位的配合和沟通，并根据其工作性质的相同或不同采取相应的政策与措施。旅游部门一方面需要整合内部机构职能设置，优化旅游公共服务内部工作流程；另一方面需要提高其外部协调能力，能在上级部门的支持下将涉及旅游公共服务建设的工作分配到相关部门。三是强化控制职能。旅游行政部门控制职能较为薄弱，"小马拉大车"成为旅游行政部门的形象比喻。需要授予旅游行政管理部门对旅游公共服务体系建设实行全面、系统的监督、检查等，可以将旅游公共服务体系建设工作列入各级政府和有关部门绩效考核的内容，开展定期考核。

（三）完善旅游公共服务分类促进和分级管理的机制

旅游公共服务涉及类型多样，既有硬件建设，又有软件服务，因此不同的旅游公共服务，应该有不同的促进机制。此外，各级政府在旅游公共服务建设中承担的职责各有不同，国家层面在旅游公共服务建设上主要是宏观指导和对重点领域进行专项推动；省级层面主要是强化省域内的规划和协调，并支持市县旅游公共服务建设；市县一级是旅游公共服务建设的主体，需要承担起具体的建设、管理和运营工作。要在统一规划的前提下，明确各级政府及相关部门的旅游公共服务职责，明确各自的工作重点与投入责任，形成统一领导、分级负责、全社会协同的旅游公共服务供给格局。

第二节　旅游公共服务的协作生产机制

旅游公共服务是由政府主导进行推动的，但是在具体的生产供给上，却需要各个参与方的有效协作才能很好完成。《中国旅游公共服务"十二五"专项规划》明确提出，政府是旅游公共服务的责任主体，政府除了直接提供基本公共服务外，要充分利用政府和市场之间的互补性，通过合同外包、特许经营、用者付费等形式，推动形成供给主体多元化的可持续发展的公共服务供给体制。

一、中国旅游公共服务生产供给机制的沿革[①]

旅游公共服务的生产供给机制是为提供旅游公共服务而制定的一系列具有关联性的规则、制度和规范的集合。在不同社会发展阶段，由于生产力水平、旅游业发展程度、旅游者需求以及观念成熟程度的不同，旅游公共服务在内容和供给重点上也不尽相同，进而形成了不同时期的旅游公共服务生产供给机制。

（一）政府计划供给阶段（1949—1978年）

改革开放以前，中国处于计划经济时代，在当时社会体制的制约下，政府始终处于旅游供给主体地位，政府扮演着"决策者""生产者""管理者"等多种角色。在这种情况下，商品的供给完全按政府计划进行，消费者、生产者的主权全部被计划指令所替代。在当时的时代背景和经济条件下，中国国内旅游需求基本上还没有出现，旅游公共服务的概念相当模糊。但为了完成对国外旅游者的旅游接待，一些基本条件必须有保障，如旅游交通、旅游住宿、旅游安全等。因此，政府既是旅游服务供给的决策者，又是旅游服务唯一的供给主体，还是旅游服务供给的监督者。

在供给决策机制方面。供给决策实行自上而下单向决策模式，政府决定旅游公共服务的供给主体、供给内容、供给方式等。供给主体方面，政府下属的旅行社、旅游饭店等是旅游公共服务的供给者。虽然这些工作由旅游单位负责，但其属于政府部门下属单位，所以旅游公共服务供给主体仍是政府，且政府是这一时期旅游公共服务唯一的提供者，企业、非营利性组织等供给主体尚不存在。

在筹资机制方面。旅游公共服务所需资金来源有两方面：国家财政拨款、旅游收入。由于当时中国国际旅行社的运作模式是差额补贴模式，即每年先由国家下拨一定数量经费用于开展相应工作，年终结算时赤字部分再由国家财政予以补贴。因此，通过旅游接待所获得的旅游收入也用于对旅游公共服务供给的投入，这也是旅游公共服务的资金来源之一，但相对于国家财政拨款，它所占的比重较低。

此外，由于该时期中国旅游业还处于发展的萌芽阶段，旅游公共服务还没有作为一个独立的概念被提出，因而旅游公共服务供给的需求表达机制、监督机制尚不存在。另外，供给主体的唯一性，使得激励缺乏动力。

（二）政府主导，市场、行业协会初步参与阶段（1979—1999年）

1978年，中国各项工作的重心向经济建设转移，市场化初见端倪。国务院要求旅游管理体制改革遵循"政企分开、统一领导、分级管理、分散经营、统一对外"的原则，明确国家旅游局作为国务院的职能部门，要面向全行业，统管全国旅游事业。各

[①] 主要参考：王佳欣.中国旅游公共服务供给机制发展变迁研究［J］.改革与战略，2017（6）.

省、自治区、直辖市的旅游局，统管本地区的旅游工作。要善于运用行政的、经济的和法律的手段，加强对旅游事业的管理。旅游经营单位由事业编制转变为企业编制，遵守市场准则，参与行业竞争，由市场决定优胜劣汰，竞争机制逐渐形成。旅游管理体制的改革，使旅游公共基础设施建设由以国家投资转变为国家、地方、部门、集体、个人多主体共同参与。

此外，在旅游体制改革过程中，诞生了旅游行业协会。1986年1月30日，国务院批准的第一个旅游全行业协会——中国旅游协会正式成立。它的服务对象为协会会员、行业、政府和社会大众，主要是开展协调、监督、咨询等工作，发挥政府与行业间、行业与企业间、旅游者与行业和企业间的桥梁纽带作用，更好地促进中国旅游业的发展。体制改革的顺利进行使中国旅游业的发展重新迈上正轨。但在20世纪90年代之前，中国旅游业仍以入境接待为主，游客主体是海外旅游者。在这个阶段中国的旅游公共服务还处于零散、局部启动阶段，旅游公共服务的内容主要是针对海外旅游者的安全保护、协调紧急救援，解决旅游住宿接待设施不足、景区可进入性差、旅游厕所严重不足等瓶颈问题和处理旅游投诉等工作。因此，从改革开放到20世纪80年代中期，中国旅游公共服务供给仍为政府主导。

虽然政府仍是旅游公共服务供给的决策者和直接供给者，但旅游公共服务供给主体仍得到了一定程度发展，政府以外的其他主体在这一时期开始出现。20世纪90年代以后，国内旅游逐渐发育并迅速发展。新的形势赋予了旅游公共服务新的内容。为了能够更好地维护海内外旅游者、消费者权益，中国旅游投诉机制开始建立。20世纪90年代末，国家旅游局组织的第二批城市开展创建中国优秀旅游城市的政策，极大地推动了城市旅游咨询中心、旅游网站、旅游交通建设和游览标识标准化工作，进一步丰富了中国旅游公共服务供给内容。在创优过程中，随着中国旅游业的不断发展与成熟，地方政府、旅游企业与行业协会开始在旅游公共服务供给中发挥作用。旅游企业开始按照市场规律承担起一些能够按照市场化运作的旅游公共服务项目的供给，如旅游交通、旅游接待等，而旅游协会在旅游宣传、环境资源保护等方面发挥了重要作用。

旅游公共服务筹资机制方面。虽然国家提供的财政拨款和地方财政资金仍是主要的资金来源，但此时改革开放政策开始积极倡导招商引资，侨资、外资都是旅游基础设施建设的资金来源。此外，由于民间资本参与旅游公共服务供给，制度外筹资方式开始出现，并且成为制度内筹资方式的必要补充，但旅游公共服务需求表达机制以及激励机制在该阶段并没有得到有效发展。

在监督机制方面，虽然中央及地方政府设立了相应的监督部门，但监督体制机制并不健全，监督力度不足。同时，由于相关旅游管理部门身兼"运动员"和"裁判员"的双重身份，也很难使监管奏效。可见，改革开放至20世纪90年代末，中国的旅游公共服务开始由政府绝对主导模式逐渐向政府主导、社会组织部分参与的模式转变。

（三）政府主导，市场、社会共同参与阶段（2000—2010年）

21世纪以来，在国内外宏观环境的有力支持下，中国旅游业有了更大发展，不仅入境旅游持续平稳发展，国内旅游需求空前高涨，而且旅游业作为新兴第三产业的支柱产业、国家非贸易外汇的重要来源，受到党中央、国务院的高度重视。国务院《关于加快发展旅游业的意见》的贯彻落实，为旅游业健康稳定发展提供了比较好的宏观调控手段和工作抓手。围绕旅游产业发展形成的公共服务体系更加完善，初步构建了政府主导、市场主体、社会共同参与的发展机制。2000—2010年，中国旅游公共服务进入全面启动阶段，旅游公共服务的内涵及外延有了进一步扩展。假日旅游协调、旅游安全风险提示、旅游资讯网站建设、完善旅游标识、旅游咨询中心建设、旅游集散中心建设、扩大中国公民出境旅游目的地国家和地区的数量、便利公民出行、营造良好的旅游消费环境、提升旅游厕所质量、推动旅游城市国际化进程等工作成为旅游公共服务的主要内容。

针对这一时期旅游业及旅游公共服务的发展，中国旅游公共服务的生产供给机制也发生了一系列变化。供给主体方面，在政府主导的基础上，呈现出更为丰富的多元化供给主体状态。"十一五"期间，政府主导作用已经由中央向地方转变，地方政府主导旅游业发展的格局形成。改革开放以来，相对于其他行业来说，旅游业的市场化进程是较快的。在政府政策的支持下，私人部门、非营利性组织等供给主体数量逐渐增加，越来越多地参与到旅游公共服务的供给中来。

筹资机制方面，除了中央及地方的财政拨款外，随着投融资体系的不断完善，在境内外上市成为旅游业的重要融资渠道和发展平台，社会资金以更大力度介入旅游业发展，进一步推动了旅游产业的市场化进程，增加了旅游公共服务的资金供给。

需求表达机制方面，随着游客满意度逐渐成为评价旅游服务质量的核心标准，旅游者对旅游公共服务的需求表达打开了一定通道。旅游公共服务决策机制方面，仍然以由上而下的单向决策为主，旅游者的参与程度不高。

监督机制方面，对旅游质量的监督得到进一步强化。

激励机制方面，尽管绩效评估方面取得一定进展，但相关问责机制尚未形成。

（四）政府有限主导，市场供给初步呈现（2011年至今）

大众旅游阶段，由于旅游消费需求呈井喷式增长，2010年以后，随着各级政府和相关部门对旅游公共服务认识的不断深入，为更好满足大众化旅游的需求，国家旅游局发布了《中国旅游公共服务"十二五"专项规划》，促进了旅游公共服务进入全面系统发展阶段。但旅游业在高速发展的同时，也暴露出旅游基础设施建设有待提升、旅游接待能力相对不足、旅游行业有效治理力度不够、旅游市场有序化发展程度不高等问题，这些问题也反映出旅游公共服务供给的不足和低效率。因此，政府加快旅游公共服务供给制度建设，在充分分析各种供给"失灵"和低效率后，将旅游公共服务的供给由原来的政府主导向政府有限主导调整，充分认识和肯定市场在资源配置方面的效率优势，逐渐将旅游公共服务供给向市场机制靠拢。

二、中国旅游公共服务生产的复合供给模式[①]

旅游公共服务虽然强调政府是责任主体，但是并不意味所有的旅游公共服务都要由政府进行投入，也不意味着所有的旅游公共服务都要由政府具体负责生产、建设和运营。在政府主导的前提下，旅游公共服务的生产供给可以有不同的模式，主要有：以政府（Government，缩写为 G）为主生产供给模式、市场（Market，缩写为 M）为主生产供给模式和社会（Society，缩写为 S）为主生产供给模式（见表 11-1）。

表 11-1　旅游公共服务生产的复合供给模式

供给主体	政府（G）	市场（M）	社会（S）
政府（G）	G-G	G-M	G-S
市场（M）	M-G	M-M	M-S
社会（S）	S-G	S-M	S-S

（一）政府为主生产供给模式

1. G-G 模式

（1）政府直接生产提供型。政府直接生产提供型意味着，在这种模式中，政府扮演着服务的生产者和安排者的角色，直接向旅游者提供公共服务，是由政府组织生产，并向社会提供的管理方式。采取这种供给模式的旅游公共服务一般具有以下特征：一是营利甚微甚至是无利可图而又关系民生的，也就是难以直接对旅游者收取使用费或直接收费的成本过高的旅游公共服务；二是此类旅游公共服务供给事关重大，由其他部门提供将会带来严重后果，或者现阶段仍没有实现的可能环境；三是具有极其显著的"外部性"，导致私营部门缺乏供给能力也不愿意供给，对于第三部门而言则可能无力承担。所以，必须由政府免费或者低价向公众提供的旅游公共服务，否则，必然导致旅游公共服务功能的扭曲而产生消极的社会后果。

（2）政府垄断供给型模式。政府垄断供给型模式是一种传统的旅游公共服务供给模式，政府是这种供给模式的主体。尽管在旅游公共服务领域中，市场化、社会化已经成为一种不可逆转的趋势，但政府始终是最有力量的旅游公共服务供给者。是旅游公共

[①]　主要参考：李爽.旅游公共服务供给机制研究［D］.厦门大学，2008.

服务的供给由政府决策，政府在公共财政基础上筹资、生产、分配的模式。采取这种模式的旅游公共服务实现方式主要有两种：一是由政府出资建立公营企业来进行日常经营管理，直接提供旅游公共服务；二是政府对目前所属的公共部门进行公司化改造，按照《公司法》进行登记注册和管理运营。企业拥有一定的自主权，让其参与市场的竞争，以便更加有效地提供旅游公共服务。

这种模式的优势在于：其一，政府的权力，使得直接投资供给不受私人资本数量限制，可以通过征税来筹措资金，是旅游公共服务供给的主导力量；其二，政府可以不从投资项目本身的利益着眼，不计较投资生产的旅游公共服务是否可以对消费者收取使用费，提高社会福利水平；其三，政府是一个严密的组织系统，具有有序的组织机制和实施规则的强制力，通过组织优势来弱化外部性和不确定性因素；其四，政府根据财政能力和实际需要统筹安排，使得消费不受限制，其潜在的效用可以得到充分实现。

但这种模式也存在一定的不足和缺点，主要有：其一，政府面临着信息成本的负担；其二，增加财政压力，政府提供的公共服务越多，其资金供给量越大，管理成本也越多，意味着财政支出也在加大，财政压力增加；其三，政府垄断供给可能会导致供给的低效率，如供给服务的数量不足、质量下降、供给错位缺位等，旅游公共服务设施维护保养不良，使用损耗严重。

该模式一般适用于以下两种情况：一是政府在旅游公共服务供给中处于主导地位，市场和社会相对处于被动状态；二是政府应该发挥作用的领域或政府力量强大，但社会或市场发育尚不充分完善，依然需要政府力量的领域。总之，这种单中心的旅游公共服务供给模式往往造成旅游公共服务供求不平衡或供给过剩。政府改革应该把重心放在改革公共服务的直接生产方式上，减少政府生产公共服务的数量和范围，提高私人、社会组织的参与程度，来提高公共服务供给效率，有效满足公众日益增长的旅游公共服务需求。

上海旅游咨询服务中心，就是采用的政府垄断供给型模式。中心是上海市政府1999年和2000年的实事项目之一，也是上海旅游委员会下属自收自支的事业单位，其设立的旅游咨询服务中心分布在全市所有区、县和交通窗口单位，构筑了遍布全市的旅游咨询服务网络体系。

2.G-M模式和G-S模式

政府委托市场（G-M）和第三部门（G-S）供给型模式。政府提供并不意味着一定要政府生产，随着人们生活水平的提高，对于各种各样旅游公共服务的需求量在不断提高，加之政府财力有限以及随着社会的发展，旅游公共服务的性质也在不断发生改变，这些都为政府部门与私营部门或第三部门采取多种合作形式提供了可能。如政府部门与私营部门或第三部门签订生产合同、授予经营权、政府参股、经济资助（财政补贴、优惠贷款、减免税收、直接投资）、BOT方式等多种形式，以鼓励其生产。这些投供给方式既可缓解政府的直接财政负担，又有助于提高旅游公共服务的经营和管理效益。由于考虑到某些旅游公共服务的外部性及对于社会分配的重要意义，最优的所有者还应该是政府，但是生产和经营可以由私人和第三部门来完成。采取政府委托供给模式较为普遍的有旅游公共基础设施建设、公共景观和环境的建设等。

政府委托市场供给（G-M）模式中，政府选择合作伙伴的方式一般是公开招标，其实质是将市场机制引入政府直接投资领域，实现国有资产所有权、经营权和使用权分离。例如，政府和私人签订合同，私人负责生产，政府采购后再向公众提供。上海旅游热线就是上海市旅委建设的官方旅游热线，即旅游呼叫中心，以政府购买服务的方式向"旅游热线"拨付人员工资，1995 年投入运行，提供公益性咨询服务。为了更大限度地发挥经营者的自主性和积极性，政府可以将一部分垄断性行业的现有国有资产或将要建成投入使用的资产出售或实行股份制改造，以尽快收回政府投资，减少政府投资风险。

政府委托第三部门（G-S）提供旅游公共服务模式，则是由政府确定某种公共服务的数量和质量标准，非营利部门招标、承包，中标后按与政府签订供给合同为公众提供公共服务。政府委托第三部门（G-S）供给，对政府而言的主要优点在于：政府从繁杂的经营管理中摆脱出来，能更好地明确目标和政策，减轻了政府具体实施的负担，而将具体计划与实施交由服务提供者负责。第三部门得到了政府资助或享受免费待遇等优惠政策，解决了筹资难问题，扩大了供给的自主权，明确了责任和公益心，增加了旅游公共服务供给成功的可能性。

（二）市场为主生产供给模式

某些旅游公共服务在技术上的排他以及有效的竞争，为私人提供旅游公共服务创造了条件。旅游公共服务市场为主的生产供给模式是指营利组织根据市场需求，以营利为目的、运用收费方式补偿支出的一种模式。在旅游公共服务市场为主供给模式下，公共服务生产所需资金并非完全由政府来提供，私人也提供了一部分的资金。旅游公共服务市场主导型供给模式可以分政府管制下的由市场完全供给（M-M）模式和政府补贴下的市场供给（M-G）模式。这种由私人生产、经营的旅游公共服务产品，政府给予必要的补贴和管制。一般在市场主导型旅游公共服务供给模式中，政府力量介入少，而宏观指导居多。

1. M-M 模式

政府监管下的由市场完全供给（M-M）模式，即在政府管制下由私人资本通过投标取得政府特许的专利经营权来生产与供给经营某项旅游公共服务。该种旅游公共服务供给模式具有以下明显优势：其一，充分利用社会资源，调动更多的社会力量来发展旅游公共事业，可以极大地减轻政府的财政负担，同时扩大旅游者的选择范围，旅游者由此也能够享有较高质量的旅游公共服务产品；其二，生产者具有相对充分的自主权，以营利为其经营的目的，能够确保生产者在政府允许的范围内获得合理的利润，生产者承担经营风险，这样就使生产者不仅具有提高投资效率的内在动力，而且有竞争的外在压力。使其不断采用先进技术来改善旅游公共服务，进而提高社会效益和降低生产成本。

由于此类旅游公共服务具有一些特殊特点，（M-M）模式供给旅游公共服务需要注意几个问题。第一，此类旅游公共服务产品私人性强，政府可以通过与私人资本签订合约，一方面将专营权授予私人资本，私人资本取得垄断经营权，从而可以享受规模经济，避免过度竞争；第二，同时具有收费性和公共性特点，因此其收费标准，完全由市场供求关系和竞争情况调节，不必要由政府批准；第三，政府通过合同明确界定私人资本的义务，必须达到一定的服务标准，为旅游者提供优质旅游服务，保障消费者权益。

很多城市的旅游公共交通服务就采取这种模式：双方签订的合同对私营部门提供旅游公共服务的线路、车辆间隔时间、价格等均做出规定，确定企业因政策因素发生亏损时政府进行补贴的金额，保证企业获得稳定的收益。若企业达不到合同规定的旅游服务质量，政府将中止合同。这样既强化了企业成本约束，又促进了企业经济管理水平的提高。在生产经营环节，政府通过规定技术标准，迫使企业降低成本、提高服务质量。

2. M-G 模式

政府补贴下的市场供给模式。政府对私人经营这类旅游公共服务的资助途径和方法很多，其中主要有投资参股、按业务量补贴、无偿捐赠、提供优惠借款、提供借款担保、无偿或低价提供土地、减免税收等。政府补贴的其他内容有：政府给予参与旅游公共服务经营的企业一定补贴，使其乐意尝试提供改善旅游公共服务质量的举措；政府的补贴增加了旅游企业研发投入，从而促进了旅游企业的技术进步，增强了旅游公共服务的技术含量和供给效率；通过补贴和直接投资等方法促进旅游企业人力、资本的积累和知识、技术的进步。

如杭州旅游集散中心的组建就是在原浙江省旅游局、杭州市旅游局牵头下，由杭州旅游集团、杭州长途客运集团和杭州旅游公交公司共同出资1500万元组建起来股份公司。其中杭州旅游集团占股51%，杭州长途客运集团占股25%，杭州公交公司占股24%。集散中心租用杭州黄龙体育馆1000多平方米场地作为营业厅和办公室。从2003年开始，杭州市政府连续年每年投入200万元资金扶持杭州旅游集散中心，同时给予50辆的营运车辆指标。对于集散中心承担的旅游集散换乘中心和旅游咨询服务中心职能，杭州市政府每年还有1000万元专项财政资金支持。此外，杭州旅游集散中心还整合了杭州旅游集散换乘中心和杭州旅游咨询服务中心，经过一年多的亏损之后，杭州旅游集散中心于2006年开始盈利。

（三）社会为主生产供给模式

社会为主进行生产供给的主要组织形式是社区和"非营利性组织"。非营利性组织的发展是与国家的政治、经济、文化水平密切相关的，非营利性组织提供公共服务的数量也是衡量一个国家现代化水平的重要标志。由于国家发展处于不同阶段，非营利性组织在公共服务供给上也相应有自己的发展模式。

1. S-S 模式

非营利性组织为主的供给模式，即社会组织独立提供公共服务。如一些非营利性组织为了保持独立性，往往通过自筹资金（包括会费、私人捐款、服务收费等），依靠自身力量提供各种形式的公共服务。在保证独立性的同时，为了筹集足够的资金，一些非营利性组织逐渐实行用者付费制，对以前免费的项目直接向受益人收取部分或全部服务费。这样既可避免使受益人产生依赖心理，又可解决财务可持续性发展问题。

2. S-G 模式

非营利性组织与政府合作提供公共服务。接受政府资助或享受免税待遇等优惠政策。政府并没有直接投资、经营非营利性组织，但政府可以做"资金和指导的提供者"，以此鼓励志愿者组织提供旅游公共服务。

3. S-M 模式和 M-S 模式

非营利性组织与市场合作提供公共服务。非营利性组织与营利性企业建立协作关系来从事公益事业有几种方式：一是非营利性组织参与交易关联的公益推广活动。营利性公司将销售收入的一定比例以现金或设备的形式捐给非营利性组织。二是共同主题营销。非营利性组织与私人企业达成协议，通过分发企业产品和宣传资料及做广告等方式，共同解决某个社会问题。

从企业方面看，企业参与非营利性组织的各类公益活动，一方面有利于增强企业内部的凝聚力，培养企业成员的奉献精神；另一方面，企业通过有形、无形投资于公益事业的活动，可以树立企业在社会上的新形象，增强企业的社会认同感，提高企业的经营效益。例如，台湾春风旅行社、凤凰旅行社等与公益组织"伊甸社会福利基金会"合作，进行与旅行业务交易关联的公益推广活动。即面向全台湾的残疾人士举办"脚踏希望、轮走台湾"的公益活动，受到社会好评。

从非营利性组织方面看，只有加强与企业的合作关系，得到企业特别是大中型企业的资助，自身的活动能力、社会公信力才能得到更大的提高，所组织的公益活动才可能获得更大的社会影响力，取得更明显的社会公益实效，也才可能促进自身健康、科学的可持续发展。

（四）旅游公共服务G-M-S综合联动生产供给模式

"委托政府"的理论也较好地描绘了这种相互合作、取长补短的关系，即政府为实现自己的目标而将提供公益服务的任务委托给非营利性组织来执行。政府与非营利性组织之间存在着一种依据各自优势的分工，即政府负责资金动员，非营利性组织负责提供服务。需要补充的是，非营利性组织在提供服务时，也可以委托市场来提供一部分服务，特别是市场比较擅长的部分。如在旅游城市环境保护方面，政府将一些环境治理、环境呼吁等工作委托给发展较好的环境保护组织，同时政府为这些项目的组织运作提供资金。而接受委派的环境保护组织除了将一部分自己擅长的任务留下，还可将其中一部分的工作在保证质量的情况下，交给相关的环保公司来做。这样，三个部门合作就可以各自发挥自己的优势，从而最大限度满足社会中不同人群的不同需求。

最后，需要说明的是，旅游公共服务有别于一般的旅游（企业）服务，为了确保旅游公共服务的公共性，在旅游公共服务复合供给机制中，每种可能的运作模式都离不开政府的参与。旅游公共服务的复合供给机制也正是通过这些政府（G）、市场（M）、社会（S）的两两为主的力量联动，最终实现有效互补、协同呼应的多方参与（G-M-S）的理想的旅游公共服务复合生产供给机制。

第三节　旅游公共服务的区域合作机制

游客的跨区域流动是旅游的重要特性，因此要为游客提供高质量的旅游公共服务，就必须打破行政区划的壁垒，建立和完善旅游公共服务的区域合作机制。《中国旅游公共服务"十二五"专项规划》也明确要求，围绕实现区域旅游一体化的目标，不断完善旅游公共服务合作机制，丰富合作内容，实现区域间无障碍旅游。

一、旅游公共服务区域合作机制的发展

区域旅游公共服务合作是区域旅游合作的重要组成部分。一般而言，中国旅游公共服务的区域合作在经济区域一体化发展较好的地方成效更为显著。

长三角地区很早就开始旅游公共服务方面的区域合作。2003年7月发表的《长江三角洲旅游城市"15+1"合作（杭州）宣言》明确指出：实现旅游信息的交流、沟通与共享，建设长三角一体化的旅游信息服务体系；长三角旅游业的发展需各城市间建设一个统一的旅游信息平台；长三角各旅游城市加强旅游信息交换，各城市应为其他城市的旅游信息资料进入该市创造条件，并在旅游信息咨询服务点上免费提供其他城市的信息咨询服务和信息资料，以方便游客在长三角地区进行的自助旅游。随着长三角地区旅游合作联席会议的成立，上海、江苏、浙江、安徽等正逐渐实现区域旅游产业共推、市场共建、环境共治、服务共享。为保障中外游客出行，一方面，长三角地区加强智能化、便捷化旅游公共服务设施建设，联合探索推出"畅游长三角惠民一卡通"等产品，鼓励和支持建立异地租车还车一体化的便捷体系；另一方面，积极推动建立完善区域联合执法、综合监管机制，建立健全区域诚信系统和失信登记制度，建立跨区域旅游重大事件和旅游安全事件的应急预案等。长三角地区还积极推动放开对外地旅游车辆入城的

限制；推动各中心城市进一步加快旅游集散中心的建设，并与上海旅游集散中心搞好对接，形成长三角一体化的旅游集散中心客运网络。此外，在旅游公共服务标准制定和实施方面，长三角地区也形成了较好的机制。在2021年1月长三角生态绿色一体化发展示范区公布的第一批20项《长三角生态绿色一体化发展示范区共建共享公共服务项目清单》中，就包含"旅游惠民服务"，即示范区内居民可以共享示范区主要景区的旅游权益，区域内旅游部门也将迭代共同发布免费或优惠游览示范区内旅游景区的清单。

珠三角地区也是旅游公共服务区域合作的重点。2014年广东省人民政府办公厅发布的《珠江三角洲地区旅游一体化规划（2014—2020年）》中，就对旅游公共服务区域合作进行了全部部署。要求共同建立旅游应急处理和投诉机制，建立"黄金周"和重大节假日的旅游预警机制和重大事件通报制度，建设旅游资讯发布平台，保障旅游消费者和旅游经营者的合法权益。要求构建旅游交通无障碍网络。构建"两港四网"大旅游交通网络。以珠三角交通规划为依据，强化内部同城化和旅游出行的便利性，打造"两港四网"（两港即空港、海港，四网即城际轨道网、高速公路网、休闲绿道网、滨水蓝带网）的立体化大旅游交通格局，构建旅游快速交通走廊。要求建设规范统一的旅游标识系统，编制实施《珠江三角洲地区旅游景区（点）道路交通指引标志标识设置规范》，要求统筹旅游集散中心网络建设等。

伴随京津冀协同发展这一国家重大区域战略的实施，京津冀也在旅游公共服务区域合作方面进行了诸多探索。京津冀三地旅游部门成立了京津冀旅游协同发展工作领导小组及相应的办公室，成立了旅游网站联席会，建立了旅游咨询服务合作机制，建立健全了旅游市场一体化监管机制、投诉受理协调机制、执法合作机制、信息共享机制等。编制了《京津冀旅游协同发展行动计划（2016—2018年）》；编制了《京津冀最新旅游路书》，共同推出56条京津冀旅游线路（其中北京出发18条，天津出发18条，河北出发20条），基本涵盖了北京、天津、河北三地主要的旅游资源和景区；还制作了京津冀旅游手绘电子地图。2015年，京津冀三地共同制定了《2015年京津冀道路交界处旅游交通标志牌设置方案》，联合开展高速路交界处旅游交通标志牌设置工作。同时，三地旅游部门积极开展惠民便民旅游产品推广工作，面向京津冀市场投放京津冀自驾车旅游护照10万册、京津冀旅游一卡通70万张、京津冀旅游通卡10万张等。建立了京津冀旅游质监执法信息共享机制，协商达成执法联动、信息互通、成果共享、共同提高的合作共识。签署了《京津冀旅游质监执法协作公约》，实现跨区域旅游质监执法协作。启动京津冀旅游行业信用信息共享平台，2016年8月，在北京旅游委官网"北京旅游行业信用信息网"中开设了"京津冀互联信用信息"平台，天津、河北的信用信息已在北京信用系统公布。平谷、宝坻、蓟州区、遵化、兴隆、三河六个地区联合推动"京东休闲旅游示范区"建设；密云、延庆、承德、张家口以筹办2022年冬奥会和张承生态功能区建设为契机，共建京北生态（冰雪）旅游圈；延庆、张家口共建京张体育文化旅游带；房山、保定共建京西南生态旅游带；武清、廊坊共建京南休闲购物旅游区；滨海新区、唐山、沧州共建滨海休闲旅游带。2017年12月，京津冀三地联动实施53国游客144小时过境免签政策。

除此之外，一些区域也在各自的区域合作中加大了旅游公共服务合作的比重，如成渝地区。2020年6月，四川省文化旅游厅与重庆市文化旅游委签署了《成渝地区文化旅游公共服务协同发展"12343"合作协议》，共同推动建设巴蜀文化旅游公共服务融合高质量发展示范区。这其中涉及的旅游公共服务合作包括：共同开展文化旅游基础设施提档升级工程，联合推动《成渝地区旅游景区导览图》一体化，推进成渝地区沿线旅游标识标牌一体化、标准化和规范化建设；新（改）建一批市（州）、县（市、区）级功能完善、设施齐全的巴蜀旅游综合服务中心；新（改）建一批人性化、景观化、科技化的生态环保旅游示范厕所。

二、旅游公共服务区域合作机制的完善

推动旅游公共服务区域合作机制完善，可重点在以下方面予以考虑：

（一）加强旅游咨询信息方面的协作

加快推进5G网络建设，支持通信运营、IT等行业龙头企业在旅游领域跨区域开展技术、服务及综合应用示范。推动建设区域性旅游数据中心，推动旅游数据共享共用，共建旅游基础数据库，实现旅游主体资质类、服务类信息区域内全贯通、全共享，市场监管信息全覆盖。大力发展基于物联网、大数据和人工智能的其他专业化服务，提升旅游业信息化协同和精细化管理水平。加快构建以跨区域平台为主体、企业平台为支撑的旅游公共信息平台，推动旅游与相关部门的数据衔接共享，引导各类互联网平台和市场主体参与区域旅游服务大数据产品开发，为游客提供多样化的旅游公共信息服务。

（二）加强旅游公共交通方面的协作

积极推动优化区域间的公路交通网。建立跨区域的交通协调机制，推进拥堵严重的国省道干线公路设施改扩建，彻底打通区域间的断头路、消除"肠梗阻"，打破行政区划带来的交通阻隔，大幅增强省际间旅游交通可达性。进一步协同优化都市轨道交通网，鼓励有条件的区域加快建设以高速铁路、城际铁路、城市轨道交通于一体的现代轨道旅游交通运输体系，推动轨道交通向景区、古镇、乡村延伸，构建高品质快速便捷的轨道旅游交通网。推动完善旅游换乘交通网，增强机场、高铁、公路、码头、旅游集散中心等交通枢纽的旅游交通接驳功能，完善航空、高铁、地铁、公交、出租车等交通方式的零距离综合换乘功能；加强干线公路与城市道路、通景公路、慢行系统规划的有效衔接，加快城市道路环线、连接线、景区公路、公路服务站点等建设，逐步消除城市异

地车辆限行的交通壁垒，加快推进汽车租赁异地还车业务。

（三）加强旅游安全保障方面的协作

健全公共卫生事件联防联控机制，发挥上下联动的疫情应对机制优势，强化区域联动机制，加强培训演练，健全防治结合、联防联控、群防群治的旅游公共卫生事件应急处理机制。强化监测预警，依托旅游信息化建设成果，健全网络直报、舆情监测、医疗卫生人员报告等多渠道公共安全监测和快速反应体系。逐步统一旅游公共卫生服务标准和认证机制，推进跨区域医保医疗费用结算、跨区域电子病历认证、跨区检测报告标准认证工作。完善新型保险项目开发，探索互联网和数字化赋能的创新型旅游安全险种，为游客跨区域保险理赔提供便利。加强旅游安全信息的交换，加强旅游救援体系的联动，探索构建政府与市场共同参与的旅游安全救援机制。

（四）加强旅游权益和惠民服务方面的协作

推动建立区域旅游合作监督机制，合作共建跨区域旅游消费投诉云平台，实现网络监管一体化，加强在旅游投诉处理方面的区域协作。推动建立跨区域的旅游仲裁和旅游诉讼机制。加强保护旅游消费者权益的联合执法行动，提升区域执法协作的能力。共同开展区域间旅游惠民服务活动；推动区域间无障碍旅游设施的建立，鼓励有条件的区域在福利旅游等方面共同推进、先行先试。

（五）进一步夯实旅游公共服务区域合作的基础

推进旅游标准的联合制定和修订。支持有条件的地区共同编制地方旅游公共服务标准。推动国家、行业、地方标准在区域内的联动实施，联合参加国家旅游标准化试点项目。构建高效的区域旅游协作组织。推动建立区域内各行政主管领导、区域内各旅游部门领导、区域内各旅游公共旅游部门负责人等不同层级的协调机制，以轮值方式定期召开联席会议，就推进旅游公共服务合作建设等问题进行会商，进一步形成旅游公共服务保障的组织合力。

绩效评估

【主要内容】

掌握旅游公共服务绩效评估的基本情况、旅游公共服务绩效评估内容、旅游公共服务绩效评估方法。

【引导案例】

2017年青岛市旅游公共服务资金绩效报告

2018年6月，青岛市旅游发展委员会向市财政局提交并向社会公开发布《关于2017年旅游产业发展专项资金绩效报告》，其中有若干涉及旅游公共服务的内容，现摘录如下：

一、专项资金和项目基本情况

（一）专项资金基本情况

1.资金基本情况

2010年市委、市政府下发了《关于加快发展旅游产业若干政策的意见》（青发〔2010〕11号），要求加大政府旅游投入，从2011年起，每年安排市级旅游产业发展专项资金1亿元，主要用于旅游设施完善、公共服务平台建设、城市旅游品牌培育、旅游宣传促销，扶持旅行社发展、乡村旅游、厕所革命等方面需求。

2.绩效目标

2017年的整体绩效目标：全年接待游客总人数8646.8万人次，同比增长7%；实现旅游消费总额1625.7亿元，同比增长13%。

（二）专项资金安排项目基本情况

青岛市财政局下达《关于批复2017年市级部门预算的通知》（青财预指〔2017〕1号），2017年市财政安排3600万元支持旅游业发展专项资金，后追加2500万元厕所革命扶持资金，共6100万元，用于旅游政策扶持奖励、旅游宣传促销、旅游公共信息服务平台运行维护、旅游惠民月、旅游规划、旅游人才队伍建设、旅游市场监管 7 类旅游产业，29 个项目。

二、绩效评价结论

（一）专项资金整体评价结论

2017 年市财政拨付 6100 万元支持旅游业发展专项资金，青岛市旅游委按预算全部执行完毕，且完成资金使用绩效目标。2017 年，全市接待旅游总人数增长 9.1%，达 8816.5 万人次；旅游消费总额增长 14%，达 1640.1 亿元。其中接待入境游客人数 144.4 万人次，同比增长 2.37%；入境游客消费 1.02 亿美元，同比增长 4.1%。

（二）项目支出绩效评价结论 [①]

1. 旅游惠民月

专项资金设立情况：按照党的十八届五中全会和市委十一次党代会精神要求和我局年度工作计划，自 2014 年起，每年 11 月在全市范围内开展丰富多彩的旅游便民惠民活动，依托惠民联盟企业，面向全体市民，推出惠民措施，共享旅游发展成果，助推幸福宜居城市建设。

年度绩效目标完成情况：充分发挥旅游业在推进新旧动能转换，促进经济社会的发展中作用，围绕"旅游助力美好生活"主题，整合各方资源，深入基层和街道、社区，组织开展"旅游服务进社区""城乡互动游""旅游爱心"等惠民活动，推出门票减免、旅游产品特惠等系列优惠措施，力争将旅游惠民联盟单位拓展到 40 余家，在保持对本市特定群体旅游优惠政策的基础上，将全体游客纳入普惠对象，展示政府及旅游企业良好形象，满足市民特别是本市特定群体的旅游需求，激发广大市民参与旅游热情，拉动淡季旅游消费市场，促进旅游业持续健康发展，助力宜居幸福的创新型国际城市建设。

2017 项目安排情况：投入 130 万元支付补贴区市城乡互动活动。网上互动活动：36 万元；旅游爱心活动：36 万元；补贴区市主题活动：10 万元；启动仪式及媒体宣传费：45 万元；2016 年合同尾款：3 万元。

2. 景区管理（厕所革命）

专项资金设立情况：为进一步鼓励旅游企业晋级上位，提升全市旅游景区硬件建设和服务管理水平，加快全市旅游转型升级。依据《中华人民共和国旅游法》《国务院关于促进旅游业改革发展的若干意见》（国发〔2014〕31 号）、中共青岛市委 青岛市人民政府《关于加快旅游业率先科学发展若干政策的意见》《旅游厕所质量等级的划分与评定》国家标准、《国家旅游局关于印发全国旅游厕所建设管理三年行动计划的通知》（旅办发〔2015〕78 号）、山东省人民政府办公厅《关于印发山东省旅游厕所建设管理实施方案的通知》（鲁政办字〔2015〕203 号）、《青岛市旅游厕所建设管理工作方案》（青政

---

① 此处仅摘录涉及旅游公共服务内容。

办字〔2016〕15号）设立本专项资金。

年度绩效目标完成情况：投入2198万元，对三个4A级旅游景区进行了政策扶持奖励。通过政府主导、部门协同、奖励政策支持等多措并举，全力推进，全市共完成旅游景区、乡村旅游点、交通集散点、城市旅游街区、旅游购物商场、加油站等六大类公共厕所新建改建831座。

2017项目安排情况：投入2198万元用于景区扶持奖励和厕所革命。

3. 旅游公共信息服务平台运行维护

专项资金设立情况：依据国家旅游局《关于确定天津等15个城市为第二批国家智慧旅游试点城市的通知》、山东省旅游发展委员会《关于2016年度17市经济社会发展综合考核旅游产业发展水平考核工作的通知》（鲁旅办发〔2016〕91号）、山东省旅游局、山东省统计局《关于印发〈2015年度17市科学发展综合考核旅游消费总额及增长率指标考核工作方案〉的通知》（鲁旅发〔2015〕20号）、《山东省旅游统计调查制度》《加快旅游业发展的意见》《青岛市智慧旅游城市建设规划》《关于印发青岛市政府系统舆情信息处置工作细则的通知》（青政办字〔2013〕33号）、《关于加强和改进互联网舆情信息处置工作的通知》（青厅字〔2012〕23号）、《关于旅游公共服务平台建设的会议纪要》（青岛市人民政府会议纪要〔2009〕第145号）、《关于在沿海一线公交车站增设灯箱式导游图的决议》〔2005年2月8日青岛市第十三届人民政府市长办公会议纪要（第41次）〕、《青岛市财政局关于批复青岛市旅游公共服务系统建设项目支出预算评审的通知》（青财基〔2010〕102号）、《青岛市发展和改革委员会关于批复青岛市旅游公共服务系统建设方案及概算的函》（青发改投资〔2010〕241号）、青岛市旅游局《关于印发〈舆情信息处置细则〉的通知》（青旅信息字〔2013〕2号）设立此项资金。

年度目标完成情况：2017年度旅游公共信息服务平台运行维护项目资金，主要用于旅游视频监控系统运维、景区导游灯箱图指示牌制作、信息采集、网络营销等项目以及支付2016年度各项目尾款。

2017年项目安排情况：2017年度旅游公共信息服务平台运行维护项目资金500万元，主要用于旅游视频监控系统运维、景区导游灯箱图指示牌制作、信息采集、网络营销等项目以及支付2016年度各项目尾款。

从项目管理的角度而言，不同的旅游公共服务建设任务，可以视作一个个具体的项目。而项目的绩效评估本身就是项目管理不可缺少的环节。此外，政府是旅游公共服务建设的主要责任人，在推动旅游公共服务建设过程中，往往会涉及财政资金的使用，而财政资金投入多少、投入后的产出和效果如何也必然会涉及财政资金使用情况的绩效评估。因此，旅游公共服务项目的绩效评估既是项目管理的必然要求，又是提高旅游公共服务水平的必然要求。

第一节 旅游公共服务绩效评估概述 [①]

随着"服务型政府"建设的不断深入，各级政府部门对旅游公共服务建设的绩效评估重视程度不断增强。在2011年12月国家旅游局下发的《中国旅游公共服务"十二五"专项规划》中明确提出，要建立以游客满意度调查及第三方机构独立评估为主的绩效评估机制，对公共服务的供给主体进行全过程动态考核，使公共服务水平得到持续提高。2012年6月国家旅游局《关于进一步做好旅游公共服务工作的意见》中又明确要求，建立健全绩效监督评估问责工作机制，构建包括人大、政协及审计部门、传媒及公众等在内的多层次旅游公共服务监管体系，强化外部监管；开展以游客满意度调查及第三方机构独立评估为主的绩效评估，将其纳入各级旅游部门及政府有关部门的工作考核体系；不断规范问责程序，健全问责制度。2017年3月国家旅游局办公室下发的《"十三五"全国旅游公共服务规划》中提出实施旅游公共服务质量评价工程：按照《旅游质量发展纲要（2013—2020年）》要求，立足旅游交通便捷服务、旅游公共信息服务、旅游惠民便民服务、旅游安全保障服务等内容，编制旅游公共服务质量评价指数体系，定期发布《全国旅游公共服务满意度指数》报告，提高旅游公共服务能力绩效和游客满意度，推动旅游公共服务可持续发展。

一、旅游公共服务绩效评估概念

旅游公共服务绩效评估是指评估主体按照一定的原则、政策和规则，使用特定的评估技术方法对提供旅游公共服务的效率、能力、质量、公共责任和社会公众满意度等方面做出分析和判断，对旅游公共服务过程中投入产出状况、中期成果和最终成果所反映的服务绩效进行评定和划分等级的过程。旅游公共服务评估在狭义上专指对旅游公共服务数量、质量、效率、公平、满意度的评价与鉴定；在广义上既包含对旅游公共服务供给者的供给评估，即供给主体的合法性、供给模式的合理性、供给方式的有效性评估，又包括对旅游公共服务需求者的需求评估，即需求种类的多样性、需求层次的优先性、需求质量的差异性等。

二、旅游公共服务绩效评估的主体

旅游公共服务绩效评估主体是可以对旅游公共服务供给的状况，包括旅游公共服务

[①] 主要参考：邹再进，罗光华. 旅游公共服务［M］. 北京：社会科学文献出版社，2015.

的供给数量、提供和生产的绩效（成本是否低廉、经济、富有效率和满足需求）、是否公平、提供和生产组织信息是否透明公开等，进行评价和考核的个人和组织。旅游公共服务绩效的评价主体可以是法定的主体，也可以是非法定主体，可以是个人，也可以是组织。

由于旅游公共服务的政府供给机构主要是各事业单位，在传统的对旅游公共服务绩效考核中，考核主体相对单一，主要是行政主管部门和事业单位两个主体，考核和评价主要是内部自我考核。在实际评价中，需要在旅游公共服务绩效评价机制中引入多元主体，强调消费者（旅游者、旅游企业、当地居民等）在旅游公共服务绩效评价中的主体地位，从根本上保证消费者是旅游公共服务绩效和满意度的最终评价者。

（一）政府

政府作为旅游公共服务绩效评价的第一主体，在旅游公关服务提供机构的评价中占据重要地位。作为政府，其旅游公共服务提供和生产的职责是多方面的，包括投资融资、旅游公共服务的提供和生产、法律制度规范等。它除了通过资金支持购买服务、组织设计旅游公共服务评价考核指标体系之外，还在整个评价过程中起着引导与监督的作用。这里的政府包括中央和地方各级人民政府，它在宏观上指导和监督旅游公共服务的全过程，行业主管部门及旅游公共服务提供机构要对其负责。

（二）行业主管部门

旅游公共服务非常庞杂，涉及多个领域、不同部门，在实际的绩效评价中，政府不可能进行全程细致的管理，必然需要通过主管部门进行监督管理。在现有的行政管理体制下，行政主管部门既是职能部门，又负责组织和管理旅游公共服务提供。

（三）专业评估机构和其他社会力量

专业评估机构摆脱了事业单位自我评估时有关利益的种种考虑，比较客观公正，对功能相同的各个事业单位所用的考评方法与标准也较一致，具有可比性，所以专家和专业组织的评估往往受到普遍欢迎。此外，引入专业评估机构，可以借用其评估的专业水平和人力资源，保证评估考核的客观性、科学性和中立性。目前，专业评估机构包括非政府组织咨询机构、高等院校学术研究所、社会中介等。

（四）顾客

顾客即服务的接受者，他们长期在旅游公共服务绩效评估中缺席。旅游公共服务主要是面向顾客提供各种各样的旅游服务，对其提供的质量如何、提供多少、结果怎么样、能否满足需求、价格是否合理等最具有发言权的就是服务的接受者，即消费者。因此政府在提供和生产旅游公共服务的过程中要以顾客为导向，站在顾客的立场上，思考组织的目标、绩效，以追求顾客的满意为组织的基本目标。

（五）服务提供者

在中国，由于特殊的国情，旅游公共服务一般由事业单位承担，是一种内部评价。相较于政府、行业主管部门、专业机构和顾客的外部评价主体，内部自我评价具有熟悉业务、了解情况等优势，但缺点是很难做到客观公正。内部评价往往服从自身利益，为了避免暴露缺点，评价较片面并且带有浓厚的主观色彩。

三、旅游公共服务绩效评估的对象

旅游公共服务绩效评价对象包括旅游公共服务提供者和旅游公共服务产品两个方面。旅游公共服务绩效评价对象主要反映旅游公共服务提供者提供旅游公共服务的价格、能力、执行力、合作和满足顾客需求等有关公众利益方面的情况，以及旅游公共产品的供给效率、供需状况和公平状况。

旅游公共服务绩效考核首先必须评价旅游公共服务提供主体，要求其必须具备提供旅游公共服务（产品）的资质。对旅游公共服务提供主体进行评价和考核是保障旅游公共服务产品质量，保护游客合法权益的需要。在旅游公共服务市场化改革中，政府不再是旅游公共服务供给的唯一主体，还包括企业和第三部门等。这就更有必要对旅游公共服务提供者进行评价，包括准入资格、服务投入贯彻力度、旅游公共服务主体提供能力、执行力等。

政府和有关部门必须对旅游公共服务提供者的生产、经验、管理能力和条件等进行必要的资质审查，促进竞争，提高旅游公共服务质量。实际上，只有通过建立服务提供能力评价指标，促进旅游公共服务提供主体之间的竞争，改进绩效，改变鱼龙混杂的局面，才能形成良性竞争与互动格局。

旅游公共服务产品绩效评价指标是旅游公共服务绩效评价和考核的主体部分，对旅游公共服务提供主体实施绩效评价在某种程度上是为了提高旅游公共服务（产品）的质量和绩效，服务于旅游公共服务产品的改善。社会对旅游公共服务需求的数量和质量要求日益提高，只有加大对旅游公共服务投入、产出数量和质量等的评价，才有可能节省成本，提高旅游公共服务供给的效率和效能，提高旅游公共服务提供的能力、执行力，增强顾客对旅游公共服务需求的回应性。

四、旅游公共服务绩效评估的目标

目标确立在公共部门绩效管理战略性框架中起到承上启下的作用。目标制定的一般要求包括：表达清晰，易于理解；具体的而不是概况的；可测量的；结果导向的而不是过程导向的；与机构的使命、目的保持一致，而不是针对某一具体工作单位。具体而言，需要关注以下目标。

（一）提高组织绩效

对旅游公共服务的绩效评估，可以促进服务提供主体内部功能的发挥，以达到持续提高组织绩效的目标，还可以对旅游公共服务提供过程进行核查，以便及时发现供给的不足和缺陷。绩效评估可以作为旅游公共服务部门日常管理的指针，通过有针对性地弥补这些不足和缺陷，不断改善组织内部管理，提高组织的运行效率和所提供的服务的质量。

（二）优化资源配置

伴随旅游业的发展和旅游市场的壮大，越来越多的旅游私营部门和非营利性机构通过合同或其他方式加入提供旅游公共服务产品和服务的队伍，政府不再是旅游公共产品和服务的唯一提供者。无论是旅游公共部门还是旅游私营部门，在提供旅游产品和提高服务质量的同时都要消耗大量的旅游公共资源，在考虑如何对有限的公共资源进行分配时，可以把绩效评估的结果作为评判的标准。将旅游公共资源优先分配给高绩效的旅游部门，从而达到优化资源配置的目标。

（三）增收节支

通过绩效评估，缩减旅游公共服务不必要的活动和开支，以实现增收节支的目标。由于旅游需求不断增多，旅游公共服务部门规模也日趋庞大，开支也越来越大。与此相矛盾的是，收入的增长速度跟不上开支增加的速度，旅游公共部门面临如何花更少的钱办更多的事的压力。绩效评估的一个重要作用就是通过衡量旅游公共服务供给机构的绩效，借鉴有效管理制度、程序和方法，摒弃不必要的低效活动，从而实现节约成本、增加收益的目标。

第二节　旅游公共服务绩效评估指标 [①]

一、绩效评估指标

绩效评估指标就是评估因子或评估项目，指的是从哪些方面来对评估对象的工作绩效进行衡量或评估，解决的是评估什么的问题。在旅游公共服务绩效评估过程中，指向

---

① 主要参考：邹再进，罗光华.旅游公共服务［M］.北京：社会科学文献出版社，2015.

被评估对象绩效的各个方面就是评估指标。绩效评估指标用于衡量被评估对象的实际行为结果是否达到绩效目标或达到什么程度。针对一个具体的绩效目标，需要建立众多的相关评估指标，包括数量、质量、实效、满意度、便利性等方面。因此，评估绩效的指标不是单一的，而是由多个相关评估指标构成的评估指标体系。

绩效评估指标有多种分类方式。按评价对象和范围，可以分为组织绩效评价和个体绩效评价；按指标的性质和结构，可以分为品质特征型、行为过程型和工作结果型；按评估内容，可以分为业绩指标、能力指标和工作态度指标；此外，还可以分为软指标和硬指标；按评估内容，具体可以分为以下几种。

（一）业绩指标

旅游公共服务业绩是指政府或旅游公共服务提供机构履行职能与职责所产生的结果及社会影响。旅游公共服务业绩的评估结果直接反映了绩效管理的最终目的——提高旅游公共服务组织的绩效以实现既定的旅游公共服务目标。反映旅游公共服务业绩的评估指标，具体表现为旅游公共服务供给的数量指标、质量指标、效率指标以及成本—效益指标等。

（二）能力指标

不同的旅游公共服务部门之间由于行使的职能不同，往往难以进行比较。对那些能力要求不高的部门而言，由于所从事的事务较为简单，可以获得较高的业绩评价。那些从事较为困难工作的部门无法获得较高的业绩，但这并不意味着它们的贡献就一定小于前者。因此，只有在绩效评估指标体系中加入能力方面的评估指标，才能使绩效评估结果真正反映出旅游公共服务的整体绩效。

（三）工作态度指标

在实际的旅游公共服务绩效评估中常常会发现工作态度是影响旅游公共服务绩效等级、影响政府在社会公众心中形象的重要因素，是反映旅游公共服务质量的重要方面。因此，为了对旅游公共服务的行为进行引导从而达到绩效管理的目的，在旅游公共服务绩效评估中应有对工作态度进行评估的指标，如游客满意度指标、旅游投诉评价等。

二、绩效标准

绩效标准指的是在各个指标上分别应该达到什么样的水平，解决的是要求被评估者做得怎么样、完成多少的问题，也就是在各个指标上所应达到的具体的绩效要求。绩效标准不仅包括基本标准，还包括卓越标准，这样才能发挥绩效管理的激励作用。

和绩效评估指标的设定一样，绩效评价标准对于一定时期内员工的努力方向和工作积极性有重要影响，因此应慎重对待，在编制时需要遵循的主要原则有：一是定量准确原则，即凡是能量化的应尽可能使用数量表示和计算；二是先进合理原则，即评价标准应高于当前的平均水平，同时又是大多数员工经过努力可以接近或达到的水平；三是突出特点原则，即评价标准要突出各类工作岗位的性质和特点；四是简明扼要原则，即各项标准应尽量使用大众化语言，避免专业性很强的术语。

三、旅游公共服务绩效评估指标体系

旅游公共服务绩效评估指标体系主要包括一级指标、二级指标、三级指标和四级指标。其中一级指标和二级指标固定不变，三级指标可以根据考核的内容、考核的对象做出适当调整（见表 12-1）。

表 12-1 旅游公共服务绩效评估指标体系

一级指标		二级指标		三级指标		
指标名称	权重	指标名称	权重	指标名称	权重	备注
旅游公共服务效能	0.6	执行度	0.3	旅游公共服务能力	0.4	与业务指标相关
				服务承诺	0.15	
				应急处置	0.15	
				目标责任	0.15	
				承接项目执行情况	0.15	
		标准度	0.25	质量手册	0.2	
				员工手册	0.2	
				服务手册	0.2	
				管理制度汇编	0.2	与业务指标相关
				依法从业	0.2	
		合作度	0.15	信息化程度	0.2	
				联席会议	0.2	
				旅游公共资源共享	0.2	
				合作交流	0.2	
				相关政府部门支持	0.2	
		可持续发展度	0.2	资源配置和使用	0.2	
				业务人员构成	0.1	
				旅游生态保护	0.2	
				团队建设与人才培养	0.1	
				内部职工满意度	0.2	
				科研能力	0.2	

一级指标		二级指标		三级指标		
指标名称	权重	指标名称	权重	指标名称	权重	备注
旅游公共 服务效能	0.6	公众权益实现度	0.1	旅游投诉与处理	0.2	
				服务问责	0.2	
				内部财务审计	0.2	
				重要事项公示	0.2	
				公众参与和志愿者招募	0.2	
公众评价	0.4	执行度满意度	0.2	由第三方调查机构设计指标并实施满意度调查		
		标准度满意度	0.2			
		可持续发展满意度	0.2			
		合作度满意度	0.2			
		公众权益实现满意度	0.2			
旅游公共服务投入度		根据旅游公共服务机构及有关职能部门提供的数据综合测算				

第三节　旅游公共服务绩效评估方法

过去绩效评估和考核主要是在企业应用，后逐步引入政府部门，常用的绩效考核方法包括平衡记分卡、360 度绩效考评法、关键指标提取法、目标管理法等。此处重点介绍前两种评估方法在旅游公共服务领域的应用。

一、平衡记分卡法评估旅游公共服务[①]

平衡记分卡法是从财务、客户、内部运营和学习成长四个方面来分解组织战略。作为绩效管理有效工具，平衡记分卡抓住考核的关键环节，以关键绩效指标为突破口，明确组织发展方向，有效克服了管理过程中的诸多弊端。

综合分析平衡记分卡在旅游公共服务体系中的应用，其优点主要有：一是可以在一定程度上克服单一财务评估方法的短期行为；二是能有效地将旅游公共服务的战略转化为各层的绩效指标和行动，使整个旅游公共服务行动一致，服务于战略目标；三是有利于各级旅游服务人员对旅游公共服务目标和战略的认识和理解；四是有利于培养旅游服务人员的学习成长和团队合作能力，进而防止旅游公共服务管理机能失调；五是平衡记分卡揭示了绩效与其动因之间的关系，有利于旅游公共服务准确把握服务的关键因素；

---

　　① 主要参考：张俊霞，段文军.综合绩效评价指标体系构建分析——基于平衡记分卡的旅游公共服务［J］.现代商贸工业，2011（18）.

六是平衡记分卡可以减少信息不对称，有利于旅游公共服务把握好旅游市场动向；七是有助于旅游公共服务战略的实现；八是有利于提高旅游公共服务的整体管理水平。具体在旅游公共服务综合绩效评价指标体系的构建中要重点抓好以下四个方面的工作。

（一）确定远景目标

以平衡记分卡作为旅游公共服务综合绩效评价指标体系的绩效评价工具，首先要明确这是站在战略角度考虑的评价体系，要根据服务旅游业的总体目标确定旅游公共服务综合绩效评价指标体系的发展战略和目标，将平衡记分卡整合为一个评价体系。实施平衡记分卡的基础，是让所有参与评价的人理解平衡记分卡（BSC）的概念和意义，对其构建提供直接的支持，并且积极地参与到旅游公共服务综合绩效评价指标体系的绩效评价过程中。此外，要建立一个包括专业调查人员、旅游公共服务实施人员在内的部门，将平衡记分卡的使用在旅游公共服务内推广实施。

（二）因果关系分析

建立平衡记分卡，关键目的之一是要把旅游公共服务综合绩效评价体系的发展战略明确表达出来。因为，它代表着旅游部门对如何实现目标而做出的设想。这些设想确定了许多更细致的目标以及它们之间千丝万缕的联系。通过对这些重要因素进行因果关系的分析，旅游部门关于旅游公共服务的总体设想就会进一步明确。例如，旅游部门开通旅游免费咨询服务热线（学习与成长），旅游服务人员就能为游客提供各种咨询服务（内部过程），进而方便游客在旅游地的旅行游览，提高游客满意度（客户），最终增加旅游地的游客量，提高旅游收入（价值贡献）。

（三）构建指标体系

根据以上平衡记分卡的原理和优点，旅游公共服务综合绩效评价体系平衡记分卡由价值贡献、游客、内部流程、学习与革新四部分构成，具体如表 12-2 所示。

表 12-2　基于平衡记分卡（BSC）的评价指标体系

维度	目标层	要素层	指标层	指标说明
价值贡献	提高旅游公共服务的财务价值	增加旅游收入	旅游公共服务净资产收益率	旅游净利润 / 净资产 ×100%
		降低成本费用	成本费用收益率	一定时期内旅游总收入 / 成本费用 ×100%
		旅游公共服务能力	旅游收入增长率	本年度旅游收入增长额 / 上年度旅游收入总额 ×100%

续表

维度	目标层	要素层	指标层	指标说明
价值贡献	提高旅游公共服务的财务价值	旅游公共服务潜力	旅游净利润平均增长率	旅游净利润增长率 / 年数 ×100%
	提高旅游公共服务的潜在价值	提高旅游形象	旅游知名度	了解该旅游地人数 / 被调查总人数 ×100%
游客	与游客建立伙伴关系并让他们对服务满意	游客满意	游客满意度	游客满意人数 / 游客量
			游客投诉率	游客投诉人数 / 游客量
	增加游客数量和质量	游客收益率	游客人均消费额的提升率	本年度人均消费增长额 / 上一年度人均消费额 ×100%
		获得新游客能力	日游客量提升率	本日游客增长量 / 昨日游客量
内部流程	提高旅游公共服务水平	旅游公共服务建设	以游客需求为导向的服务建设程度	服务设施和理念是否适应游客需求
			服务方式和效率	服务设施的多样性和先进性
			设备设施	维修频率、时间和可用百分比
		旅游公共服务创新	旅游公共服务创新数量和程度	每年改进和增设的旅游公共服务设施数量
		旅游公共追踪服务	定期回访获取的好评率	好评人数 / 回访人数
			投诉处理效率	投诉处理所用时间
学习与革新	提高旅游公共服务新技术和设备的研究能力、保障旅游公共服务在促进旅游业中发挥作用	服务人员精神状态	旅游服务人员满意度	员工满意人数 / 员工数
		服务人员素质	旅游服务人员的平均学历水平	大专及以上学历的比率
		服务人员培训水平	旅游服务人员技能培训支出比例和覆盖率	旅游培训支出 / 旅游公共服务支出 员工参加培训人数 / 员工数
		服务人员工作状态	旅游服务人员工作效率	旅游服务人员人均贡献率（旅游收入 / 旅游服务人员）

  平衡记分卡所构建的指标体系包括了三个层面，分别是目标层、要素层和指标层。目标层面在原理中已经做了详细阐述，而要素层面则表示为实现预定目标所赖以成功的关键因素，指标层面表示为最终运用的关键绩效指标。其中，要素层在总体目标与完成目标所需信息之间起着一种引导和桥梁的作用。然后，通过对要素的识别，找出所需要的关键指标，从而确立具体评价的区域。例如，旅游公共服务在游客的指标体系中，目标是与游客建立伙伴关系并让他们对服务感到满意，进而增加游客数量，那么，就意味着有"游客满意度""游客投诉率""游客人均消费额的提升率""日游客量提升率"等的评价指标，同时，通过游客满意、游客收益率、获得新游客能力等要素将目标层和指标层联系起来。

（四）绩效跟踪和改进

通过旅游公共服务综合绩效评价指标体系绩效评价结果和预期目标的比较，分析出各个层次的具体实施情况，了解到实际效果与预期目标的差距。然后，根据得出的绩效差异对当初拟定的旅游公共服务战略进行检查，依据实际情况和环境变化看是否应重新调整战略，重新设立各个层级的平衡记分卡指标，从而实现绩效评价的有效循环。

二、360度绩效评估旅游公共服务[①]

（一）360度绩效评估的内涵及特征

1.全方位多视角的评估方式以及评估主体的多元化

360度绩效考评（360-degree feedback）也称为全视角考评或多个考评者考评。就是由被考评者的上级、同事、下级和客户（包括内部客户、外部客户）以及被考评者本人担任考评者，从多个角度对被考评者进行360度的全方位考评，再通过反馈程序，达到改变行为，提高绩效等目的。360度绩效考评最早兴起于英国军方，20世纪50年代被引入企业，到80年代日趋完善并成为跨国公司人力资源评价与绩效评估的首选工具。360度评估方法的独特之处在于从多个角度来反映被考评者的工作，使得结果更加全面、客观和可靠。特别是将被考评者对工作的认知纳入考评指标的范畴内，使考评起到"镜子"的作用，为考评各方提供相互交流和学习的机会。

2.考评程序的系统性以及反馈信息的多样化

360度反馈过程是一个"系统工程"，是建立在管理学、心理学和行为科学的理论基础之上的具体理论工具。评估过程包括输入、加工和输出三个阶段，即确定评估目的、评估方式、进行各种相关培训，对多源评估和收集评估信息、进行反馈以及事后培训等环节，各环节又是相互联系的。通过严格规范的系统化程序，使被考评者和评估者清楚地了解评估的每一个步骤，提高组织和个人的期望。同时，运用360度进行绩效评估可以使被考评者获得多方面多层次的考评信息，可以进一步了解和明确个人工作业务能力、人际沟通、服务能力等方面的信息，更加清楚合理地认识自己的工作状况，为评估对象的个人成长和职业生涯规划提供充分的信息。

3.合理化的互动机制以及考评结果的科学化

360度绩效评估一方面是多个考评者对评估对象进行评估，在评估过程中的相互交流和相互沟通可以增强组织共同发展的氛围，激发被评估者的积极性，提高团队凝聚力和工作效率，促进组织中的团队建设。另一方面，考核主体的多元化、指标的全面性和

---

① 主要参考：陈洁，邹再进.360度绩效评估在旅游公共服务绩效管理中的应用研究［J］.农村经济与科技，2013（8）.

程序的规范化等都增加了考核结果的科学性和权威性，使评估对象对考核结果的信任度增加。通过对考核结果的横向和纵向比较，可以发现自己的优势与不足，从而提高自己的工作效能，改进自己的工作方式，激发员工的工作热情。

（二）360度绩效评估在旅游公共服务绩效管理中的具体应用

1. 明确360度绩效评估的主体

评估主体的选择是评估过程中的关键环节，既要遵循客观、公正的原则，又必须符合成本、效率的原则。以提供旅游公共服务的旅游咨询信息中心为例，旅游咨询信息中心作为服务的直接提供者需要接受各方，包括自己内部的评估；当地政府是服务的间接提供者，主要提供资金、政策和规划指导等方面的支持，同时也对公共服务产品和服务质量进行监督和考核；行业主管部门则根据自己所管辖的内容对旅游咨询信息中心进行评估；专业的评估机构作为第三方评估力量，可以委托给高等院校、研究院所和专门的评估企业进行，可以保证评估结果的科学性和有效性；游客作为服务的直接接受者，在评估中所占的权重不应过低。此外，绩效评估需要一个专门的评估机构，可以尝试建立旅游公共服务绩效评估委员会，负责旅游公共服务评估标准指标的制定、评估的实施和结果的反馈。评估委员会的组建除人力资源方面的专业人员外，还必须包括当地政府工作人员、旅游咨询信息中心工作人员、行业主管部门的员工、专业评估机构人员和社会公众。以此保证评估委员会的专业性和广泛性，增加评估结果的权威性和科学性。

2. 明确考核标准，设置科学的绩效考核指标

绩效考核的目的之一就是激发评估对象的积极性、挖掘评估对象的潜能。因此，考核标准的制定就必须科学合理，既不能太高，挫伤旅游咨询信息服务提供者的积极性，又不能太低，使提供者很容易达到，埋没服务提供者的潜能。所以，考核标准应该是带有一定的挑战性，而通过提供者的努力又可以实现的目标。考核结果功效如何在一定程度上取决于指标和标准体系的设立。指标体系的设定应遵循客观、科学、可行的原则，即所有的考评指标都是具体可量化的，这就要求在考评中坚持主观与客观、定性与定量相结合的考评方法。既要把工作业绩、工作能力、服务态度等作为一级指标，又要根据各评估主体的不同特征设置相应的二级和三级指标，并根据各指标对评估对象的影响程度赋予不同的权重，从而建立起一套有针对性的指标体系。

3. 针对不同的评估主体和对象设置相关的考核指标

不同考核主体的指标体系应有区别。众所周知，一项旅游公共服务的质量如何，不同评估主体关注的侧重点是有差别的，那么评估项目的选择也就不一样。以旅游厕所评估为例，游客可能更多地关注其便利度，行业主管部门如卫生安全部门则关注其卫生情况及安全隐患，政府部门则对旅游厕所的数量和标准等进行评估，专业的评估机构则站在客体的角度对旅游厕所的整体进行评价，内部评估则针对保洁人员出勤率和游客满意

率等进行评估。对不同的评估对象也应设置不同的评估指标。例如，对旅游公共交通的评价，可以将旅游专线数量、公交站点、道路建设里程、停车场数量等作为项目指标，并在评估表中赋予较高的权重。而对旅游安全保障，其主要的考评项目应该是安全设施、救援工具和人员、应急机制和安全宣传等，评估表中对这几项的分值应较高。

4.评估结果及时反馈和公开，加强评估结果的有效利用

360 度考评结果应及时通过政府网站、公告、报纸、新闻媒体等形式向社会公开，接受社会公众的监督。绩效评估委员会将考评结果反馈给被评估单位，并与之进行沟通交流，对考评中绩效比较突出的部分进行奖励，分析其成功经验并拓展到其他公共服务方面。对绩效评价较低的公共服务，要认真分析其原因，明确后期努力和改进的方向，进行相应的惩处和职务调整等。其中反馈的内容应包括：旅游公共服务的总体供给状况；各子系统的绩效状况；剖析旅游公共服务绩效的不足及原因，奖励先进、惩罚后进，以起到激励作用；明确奖惩制度、奖金发放、职务调整以及后续培训安排。

项目策划：段向民
责任编辑：张芸艳
责任印制：孙颖慧
封面设计：武爱听

图书在版编目（ＣＩＰ）数据

旅游公共服务通论 / 曾博伟著. -- 北京 ：中国旅
游出版社，2022.2
　　ISBN 978-7-5032-6827-4

　　Ⅰ．①旅… Ⅱ．①曾… Ⅲ．①旅游服务 Ⅳ.
①F590.63

中国版本图书馆CIP数据核字(2021)第210285号

书　　名：旅游公共服务通论

作　　者：曾博伟
出版发行：中国旅游出版社
　　　　　（北京静安东里6号　邮编：100028）
　　　　　http://www.cttp.net.cn　E-mail:cttp@mct.gov.cn
　　　　　营销中心电话：010-57377108，010-57377109
　　　　　读者服务部电话：010-57377151
排　　版：北京旅教文化传播有限公司
经　　销：全国各地新华书店
印　　刷：三河市灵山芝兰印刷有限公司
版　　次：2022 年 2 月第 1 版　2022 年 2 月第 1 次印刷
开　　本：787 毫米 ×1092 毫米　1/16
印　　张：16.5
字　　数：340 千
定　　价：59.80 元
ＩＳＢＮ　978-7-5032-6827-4
